读史衡世·名将篇

精忠报国 岳飞

丁振宇 ◎ 著

华中科技大学出版社
http://press.hust.edu.cn
中国·武汉

图书在版编目（CIP）数据

精忠报国：岳飞/丁振宇著. -- 武汉：华中科技大学出版社，2024.4

ISBN 978-7-5772-0368-3

Ⅰ.①精… Ⅱ.①丁… Ⅲ.①岳飞（1103-1142）—传记 Ⅳ.① K825.2

中国国家版本馆CIP数据核字（2024）第033781号

精忠报国：岳飞　　　　　　　　　　　　　　　　　丁振宇　著
Jingzhong Baoguo: Yuefei

策划编辑：亢博剑
责任编辑：孙　念
责任校对：林凤瑶
封面设计：VIOLET
版式设计：曹　弛

出版发行：华中科技大学出版社（中国·武汉）　　电话：（027）81321913
　　　　　武汉市东湖新技术开发区华工科技园　　邮编：430223
印　　刷：天津中印联印务有限公司
开　　本：880mm×1230mm　1/32
印　　张：10.25
字　　数：220千字
版　　次：2024年4月第1版第1次印刷
定　　价：49.80元

本书若有印装质量问题，请向出版社营销中心调换
全国免费服务热线：400-6679-118　　竭诚为您服务
版权所有　侵权必究

前言

中华民族是一个伟大而又历史悠久的民族，在几千年的历史长河中经历了无数的灾难，依然屹立于世界民族之林而不倒。而每一次灾难降临，都会涌现出一大批顶天立地的英雄，他们或驰骋疆场，或运筹帷幄，创造出一个又一个惊天地、泣鬼神的故事，扶大厦于将倾，挽狂澜于既倒。南宋时期的抗金英雄岳飞便是这众多英雄中的一员。

岳飞，北宋崇宁二年（1103年）生于汤阴的一个普通农户家中。传说岳飞出生时，有大禽若鹄，飞鸣室上，故父母给他取名飞，取字鹏举，对他寄予厚望。

久经沙场的宋太祖赵匡胤深知武人乱政的危害，故宋朝推行扬文抑武的政策，后人继之。虽然避免了内乱，使宋朝在经济文化上成就了空前繁荣的盛世，但也使宋朝的军事能力变得十分羸弱，逐渐无力应对来自周边政权与日俱增的威胁。

宋徽宗宣和七年（1125年）八月，由女真族建立的金国政权发动了对北宋的大规模入侵行动，于靖康二年（金天会五年，1127年）攻入北宋都城汴京，掳宋徽宗、宋钦宗二帝及大批皇族、官员、后宫嫔妃北去，汴京城中公私积蓄被掠夺一空，北宋灭亡，宋室南迁，金宋两国南北对峙。

目睹了山河破碎、中原人民饱受金人踩躏的惨状，年轻的岳飞心中激起强烈的愤怒之情，发誓一定要将金人赶出中原。

建炎二年（1128年），岳飞得遇自己的伯乐宗泽，开始在军事方面崭露头角。此后,他组建、训练了纪律严明、作战勇敢的岳家军。他治军严谨,赏罚分明,以身作则,体恤部属,使岳家军形成了"冻死不拆屋,饿死不掳掠"的优良作风。岳飞先后参与、指挥大小战斗数百次,并四次率军北伐,打得敌人闻风丧胆,曾收复郑州、洛阳等地,在郾城、颍昌大败金军,轻取朱仙镇,吓得金国名将完颜宗弼据守开封城不敢再战,大发感慨:"撼山易,撼岳家军难!"一度想要撤回金国。

然而,宋高宗赵构和宰相秦桧急于结束战事,只想求和,连发十二道金牌强令岳飞班师,并解除了他的军事职务。在宋金议和过程中,岳飞再遭秦桧、张俊、万俟卨等人的陷害而入狱。绍兴十二年(1142年),由秦桧主谋,高宗下诏,岳飞等人被以"莫须有"的罪名杀害。

绍兴三十二年(1162年),宋高宗退位,宋孝宗赵昚继位,岳飞终于得到平反昭雪。这时候,岳飞已经去世二十年,朝廷按礼制为他补办了隆重的葬礼,改葬西湖畔栖霞岭,追谥"武穆",后又追谥"忠武",封鄂王。

近代以来,由于受到评书及戏曲的影响,人们所知道的关于岳飞和岳家军的许多故事都是虚构的,与真实的历史事实有着非常大的出入。本书参考众多史料,如《宋史》《金佗稡编》《金佗续编》《三朝北盟会编》等,结合场景构建,去探析这位民族英雄的点点滴滴,力争将一个有血有肉的、真实的岳飞还原给读者。

郁达夫曾经说过:"一个没有英雄的民族是不幸的,一个有英雄却不加敬重爱惜的民族是不可救药的。"岳飞的一生,是忠与孝的典范,是廉洁和正直的典范。他的精忠报国的精神已经成为一种信仰、一种永恒的精神财富,激励着后世中华儿女砥砺前行。

目录

第一章 少年英雄初长成

第一节 "大鹏转世"背后的故事 001

第二节 少年苦读 005

第三节 两度拜师习武 007

第四节 两次婚姻 012

第二章 好男儿投身军旅

第一节 初出茅庐 014

第二节 燕京之战 019

第三节 "庄客"轶事 021

第四节 二次从军 024

第三章 山河破碎岂心安

第一节 嵌进骨髓里面的报国志 026

第二节 追随刘浩旗开得胜 029

第三节 皇室巨变 031

第四节 上书被贬壮志不灭 037

第四章 抗金之路多波折

第一节 重归宗泽 046

第二节 汜水关大捷 049

第三节 无耻的胆小鬼 052

第四节 江南风云录 057

第六章　驰骋江南扬威名

第一节　一箭之仇 … 086

第二节　忍痛斩傅庆 … 090

第三节　刘豫的无耻 … 092

第四节　无奈的撤退 … 095

第五章　英勇无敌岳家军

第一节　正人先正己 … 065

第二节　岳家军的组成和主要将领 … 072

第三节　建康回归 … 080

第四节　返回宜兴 … 082

第八章　收复六郡扩疆土

第一节　上书请命 ... 119

第二节　出师大捷 ... 125

第三节　血战襄阳 ... 126

第四节　随州之战 ... 130

第五节　六郡回归 ... 132

第七章　平定流寇稳江山

第一节　秦桧得势 ... 100

第二节　平李成收张用 ... 104

第三节　平曹成得再兴 ... 108

第四节　在困境中求生存 ... 115

目录

第一节 从信任到猜忌 … 180

第十章 一腔热血卫山河

第一节 特殊的会议 … 152
第二节 为母亲守孝 … 157
第三节 势如破竹 … 161
第四节 忠于大宋的臣子 … 167
第五节 第三次北伐 … 169

第九章 挥师北征驱敌寇

第六节 千古名篇《满江红》 … 136
第七节 平杨幺洞庭扬名 … 142

第三节　抗命出征

第二节　金兵再犯中原　228

第一节　千古绝唱《小重山》　223

第十一章　中原大败金兀术

第九节　重燃抗金烽火　220

第八节　中原祭扫　216

第七节　众怒难犯　208

第六节　和与战的争论　199

第五节　伪齐的灭亡　196

第四节　立储风波　192

第三节　淮西军的背叛　189

第二节　归隐庐山　183

233

第八节 沉冤昭雪万世流芳	290
第七节 壮志未酬身便死	282
第六节 阴谋诡计	277
第五节 解除兵权	274
第四节 最终的和谈	269
第三节 淮西告急	264
第二节 再次沦陷的河南	259
第一节 不得已的班师	252

第十二章 受皇命功亏一篑

第六节 朱仙镇轻松取胜	248
第五节 智破骑兵阵	240
第四节 最后的北伐	236

第三节 建忠君思想的碰撞 305

第二节 伟大爱国主义精神与封 302

第一节 岳飞在中国古代军事史上不可取代的地位 298

第十三章 历史留待后人评

岳飞在抗金战争中不可取代的地位

第一章 少年英雄初长成

岳飞自幼聪慧过人，又刻苦好学，文武同修，很快便成为同龄人中的佼佼者。虽然他出身寒苦，但却意志坚强，有着一腔报国之志。岳飞的母亲姚氏也是一位不平凡的女人，教子有方，为了让儿子忠心报效国家，特意在岳飞的背上刺下了"尽忠报国"四个字。岳飞20岁时，辞别父母，从此踏上报国之路。

第一节 "大鹏转世"背后的故事

北宋崇宁二年（1103年），相州汤阴县永和乡孝悌里村民岳和家的院子里，岳和正急得像热锅上的蚂蚁一样，一会儿在堂屋门前的椅子上坐下，一会儿在院子里来回踱步，一会儿又走到堂屋的窗户前竖起耳朵听一听。

"啊——！"突然，一阵非常响亮的叫声从高空中传来。

岳和被这声音吸引，急忙抬头看，只见一只通体雪白的鸟儿扑着两只翅膀在空中盘旋。这鸟儿的体型巨大，翼展将近六尺。岳和正疑惑间，又见那鸟儿很快飞到头顶的上空，一边鸣叫着一边盘旋了三圈，然后便落在堂屋的屋脊上，昂首而立，犹如一尊雕塑。岳和惊奇不已，心中想道："此鸟啼鸣声激越响亮，定为吉祥之物，难道我老岳家要出贵人了吗？"

"哇——哇——"他正思索着，忽然被堂屋内一阵婴儿嘹亮的啼哭声打断，他心中猛然一喜，"恭贺岳老爷喜得贵子"，屋里面随即传来稳婆十分高兴的声音。

岳和是一个庄稼人，他吃苦耐劳，勤俭节约，日子过得还算不错。他为人宽和忠厚，非常重义气，经常节衣缩食来接济周围的穷人；别人占了他家的田，岳和认为自家田地能够养活家人，所以并不计较；有人问他借钱却不还，岳和认为别人只是一时困顿，也未加以责备。因此他深得乡亲们的尊重。他成婚比较早，妻子姚氏先后生下了四个儿子，可惜都夭折了，这是姚氏所生的第五个儿子。这时候，岳和已年近五十，算是老来得子，自然是欣喜若狂。他忽然想起站立在屋脊上的那只奇怪的大鸟，再抬头看时，却不知鸟儿什么时间没了踪影。这时候，稳婆抱着孩子走出来让岳和瞧。岳和接过抱在怀里，看到孩子长得虎头虎脑，越看越喜欢。

稳婆喜滋滋地说道："老爷，请给您的儿子取个名字吧。"

岳和又一次想起那只神奇的大鸟，好像专门为儿子的降生而来，遂张口说道："既然有神鸟飞翔至此，就叫岳飞吧！"

关于岳飞的出生，除了上面的这个说法之外，《说岳全传》里有这样一个故事：说金振大鹏被佛祖收降，封为佛前护法。因轻易杀生而被佛祖贬下天界，金振大鹏不得已下凡投胎，途经黄河，看到有一个长相俊美、身穿一袭白衣的书生正带着一班人马在山上排兵布阵。金振大鹏仔细一看，认出白衣书生乃铁背苍龙经过千年修炼化身而成。铁背苍龙本未危害人间，但一向疾恶如仇的金振大鹏立即飞扑过去，啄瞎了铁背苍龙的眼睛。金振大鹏因此得意洋洋，扇动翅膀离去。经过相州汤阴县永和乡孝悌里一户姓岳的人家时，刚好看到岳家夫人姚氏即将分娩，便落入岳家，投胎于姚氏腹中，姚氏顺利生产，金振大鹏也从此来到人间，即是岳飞。

铁背苍龙侥幸逃跑之后自然不会善罢甘休，他很快便得知金振大鹏已经投胎转世，便推倒黄河堤坝，使黄河水从决口处滚滚而下，瞬间便将孝悌里完全淹没，方圆几百里的村庄都变成泽国，百姓深受其害，被淹死者不计其数，侥幸存活的也流离失所，四处逃难。这时候，岳飞才出生三天，姚氏身体十分虚弱，其父岳和眼见洪水滔滔，惊慌失措，急忙找来一只大缸让姚氏抱着儿子坐进去。但是，缸太沉，在水中根本漂浮不起来。就在这关键时刻，陈抟老祖得知岳飞有难，急忙施法，让缸在水中浮起，岳飞母子才不至于被水淹没。岳飞和姚氏坐在缸中，随水漂流到河北大名府内黄县三十里外的麒麟村，被该村一户富裕人家救下，收留在府中，岳飞方得以长大成人。

铁背苍龙的报复使很多百姓遭殃，触犯天条，惹怒了玉帝。玉帝当即下旨，将铁背苍龙斩首，其魂魄投胎转世到了黄州一秦姓人家，便是后来的南宋大奸臣秦桧。

关于大鹏转世的典故，坊间还存在着一种说法：一次宋徽宗在祭天时，将祭祀词上的"玉皇大帝"写成了"王皇犬帝"。玉皇大帝看到祭词，顿时雷霆震怒，说道："区区人间皇帝，竟敢侮辱天庭玉帝，王皇可恕，犬帝难饶！"他决定要严惩宋徽宗，遂下令赤须龙降落凡间，投胎金国，即四太子完颜宗弼（金兀术），让其带领金国的精兵强将入侵中原，推翻大宋。玉帝的这一决定被如来佛祖得知后，便派大鹏鸟下界，保护大宋百姓。

另外，冯梦龙在《喻世明言·游酆都胡母迪吟诗》中记载，岳飞是三国时期蜀国大将张飞托生，第一次托生为张巡，改名不改姓，第二次托生为岳飞，改姓不改名。清朝的大文学家古吴墨浪子在他的《西湖佳话》卷七《岳坟忠迹》中也讲过一个故事：岳母生岳飞的时候，梦见一个金甲红袍、身长丈余的将军走进家门，大声道："吾乃汉朝张翼德也，今暂到汝家。"说毕，岳母即分娩，父亲因此就给他取名为飞。

其实，无论哪一种传说，都不过是人们利用世事轮回之说来寄托自己对这位千古名将的怀念罢了。据邓广铭先生考证，岳飞生年黄河并未决堤，汤阴县内也无水患，而这种说法应该是取自岳飞之孙岳珂所著的《金佗稡编》。我们知道，古人喜欢通过营造一个人出生时的异象来强调此人天生不凡，所以岳飞出生时遭受洪水之难概是如此。但岳飞一生极尽忠勇，深受世人崇拜，死后更是逐渐从武将演化成了神明，百姓大多愿意相信这段故事，这故事也在话本、小说、传奇中被广为传颂。

第二节 少年苦读

生下岳飞之后，姚氏又生下了岳飞的弟弟岳翻。连得两子，岳家的生活变得捉襟见肘。而身子逐渐长硬朗的岳飞已经早早开始主动扛起一部分家庭的责任了。他每天跟着父亲到田间劳动，挖土、砍柴，无论什么活都抢着干，深深地体会到了生活的不易，也造就了他质朴浑厚的性格。

岳和夫妇虽然为人和善，却从来不放纵两个儿子，对他们严格要求，"鞠育训导"。姚氏虽为女流，识字也不多，但深明大义，且为人刚直、思想开明，非常注重对孩子的言传身教，也刻意培养孩子们读书识字，这也对岳飞的人生产生了很大的影响。

在岳母的悉心教导下，岳飞对学习产生了浓厚的兴趣。他白天帮父母种地砍柴从不偷懒，晚上便缠着母亲教自己认字。姚氏在教他学习的同时，还经常给他讲一些历史故事，尤其是那些曾经叱咤风云的名将名相的故事，岳飞听得十分认真，而且牢牢记在心中，天长日久，他便受到这些人物的影响，产生了强烈的立功报国之心。

在宋朝崇文抑武的政策下，商业、手工业发展迅速，书籍已经不再像以前那样珍贵，岳家虽然贫穷，但岳飞还是可以借阅到书的。书的问题虽然解决了,但家里没有多余的钱买笔墨纸砚来支持他练字,岳飞因此心中感到非常郁闷。这一切都被细心的岳母看在眼里。为此,岳母经常通宵达旦地做针线活,以换取更多的钱来支持岳飞学习。

看到母亲为了自己不分昼夜地干活,岳飞的心中也产生出强烈的感激和愧疚之情。为了减轻母亲的负担,他要求自己每天都要上山砍更多的柴,换钱以补贴家用。有一次砍柴回来,天色已经很晚了,刚好遇见几个小伙伴正在路边玩耍,他便停下来观看,只见那些人用树枝在地上画出一个又一个格子。岳飞突然灵光一现,心中想道:既然树枝能在地上画格子,为何就不能写字呢?于是,他辞别了小伙伴们,疾步向家中走去。

回到家中,母亲正在院子里扫地,岳飞兴奋地说:"娘,我有纸和笔了,以后咱家再也不用花钱买了!"

岳母惊诧地问道:"哪来的纸和笔?"

岳飞也不回答,放下柴后又拿起一只簸箕,从墙角里弄了一簸箕沙土倒在母亲的面前,然后又找来一根树枝,在沙土上写了几个字,这才说道:"娘,不用笔和纸,在地上同样可以写字。"

岳母为儿子小小年纪便如此懂事而感到十分欣慰,在以后的很多年里,她更加用心教导儿子,一有时间便拿着树枝教岳飞在地上写字。岳飞学得也非常认真。沙土上字写满了,他便将沙子抹平重写,久而久之,他不但可以认很多字,而且还练成了一手刚劲有力的好书法。

第三节 两度拜师习武

因为自小从事体力劳动，岳飞的体格非常强壮，孔武有力。据说他十几岁时便能够将三百斤拉力的大弓拉满，打破了宋朝的纪录。少年岳飞寡言少语，有着一腔雄心壮志，希望有一天能够驰骋沙场，为国家效力。因此，他对兵法方面的书籍尤其喜爱，将《孙子兵法》《吴起兵法》等经典古籍读了一遍又一遍，被书中精彩的内容深深地吸引着。

有一天，岳飞的外公姚大翁前来看望他们，看着一转眼就长成青年小伙的岳飞，他高兴得合不拢嘴。聊了一会儿天后，姚大翁了解到外孙酷爱读书，尤其对兵书十分钟爱，决定想办法助岳飞一臂之力，让他成为国家的栋梁。姚大翁是一名秀才，见多识广，藏书颇多，于是便将自己的藏书都送给岳飞学习。他知道，要想成为一个领兵打仗的将帅，单凭从书本上学来的知识远远不够，还必须有一个本领高强的老师传授武艺。

当时，汤阴和内黄一带有一位名叫陈广的武师，武艺十分了得，尤其惯使长枪，出神入化，无人能敌。陈广每次练武，总会引得附近的孩子们爬上墙头看热闹，其中就有岳飞。别的孩子看的是热闹，而粗通兵法的岳飞看的却是门道，双眼总是盯着枪尖不放，眼珠随着枪尖的移动而不停地转动。岳飞在陈广家观看了陈广练武之后，便回到自己的家中用长棍偷偷练习。姚大翁知道了这件事，决定让岳飞拜其为师。

这一天，姚大翁带着岳飞母子来到陈广的家中。姚大翁对陈广说明了来意，却遭到了陈广的拒绝，原来他担心岳飞年轻气盛，学会武艺到处惹是生非。正当岳飞感到失望的时候，陈广的父亲回到家中，他得知岳飞的来意后，帮助岳飞向陈广求情说："岳和为人忠厚，其子人品自然也不会差，他若能学成一身武艺，说不定将来会成为国家的栋梁之材。"

陈广听了这话，犹疑不定，他对着岳飞打量了好一阵子，发现岳飞身材高大健硕，再拉过岳飞的手看了看，见其手掌上长满了老茧。他又捏了捏岳飞的胳膊，像橡子一样结实；用拳头在岳飞的胸脯上捶了两下，肌肉十分发达；最后，又拍了拍岳飞的肩膀，厚实有力。他由此认定岳飞是一个习武之才，再有父亲的一番说辞，于是答应收岳飞为徒。

终于得到了陈广的首肯，岳飞欣喜若狂，当即双膝下跪，磕头拜师。自此以后，岳飞便正式成为陈广的徒弟。为了能最大程度地开发他的潜力，陈广在收下岳飞之后，便开始对他加紧了训练。

为了锻炼岳飞的臂力，陈广带着岳飞来到自己平时练武的场地。那是一处相对偏僻的场院，里面盖着几间简陋的房子。房子里放着一根夜里用来顶门的槐木棍，大约有碗口粗，非常沉。他将棍子拿出来，对岳飞说道："听说你力气不小，现在我让你单手把棍子举起来持平，半个时辰不准放下。"

"徒儿遵命。"岳飞答应一声，伸手接过师父递来的棍子，拿起一端，轻而易举地平举了起来，他双脚并立，在院子里纹丝不动地站了一个时辰。

"果然是个练武的好苗子!"陈广暗暗地称赞了一句,又加大了对岳飞训练的难度。他找来三块砌城墙用的青石系在槐木棍的另一端,以增加棍子的重量。岳飞又站了一个时辰,依然面不改色。随后,陈广又找来一只酒杯,里面倒满了水,放在棍子的末端,并命令岳飞不准洒一滴水出来。

岳飞对于师父的要求十分不解,却又不敢多问,只能老老实实地照办。陈广从岳飞的脸色看出他有些不情愿,便耐心地跟他解释说:"这是学武艺的基本功,能很好地锻炼手腕的力量,有利于手腕和手臂的结合使用。"之后又说,"武术中的精髓在于巧妙,单凭蛮力很难战胜对手,枪法也一样,若要枪法出神入化,就必须将臂力与腕力巧妙地结合起来,才能达到事半功倍的效果。"

听了陈广的这一番话,岳飞恍然大悟,连忙说道:"多谢师父的教诲,徒儿明白了!"

自此以后,岳飞严格按照师父的要求一丝不苟地学习武艺,进步非常快。陈广看到岳飞学习如此刻苦,当然也很欣慰。一段时间后,陈广开始传授他枪法。岳飞天资聪慧,基础扎实,很快便掌握了枪法的精髓,通过一段时间的练习,一杆长枪挥舞得已经有模有样。

后来岳飞不再跟随陈广学艺,至于什么原因历史上没有记载,也许是陈广去世或者远游。总之,失去了指导和监督,岳飞也就失去了学武的动力,陷入迷茫之中,而另一名师父的出现,又像点燃了一支蜡烛,为他的人生照亮了前路。

此人便是人称"陕西大侠铁臂膀"的周侗,为北宋末期著名的武术大师,尤擅长骑射。小说和评书中,周侗有两个徒弟,其中一个是梁山好汉玉麒麟卢俊义,另一个是八十万禁军教头林冲。

岳飞自律性极强,拜周侗为师后,不管是读书还是练武都更加刻苦,周侗对岳飞也颇为欣赏、喜爱,将一身武艺倾囊相授。随着时间的推移,岳飞的武艺越来越精湛了,尤其刀法和箭法,已经达到了炉火纯青的地步,奠定了岳飞日后成为一代名将的基础。

评书和小说中有这样一则故事,说周侗曾带着岳飞去拜见自己的老友志明长老,席间,他让岳飞为志明长老表演武艺,岳飞表演了一套枪法,舞得虎虎生风,令志明长老赞叹不已,特意送给他一杆"沥泉神矛"和一册兵书。岳飞翻看兵书,发现里面不但有各种枪法,还有不少行军布阵的妙计,他如获至宝,回到家中后,捧着书看了一遍又一遍,按照书中的内容认真学习,武功更上一层楼。

岳飞不但对武术情有独钟,而且特别有孝心,非常懂得感恩。周侗去世后,他伤心欲绝,为师父披麻戴孝,守灵多日。师父下葬后,每逢初一、十五,他都会带着祭品到师父坟前祭奠。当时,岳飞没有钱买供品,又不想跟父母要钱,便典当了自己的一些衣物,换一些银钱买供品。天气转冷,别人都穿着厚厚的棉衣,唯有他衣着单薄。他的父亲岳和很是奇怪,便暗中观察,终于发现了儿子的行为,便找来岳飞问个清楚。

岳飞回答道："师父待我恩重如山，我即便做牛做马也难以报答，现在他老人家去世了，又没有后人来祭，一日为师，终身为父，他没有后人，我就是他的后人。只要我活着，初一、十五都会前去祭奠他，而且还要在他坟前连射三箭，表达饮水思源之情结。"

听了儿子这一番话，岳和深受感动，他想到国家现在的状况，辽国入侵，朝廷积贫积弱，步步后退，正是用人之际，便语重心长地说道："好孩子！好男儿志在四方，光有孝心远远不够，现在国难当头，你既想报答师父，就要把他教你的本领派上用场，做一个力挽狂澜的马上将军！"

岳飞受到父亲的鼓励，挺了挺胸脯说："请父亲放心，无论何时何地，只要朝廷需要，我一定以身许国，绝不反悔！"

很快，岳飞父子的对话便在村庄里传开了，乡亲们得知后，纷纷称赞岳飞忠孝、志向远大，将来必定是个了不起的人物。

不过，关于岳飞究竟是先拜陈广为师还是先拜周侗为师，历史上存在着不同的说法。比如《说岳全传》中记载，岳飞先拜周侗为师，学习骑射，可以左右开弓。周侗不久病故，岳飞每逢初一、十五都要到周侗的坟前祭奠。后来，岳飞又拜陈广为师，学习刀枪之法，武功"一县无敌"。然而，《岳飞传》中记载，岳飞的第一位师父是陈广，主要传授岳飞枪法。另外，还有一种说法，周侗与陈广都是岳飞的外祖母杨氏重金聘来的。

无论谁先谁后，他们都是岳飞的师父，岳飞也正是在他们的悉心教导下，最终练就了一身好武艺。

第四节　两次婚姻

转眼之间，岳飞也到了成婚的年龄，岳和便开始操办起儿子的婚事来。经人介绍，岳飞与邻村的女子刘氏结为夫妻。

虽然当时岳飞的家境不是太好，但婚事办得还算隆重。岳和为人忠厚，深得邻人们的尊重。新婚前一天，岳飞的家中便张灯结彩，左邻右舍纷纷前来帮忙。新婚当天，前来贺喜的亲朋好友更是络绎不绝。在一片期盼的目光中，刘氏被一顶花轿抬进岳飞的家里，和岳飞共拜天地，结为连理。

结婚第二年，刘氏生下一子，取名岳云；七年后生下二子岳雷。后来，岳飞从军，刘氏难守空房，竟然红杏出墙，与别的男人私奔，并先后两次改嫁，最后一次嫁给了韩世忠军中的一个押队官差。韩世忠同样是一位抗金名将，与岳飞等人并称南宋"中兴四将"。多年以后，岳飞也手握兵权，并且与韩世忠成为朋友。韩世忠得知自己的部下竟然娶了岳飞的原配妻子，心中很不是滋味，便给岳飞写了一封信，说道："传语岳宣抚，宣抚有结发之妻，见在此中嫁做一押队之妻，可差人来取之。"那时候，人们对于名节看得非常重，岳飞身为一位顶天立地的男子汉大丈夫，怎会容忍家中出现这种有伤门风的事情，因此他拒绝接刘氏回到身边。不过，念在二人曾经夫妻一场的份上，也念在刘氏为自己生子、照顾母亲多年的情面上，他还是给韩世忠回了一封信，托他将五百贯钱转交刘氏。没想到此事惊动了高宗赵构，不明原委的高宗以为岳飞抛弃了原配，便令岳飞解释原由。岳飞只好上书皇帝："履冰渡河之日，留臣妻侍老母，不期妻两经改嫁，臣切骨恨之，已差人送钱五百贯，以助其不足，恐天下不知其由也。"

后来，岳飞又认识了一个女子，名叫李淑贞，或说叫李孝娥，后改名李娃。具体怎么结识，史料上没有细说，只说二人是在战乱中相识，并很快成婚。李娃比岳飞大两三岁，是标准的贤妻良母，不但孝敬公婆，待岳云、岳雷也如己出，最难能可贵的是，她尽最大的努力支持丈夫上阵杀敌，帮助丈夫安抚随军家属，而且还替丈夫抓过奸细。据说，有一次李娃听说军中有人要叛乱，便开始不动声色地搜集证据，待证据齐全之后，她让岳飞以商讨军事的名义将叛乱之人叫过来，当场逮捕并推出去斩首示众。和岳飞成婚后，李娃先后生下了岳霖、岳震、岳霭（后改名岳霆）等几个孩子。

岳飞含冤而死后，李娃也受到牵连，被发配到边疆，她坚贞守节，二十多年独自撑起一个家。很多年后，岳飞沉冤昭雪，李娃又被当时的大宋皇帝下旨接回都城，并封为楚国夫人。李娃死后，遵照她的遗嘱被安葬在姚夫人的身边，尽守孝道。

虽然经历了两次婚姻，岳飞在生活上却是一个非常自律严肃的人，即便是他当了大将军之后，也没有纳妾，而是将所有的精力都放在了国家大事上。

第二章 好男儿投身军旅

岳飞自小壮志凌云，总想着长大后以身报国。可是，他成年后，却失望地发现，报国之路并不像他想象中那么一帆风顺，而是充满着变数。宗泽成了他生命中的第一个贵人。后来，他有幸成为一名"敢战士"的小队长，凭借自己的机智和精湛的武艺取得了上司的信任。正当他在军中崭露头角的时候，家里又遭遇变故，军旅生涯突然中断。此后，他意志消沉，甚至一度迷失自我，幸得母亲的教诲，才二次踏上从军的道路。

第一节 初出茅庐

当时，北宋王朝的最高统治者是徽宗赵佶，历史似乎与宋朝开了个玩笑，赵佶琴棋书画样样精通，绝对算得上才高八斗之人，唯独就是不会做皇帝。他身边聚集着一帮奸臣，自己也成了北宋的亡国之君。因为他以及前几任皇帝的昏庸无能，致使大宋王朝的军事能力极为孱弱。与此同时，北方少数民族女真却发展得十分迅速。

女真族起源于肃慎，以游牧为生，其内部又分为很多部落，彪悍好战，却也野蛮落后。自汉朝起，女真族便屡屡侵袭中原，频繁接触汉人，开始接受更为先进的汉族文化，发展速度越来越快。在诸多女真部落里，完颜部落的力量最为强大。其部落首领带领部族先后吞并了周围一些弱小的部落，成立女真部落联盟，这位首领理所当然地成为女真族诸部酋长，并得到了可以世袭的酋长之位。

1113年，酋长的位置传到完颜阿骨打的手中。这时候的女真族正遭受着辽国的欺辱。辽国凭借强大的军事力量对女真多次发动侵袭，几乎将女真族赶尽杀绝。完颜阿骨打率领全族奋起反击，以其超人的智慧和强大的军事指挥能力，击败了辽国，并建立金国，他登基称帝，史称金太祖。

其实，金国之所以能战胜辽国，其中也有北宋的一些功劳。历史追溯到五代十国时期，后唐大将石敬瑭起兵造反，为了能够当上皇帝，不惜将属于中原王朝的燕云十六州割让给辽国，以换取辽国的支持，燕云十六州因此落入辽国之手。宋朝的历代皇帝都梦想着能够将燕云十六州收回来，宋徽宗当然也不例外。

1115年，阿骨打称帝，建国号大金。辽皇帝得知消息后，御驾亲征，号称七十万大军侵袭金国，不料被完颜阿骨打率领两万人打得落花流水。此后,金国多次以少胜多,辽国屡战屡败。此时的北宋也被辽国欺压日久,徽宗得知辽、金相斗不止,认为自己收复燕云十六州的机会来了,于重和元年(1118年)派人从海路出使金国,于宣和二年(1120年)商定宋金联合,共同对付辽国,这便是历史上著名的"海上之盟"。按照盟约中的规定,金兵负责攻取辽国中京、上京,宋军则负责攻取南京(燕京)、西京,等战争胜利,燕云地区归还宋朝,但宋须把原本给辽的岁币20万两、绢帛30万匹转献给金,双方约定以长城为边界,互不侵犯。

此后,北宋两次对辽国发动大规模进攻,却都以失败而告终,国力因此更加衰弱。在这一时期,北宋朝堂之上奸臣当道,其中最臭名昭著的便是蔡京、童贯、高俅、杨戬四人。

童贯为开封人,善于投机取巧,其担任供奉官时,在杭州为徽宗搜罗到大量的书画奇巧,帮助蔡京登上宰相的位置,因此受到蔡京的推荐,被提拔为西北监军,领枢密院事,掌管军事大权。童贯有一位部将,名叫刘韐,为进士出身,深受器重,奉命招募军队。

大批逃难的人来到岳飞的家乡相州汤阴永和乡,岳飞目睹了他们的悲惨情景,义愤填膺,恨不得马上奔赴战场,将敌人赶出边境。恰在这时,官府在村里贴出了朝廷招募军队的告示。岳飞看到后,非常激动,当即回到家中征求父母的意见,得到同意。他便又找来王贵、牛皋、汤怀、张显等志同道合的朋友商议,大伙一致同意,加入军队,保家卫国。他们说走就走,路过元氏县时，又结识了智浃父子，几人聊得十分愉快，遂结为挚友。不日，一行人来到真定募兵处，刚好刘韐就在招兵现场。刘韐看到岳飞身材魁梧，相貌非凡，浑身上下透着一种不凡的气质，便询问他是否会武艺，岳飞现场表演了一通拳脚，打得虎虎生风。刘韐看后，直呼精彩，又让岳飞表演枪法。岳飞的枪法出神入化，看得周围的人无不拍手称赞。刘韐感慨岳飞年纪轻轻，一身武艺却练至如此，一定是下了不小的苦功，他认为岳飞是一个难得的人才，当即便任命岳飞为"敢战士"小队长。所谓"敢战士"，其实就是敢死队，专门负责侦察、突进等危险的工作。岳飞并不认为这是一副沉重的担子，反而为自己能够身先士卒地与敌人交战感到幸运和期待。刚入职便受到上司的青睐，岳飞自然非常高兴，摩拳擦掌地准备在战场上大显身手，杀敌报国。

即使是面对被金国打得如丧家之犬的辽国，北宋庞大的军队依然显得不堪一击，最终一败涂地。庆幸的是，辽国也来到了国家气运的尾声，不得不转身对付北边攻势更加凌厉的金国。所以岳飞他们这些刚被招募的新士兵没有被投入战场。不过，他们也没有被解散，而是用来镇压国内的盗贼流寇。

原来，在河南相州一带有一伙匪徒，大概有几百人，为首的是陶俊和贾进和。他们常常聚在一起到官府闹事，偶尔也干一些打家劫舍的勾当，让当地官员很是头痛。岳飞听说之后，自告奋勇要去铲除这帮流寇，为民除害。刘韐正想考验岳飞的能力，当即便答应了他，并给他一百名骑兵。在仔细地分析了地形和敌我态势之后，岳飞派部分士兵化装成商人，"误入"匪众所占领的山寨中，之后又命令一部分士兵在山下险要之地埋伏起来，等待出击，而他则带领剩余的士兵向敌人的大本营悄悄摸进。

匪徒们为了抵抗官府的围剿，经常下山抓壮丁，用以扩充队伍。匪徒们看到一班子精壮商人送货上门，当然喜出望外，遂将这些商人全部抓了起来，强迫他们加入自己的团伙。

匪徒们刚回到山寨，岳飞便带着几十名骑兵到了山寨的大门前，命人向山寨内喊话。匪首从寨墙上看到岳飞这边兵马那么少，根本不将他们放在眼里，暗自盘算道："这领头的将官人高马大，是一条好汉，若能擒上山来，入了自己的伙，岂不又增加了一份力量？"于是，两个匪首简单地商量了一下便打开寨门，率领着众匪徒蜂拥而出，要和官军作战。岳飞拍马上前，用枪尖指着匪首陶俊，厉声喝道："大胆匪徒，见了官爷，还不下马受降？"

陶俊眯着双眼冲岳飞问道："小儿从何而来，竟如此狂妄？竟然敢让爷爷投降，今儿就让你尝尝爷爷的厉害！"他话音未落，便举起手中大刀向着岳飞砍去，二人随即大战在一起。

两人你来我往战了几个回合，岳飞假装不敌，调转马头就跑。后面的士兵们看到主将逃走，也都跟着没命地逃跑。匪徒不知是计，急忙在后面追赶，不知不觉地进了官军的伏击圈。岳飞勒住马，打了一声呼哨，随着一阵呐喊声响起，只见又有几十个士兵从暗处冲出来，一下子将匪徒们包围住。这时候，岳飞等人也调转马头，向着匪徒杀过来。经过一阵激战，匪徒被打死大半。两个匪首见势不妙，掉转马头欲逃，不料战马被绊马索绊倒，他们二人也从马背上滚落下来。官兵一拥而上，将他们活捉，其余匪徒看到领头的都成了俘虏，也纷纷放下武器投降。山下激战时，那些被俘的"商人"们趁寨内空虚，一把火将山寨烧了，彻底捣毁了匪徒的老巢。岳飞出师大捷，受到相州知州的大力赞赏，并向上司为岳飞请功，保举他为从九品承信郎。

第二节　燕京之战

宋金结盟之后，金国如约攻下了中京、上京，而北宋只顾着镇压方腊起义，将出兵辽国的事情一推再推，直到镇压方腊起义结束，才于宣和四年（1122年）十月集结重兵，由童贯负责，以西北名将种师道为先锋，进行北伐，兵力多达十万。童贯本为宦官，根本不懂行军打仗之事，却又好大喜功，想要"不战而屈人之兵"。种师道数次请求主动出击都被他阻拦，以至于贻误战机。后来，他干脆撤了种师道，改派刘延庆为先锋。刘延庆为南宋初期"中兴四大名将"之一刘光世的父亲，刘光世武艺高强，且熟读兵法，曾经为南宋抗金立下汗马功劳。然而，刘延庆无论在战术上还是在武艺上都和儿子相差甚远，算是一个庸才。童贯对此心知肚明，但他认为燕云之地曾经是中原王朝的天下，而今宋军只要进城，沿途百姓肯定会"箪食壶浆，以迎王师"。

事实证明，童贯的想法太幼稚了，因为当时燕云十六州已经脱离中原统治一百多年，当地的百姓早已认为自己是辽国臣民，对宋朝没有一丝一毫的感情。所以，当宋军来到燕云之地时，当地百姓表现得非常冷漠，甚至有些抗拒，宋军的进展速度也十分缓慢。正当童贯为此感到无比失望的时候，金国大将郭药师率领八千精兵前来投奔。

郭药师为渤海铁州人，英勇善战，谋略过人。他看到北宋军队规模强大，便向童贯提出突袭燕京的建议，并组建了一支"敢战士"队伍。

岳飞也参加了这一次的战斗，作为一名"敢战士"跟随郭药师突袭燕京，取得了非常优异的战绩。战斗开始，他一马当先向着城墙冲过去。城头上，辽军守兵利用地形的优势向下射箭、掷石块和掀滚木。箭矢如雨，伴随着飕飕的风声从耳边掠过，岳飞毫无惧色，在箭雨中飞驰，眨眼间就到了城墙下，冲着后面的手下喝道："快，上云梯！"

后面的"敢战士"看到有人冲到了城下，士气大振，也抬着云梯冒着箭雨冲过来，将云梯靠上城墙。岳飞二话不说，抬脚便跨上去。他正要顺着梯子往上爬，突然一块大石头从上面砸下来，他急忙一闪身，石头贴着他的身子落下去，砸到了另外一个士兵头上。那士兵惨叫一声倒在地上，七窍流血而亡。部下的惨状更加激起了他对辽军的仇恨，他不顾一切地往上爬。敌人见状，又抬起一根滚木放下来，想要将岳飞砸下去。此时的岳飞已经爬到了梯子的中间。他看到滚木快到自己的面前，突然纵身一跃，稳稳地落在城头上。然后，他长枪飞舞，辽军士兵纷纷在他的枪下毙命，敌人阵脚顿时大乱。紧接着，越来越多的宋军登上城头，和辽军展开了混战。辽军不敌，死的死伤的伤，剩余的四处逃命。岳飞等人占领了城头，又下了城墙打开城门，让后面的部队进入城内，最终攻克城池。眼看胜利在望，胆小如鼠的刘延庆却拒绝派兵增援，而是选择远远地观望，以至于延误战机。

辽军主将萧干得知燕京失守，急忙派两千精兵前来夺城，先锋军在耶律大石的率领下抵达燕京城下，随即展开反攻。刚刚取胜的宋军正沉浸在喜悦中，完全没有防备，被打了个措手不及，加上城内的百姓纷纷响应辽军，如此里应外合，很快宋军便开始溃败，伤亡惨重。幸运的是，岳飞率领部下顽强作战，边打边撤，最终得以安全退回。辽军又乘胜追击，在白沟河赶上宋军，双方交战，宋军再次被打败，损失惨重。童贯被吓得魂不附体，仓皇撤退。

第三节 "庄客"轶事

在燕京之战中岳飞表现优秀，就在他准备继续大显身手的时候，一件非常不幸的事情降临到他的头上——他的父亲岳和突然病故了。按照古时候的规定，父母去世，官员须回家守孝三年，叫作丁忧。岳飞是一个非常有孝心的人，他听说了父亲去世的消息后，伤心欲绝，急忙辞去军中的职务，马不停蹄地赶回家中为父亲操办后事。

父亲的去世给岳飞的精神造成很大的打击，使他一直沉浸在巨大的伤痛中无法自拔。这一年，岳飞二十岁。

转眼之间，三年守孝期已满。因为在守孝期间失去了经济来源，岳家又重新陷入贫困之中。为了生活，岳飞被迫离开家乡，到一位名叫韩肖胄的人家中做"庄客"。所谓"庄客"，即靠租种大户人家的田地为生的佃户，每年缴一定的租税给东家即可。佃户虽然一年从头到尾基本都在地里劳作，但收获的粮食绝大部分都交给了东家，自己可以留下的甚至都不够吃。缺衣少食、饥寒而死也是常有的事。幸好岳飞有一身武艺，又精明能干，除了种地之外，还能为韩家看家护院。

韩肖胄家世显贵，他的曾祖父韩琦为宋仁宗、宋英宗和宋神宗三朝宰相，而韩琦的儿子韩忠彦也在宋徽宗初年担任宰相。韩琦和长孙韩志都曾担任过相州知州。

当时，在安阳有一伙强盗，以打家劫舍为生，不下百人。这一天，一众匪徒闯进韩府抢劫。韩府上下顿时乱成了一锅粥。韩肖胄吓得魂不附体，战战兢兢地说道："这该如何是好，这该如何是好？"

岳飞得知有强盗闯入，忙全身披挂走了进来，对惊慌失措的韩肖胄安慰道："老爷勿忧，有岳飞在，保府中平安无事。"说完，他转身向外走去，到了一堵院墙边，一纵身便上了院墙，然后搭箭拉弓，嗖的一声响，利箭射出，不偏不斜正中匪首咽喉。匪首闷哼一声，一头栽倒在地上，瞬间亡命。他的那些手下都被岳飞如此精准的箭法吓住，再也不敢多停留，纷纷抱头鼠窜。岳飞看到敌人阵脚大乱，冲韩家家丁们大声命令道：

"冲过去，抓住他们！"家丁们得到命令，纷纷冲入土匪阵中，将他们全部抓住，交给官府处理。

因为保护庄园有功，韩肖胄对岳飞刮目相看，韩府上下对他备加尊敬。随着在韩府地位的变化，岳飞更频繁地接触到一些官宦，他们的作风令正直的岳飞感到不适，因此他便辞去了韩府的差事。

因为失去了经济来源，岳飞一家的生活再次捉襟见肘起来。为了养家糊口，他又谋了一个安保的差事，负责相州某个小镇的安全。这份差事相对比较清闲，虽然薪俸不多，倒也能支撑得住家里的花销。因为之前在韩府中看到上层社会纸醉金迷的生活，而现在看到的大都是尚不能解决温饱的底层百姓的日子，岳飞心中感到非常不平，也感到前途迷茫。这一时期的岳飞意志消沉，迷失自我，整日借酒浇愁。终于有一天，他被辞退了，怀着无比失落的心情回到了汤阴自己的家中。

在以后的好长一段时间，岳飞无所事事，过着游手好闲的日子。岳母姚氏害怕儿子长久这样下去会颓废，便将岳飞叫到自己的面前，语重心长地说："儿呀，你现在已经是顶天立地的男子汉了，要做翱翔长空的大鹏，不做地面觅食的麻雀。现在北方战事吃紧，你既然学得一身好武艺，就应当为国效力，保一方平安。"

回到自己的屋里，岳飞仔细回味母亲的教诲，认为母亲说得非常对，男子汉大丈夫就应该轰轰烈烈地干一番大事业，而不是碌碌无为地度一生。于是，他收拾行李，辞别妻儿老母，开始了他的第二次从军生涯。

第四节 二次从军

北宋宣和六年（1124年），相州一带再次发生水灾，导致无数百姓流离失所，四处逃难。岳飞决定再次参军，先保住了国家，才有资格保护乡亲。他凭借自己的一身本领，做了一名"效用士"，被分到驻防河东路平定军的禁军里，成为一名骑兵。因为武功高强，且有过实战经验，他很快便被提拔为"偏校"。虽然只是一次小小的升迁，但也让岳飞激动万分，因为他从中看到了报效国家、出人头地的希望。

从宋、辽多次交战中，金国彻底看透了宋朝执政者的昏庸无能，以及大宋的腐朽衰败的本质，于是便在消灭辽国后，开始大举进攻北宋。金军兵分两路，由完颜宗翰率领一路进攻太原，完颜宗望率领另一路进攻燕京，两军的最终目标为汴梁。

女真族属于马背上的民族，彪悍好战，尤善骑射。他们的铁蹄踏破边关，直取中原，势如破竹。当时，岳飞所在的平定军距离太原最近。为了配合太原的防守，岳飞受到上司的指派，带着部下一百多人潜入山西寿阳县和榆次县，对驻守在那里的金军进行武装侦察，以备随时支援，时称"硬探"。这一天，岳飞正带着队伍向前走，负责在前面侦察的将士气喘吁吁地返回来，告诉他说前方出现一支金军，应该是敌人的先头部队。士兵们闻言，无不大惊失色，甚至想要逃跑。岳飞见状，忙安慰将士们说：

"大家不必害怕，金兵也是肉体凡胎，只要我们团结一致，就一定能够战胜敌人。"士兵们听了这话，情绪很快稳定下来。于是，岳飞带领士兵们做好战斗准备，等待着金军的到来。

很快，金军到了，岳飞一声号令，一百多位宋军呐喊着向敌人冲杀过去，岳飞本人更是一马当先，冲在前面，接连刺死十几个金军骑兵。一贯骄横的敌人被岳飞的勇猛吓到，仓皇撤退。岳飞命人将斩杀的金军衣服脱下来带上，继续前行，到了敌人大军的宿营地，他们换上敌人的衣服，在夜晚时分混入敌营中，对敌人的军力部署进行了详细的侦察，直到天亮时分才大摇大摆地离开。回到大本营后，岳飞将侦察到的情况向上司做了详细的汇报，上司对他的机智勇敢大加赞赏，提拔他为进义副尉，但依然是不入品的小武官。

十月，金十万大军开始了对宋的全面作战，左副元帅完颜宗翰统领西路军从云中攻太原，右副元帅完颜宗望统领东路军从平州攻燕山府。当时防守燕山府的正是降将郭药师，他看到金军来势汹汹，惊恐万状，遂开城投降，燕山府落入金军之手。不久，太原也沦陷了。

从平定军突围回故乡相州的途中，岳飞目睹了无数凄惨的情景，百姓们饿死者有之，被金人残杀尸横荒野者有之。岳飞的心中感慨万千，忍不住流下伤心的泪水，他想到，如果不是朝廷懦弱无能，金国又怎敢侵犯中原，中原百姓又怎会遭受这种苦难？

第三章 山河破碎岂心安

虽然怀抱着满腔的爱国热情，一心想要杀敌报国，但是，从军之旅并不是那么容易的，岳飞锲而不舍地追逐着自己的梦想，终于凭借招降吉倩的功劳，赢得了刘浩的赞赏，真正开始了他辉煌的军旅生涯。战场之上，面对浩浩荡荡的敌军，岳飞从来没有退缩，顽强地同金人进行殊死的搏斗。此时的岳飞结识了生命中的又一个贵人——张所。

第一节 嵌进骨髓里面的报国志

回到家中后，看到母亲姚氏并没有大碍，岳飞的心中算是一块石头落地。他带着妻儿向母亲行跪拜大礼，随后一家人抱头痛哭，为这一次的劫后余生感到庆幸。次日，岳飞又分别探望了其他亲友，当然不忘到父亲和师父周侗的坟前祭拜。这一年，汤阴内黄一带又发生瘟疫，人们本来生活就困难，这无疑是雪上加霜，岳飞家的日子也是一天不如一天。

靖康元年（1126年），金军直逼宋都汴京，被吓破胆的宋徽宗见势不妙，强迫皇子赵桓继位，是为宋钦宗，他自己则以太上皇自居。赵桓继位后，任命皇弟赵构为兵马大元帅，并广招天下勇士，扩充军队，以抵御金兵。这年冬天，刘浩奉赵构之命来到相州招兵，得到乡亲们的积极响应。不久，完颜宗翰率领的东路军来到汴京城下，逼迫宋议和。此时身为康王的赵构奉命前往金营和谈，谈判的结果是宋向金进贡五百万两黄金及五千万两白银，并割让中山、河间、太原三镇，金军撤军。

岳飞目睹山河破碎，百姓饱受战争之苦，在悲愤之余，他强烈意识到，想要保住自己的家园，过上安稳平静的生活，就必须将入侵者赶跑。只有奋起反抗，上下一心，才能收复失地。在这种强烈的忧患意识的驱使下，他再次萌生从军的念头。可是，这时候母亲姚氏已经年迈，又体弱多病，需要有人照顾。因此，岳飞不敢将自己的想法讲给母亲听，整日忧心忡忡。

细心的姚氏看到儿子整日闷闷不乐的样子，追问之下，岳飞只好如实相告。姚氏不但没有劝他偏安自保，反而因为他的这种壮志感到欣慰。她让岳飞在厅堂里列祖列宗的牌位前点上三炷香，然后自己换了一身素服走出来，吩咐岳飞双膝跪地，叩拜列祖列宗以及恩师周侗的牌位，接着说道："国难当头，我儿既然学得一身武艺，理当报效国家，上阵杀敌。"

岳飞看到母亲如此深明大义，十分感动，说道："愿听母亲安排。"

"对，这才是岳家的人！"姚氏满意地点点头，"既然我儿有这一份心愿，就应该牢记在心，今日为娘要把'尽忠报国'四个字刺在儿的背上，好让我儿终身不忘！"随后，她取过笔墨和绣花针，来到岳飞的后面，吩咐岳飞脱去上衣，露出结实的脊背来。她先用笔在岳飞的脊背上写下了"尽忠报国"四个字，又将绣花针在蜡烛上烧热，开始刺了起来。每刺一针，便用墨涂抹一次，然后再刺再涂。每一刺，都有一阵尖锐的刺痛像电流一样传进岳飞的大脑中，他的身子也不由自主地抽动一下。对此，姚氏看在眼里，痛在心里，眼泪也不自觉地流了出来。她轻声问道："我儿，痛吗？"

"娘，不痛。"岳飞强忍着疼痛，装出很轻松的样子说。

经过好大一阵子的努力，"尽忠报国"四个字终于快刺完了，仅剩"国"字里面的一点。姚氏住了手，说道："儿呀，我大宋现已不完整，所以，为娘在'国'字里面少刺一点，等贼寇平定，疆土收回，如果娘还活着的话，那一点娘再给你补上。"

"娘，儿记下了。"岳飞答应一声，站起身来，将衣服穿好，回自己的房间去了。

次日，岳飞便收拾行装，辞别老母，来到刘浩这里应征，从此踏上保家卫国的征程。或许他自己也没想到，这一别，他再也不能回到家乡，汤阴便也成为他永久的挂牵。

在以后的军旅生涯中，岳飞始终牢记母亲的教诲，始终将收复疆土、保家卫国放在心中第一位,并最终为此付出了宝贵的生命,名传千古。

第二节　追随刘浩旗开得胜

靖康元年(1126年),金军第一次进攻汴京时,遭到守城大将李纲的顽强抵抗,最终攻城失败,不得已撤退。不久,金军再次南下,钦宗畏敌如虎,急忙派康王赵构前往金营求和。十一月二十日,赵构来到磁州,被驻扎在这里的抗金老将宗泽拦住,说金军的目的是要将他挟持为人质,根本不是真心议和,二人因此产生矛盾。时任直龙图阁、知相州的汪伯彦善于见风使舵,他看到有机可乘,便让部属刘浩率领两千人将赵构接到相州暂住,汪伯彦因此获得了赵构的信任和宠幸。

刘浩虽然追随在赵构的身边,但官职并不高,他的任务是负责招募军队,收编溃散的士卒。岳飞来到相州,投在刘浩的麾下,并得到了刘浩的青睐。

十二月十四日,赵构将刘浩在相州所招募的义士,信德府的勤王兵,从大名府而来救援太原的军队,以及由太原、真定府、辽州等地收集的溃兵组成部队,让他们听从大元帅府调遣。军队有了,没有军事经验的赵构却不敢前往开封救援他的父亲赵佶和兄长赵桓,而是传令给附近州郡的地方官府,包括河间府知府黄潜善、磁州知州宗泽等,务必在当年十二月十七日以后、次年正月三十日以前率领本部人马在大名府集合,"听候指挥,审度前进",岳飞也因此暂时留在相州。

当时,在相州有一伙强盗,为首的名叫吉倩,手下聚集了三百多号人,经常打家劫舍,干了不少坏事。负责招兵的刘浩想将他们收编,他想到了岳飞,便将岳飞叫到面前,问道:"鹏举,现在国难当头,本该以应敌为主,但现在有节外生枝之事,我想派你去完成,不知你可愿意?"

岳飞毫不犹豫地回答说:"大人尽管吩咐,岳飞赴汤蹈火,在所不辞!"

"嗯,不错。"刘浩满意地点点头说,"此地有一伙强盗,势力强大,想必你也知道,以我军威,剿灭他们易如反掌,可我军现在缺乏军士,我有意让你去降服他们,为朝廷效力。"

岳飞自然对这一伙为害一方的土匪有所耳闻,对于这一项任务,他没有丝毫犹豫便答应下来。傍晚,他带领着刘浩分给他的几名骑兵来到土匪的营寨大门前,声如雷震,对土匪道:"里面的人听着,我乃元帅麾下岳飞。现在金人入侵,国难当头,大元帅统领天下兵马,欲解京都之围,以救二帝。你等既为宋人,堂堂七尺男儿,怎能只知干些鸡鸣狗盗的勾当。今日若听我好言相劝,打开寨门,随我去见大元帅,日后征战沙场,仍可光宗耀祖。否则,你这山寨将万劫不复!"

山寨内负责传话的喽啰将岳飞的喊话通报给了吉倩。吉倩知道朝廷大军就在附近,若强硬反抗,必被尽数剿灭,便带着一班子卫队打开寨门走出来,冲岳飞躬身一礼,非常客气地说:

"岳将军请息怒,现在世道纷乱,我等啸聚山林也是迫不得已而为之。承蒙大元帅看得起,在下愿意效劳。但只怕赶跑了金军,官府会卸磨杀驴,对我这帮兄弟不利。"

岳飞说道:"阁下的担心完全是多余的,现在大敌当前,官府正是用人之际,怎会做出如此糊涂的事情?阁下尽管放心,只要有我岳飞在,保证你和你的兄弟不会受到伤害。"

吉倩感受到岳飞的诚恳,选择了相信他:"既如此,我等愿跟随岳将军归顺朝廷。"并对身后的众兄弟说道,"今我已决定听从岳将军的劝说,归顺朝廷,有愿意的现在就跟我走,不愿意的也不勉强,现在就可以回家了。"

既然首领都发话了,匪众又怎敢不从,纷纷高声呼喊说:"我等愿意跟随岳将军上阵杀敌,保家卫国,赴汤蹈火,万死不辞!"

就这样,吉倩率领其部下三百八十多人全部归顺岳飞。当岳飞带着这些人回到大本营后,刘浩非常欢喜,当即提拔岳飞为承信郎。承信郎的官位虽然不高,但也算是有品级的武官,这说明岳飞已经得到了刘浩的认可,也标志着他正式登上了大宋的军政舞台。

第三节　皇室巨变

其实,在宋金的大规模交战中,宋也曾取得过不小的胜利,仅宗泽就指挥大军连破金人三十多个大寨。正当宗泽准备对金发动更大规模的行动时,宋钦宗却派人送来了一封蜡丸密诏,要康王赵构立即举兵勤王。于是,赵构便以兵马大元帅的身份,封汪伯彦和宗泽为副元帅,刘浩为前军统制,准备发兵东京(即汴京)。

为了保证自身的安全,在出兵之前,赵构下令刘浩派出队伍四处侦察金军的活动情况,刘浩遂又将这一任务交给岳飞来完成。岳飞接到命令,立即率领三百骑兵出发。当他们来到一个名叫侍御林的地方时,刚好与一支金军相遇。岳飞一马当先冲入敌阵,他身后的骑兵也紧随其后冲杀过去,敌人还没反应过来便被杀得四散逃跑,其中一名枭将因为跑得慢而被岳飞斩于马下。侦察任务顺利结束回到大本营后,岳飞将情况向刘浩汇报,刘浩提拔岳飞为正九品的成忠郎。

就在岳飞舍生忘死地在前线侦察的时候,赵构却在和汪伯彦私下谋划怎样逃跑。赵构以解救东京之围为名,派刘浩率兵南下浚州,而他则和汪伯彦等大元帅府主要人马从相州的北门偷偷溜出,向北京大名府而去。

在军队南下之前,岳飞再次奉命到接近东京的滑州侦察。岳飞挑选了一百多名骑兵飞驰滑州,经过细致的侦察,充分掌握了敌情。于是,他率部返回,在通过已经冰封的黄河时,遭遇金军的阻拦。岳飞毫不怯战,跃马向着敌人冲杀过去,挥舞宝剑将敌人一位将领的头颅砍下,其他敌人见状,惊恐万状,再也不敢恋战,仓皇逃跑。岳飞回到相州后,刘浩得知实情更加欢喜,再次提拔岳飞,封秉义郎,为从八品。因为这两次的胜利,岳飞成为元帅府无人不知、无人不晓的"敢死"将军。

当时，刘浩归抗金名将宗泽指挥，而岳飞又追随刘浩，所以他便也是宗泽的部下。在那一时期，宗泽率领宋军先后十三次打败金军，令金军闻风丧胆，大大地鼓舞了军心。面对捷报频传的大好局面，宗泽非常高兴，便找到康王赵构，向他汇报了前线胜利的消息，并请求说："近日我军连战连胜，士气振奋，局面对我有利，但也折损了不少将士，故恳请大元帅快速补充兵源，以期再退金军。"

赵构还没有说话，忽然有内侍进来禀报说："京都来人了。"

赵构不敢怠慢，忙让那人进到屋里，只见那人自怀中摸出一只蜡丸交给赵构。赵构当着宗泽的面拆开蜡丸，从里面取出一封信来，上面说的是朝廷正在与金人讲和，命赵构先按兵不动，另外让他到敌营代表皇帝与金军讲和。

赵构将密信的内容讲给宗泽，宗泽勃然大怒道："前线将士奋力拼杀，已数次击退金军，战争正处于关键时刻，当乘时而动，一鼓作气赶跑金军，怎可与金人和谈？"然而，贪生怕死的汪伯彦反驳说："金人势力强大，彪悍好战，虽目前侥得几胜，若再战下去，恐有亡国之灾，不如和谈更好。"

宗泽听了这话，很不服气，当着赵构的面与汪伯彦争辩。经过一番争论，二人谁也说服不了谁，而赵构又沉默不语，宗泽忍无可忍道："尔等贪生怕死之徒，乃民族败类，亡国之徒！"说完拂袖而去。

这个时候的赵构早已不是当年那个自告奋勇进入金营谈判的

无所畏惧的康王了,而变得贪生怕死起来,他以兵少将寡无法与京师城下的金军较量为借口,下令宗泽率领万余兵将进军澶渊驻扎,对外说大元帅就在军中,实际上他却和汪伯彦等人又冒着大雪从大名府逃往东平。

岳飞追随宗泽前往澶渊,途中多次遭遇敌人,双方交战,宋军全部获胜。赵构和汪伯彦在东平待了一个月,根本没有支援京都的计划。

就在赵构犹豫着该不该出兵勤王的时候,被围困的汴京城内却在上演一场闹剧,有一个名叫郭京的方士,自称身怀道教法术,能施道门"六甲法",只消七千七百七十七人布阵,便可以活捉金军将领,将金军打败。钦宗等人对此深信不疑,撤下了作战经验丰富的大将李纲,让郭京做守城的总指挥,并赏赐他金帛数万。郭京又出狂言说:"择日出兵三百,直袭至阴山。"

这一天,郭京装神弄鬼地念了一番咒语,给几千军士贴上鬼符,说他们可以刀枪不入,让他们出城与敌交战。他则坐在城楼上施"六甲"之法,树旗绘"天王像"。然而,六甲军刚过了护城河,未及与金军交战便四散溃逃。随后,金军搭云梯攻上城墙,很快占领了东京城门。郭京知道自己闯下了大祸,假说施法破敌,带着残余的六甲军仓皇而逃。李纲空有一腔报国壮志,可惜手中无权,调不动兵马,无法抗敌,汴京很快落入金人之手。

靖康二年(1127年)二月,汴京城破,北宋正式宣告灭亡,宋徽宗、宋钦宗均被俘,被贬为庶人,被金人强制脱去龙袍。宋大臣李若水紧紧地抱着钦宗的身体，指着金人怒骂不止。完颜宗翰本想招降李若水，看到他骂不绝口，气怒之下命人将他杀死。为了更好地统治中原，金人扶植张邦昌为皇帝，国号改为"大楚"。随后，金军在城内烧杀掳掠一番，又兵分两路撤退，其中一路负责押解钦宗、徽宗、皇后、驸马等皇亲贵族从滑州向北；另一路则押解着大批的乐师、技艺工匠和大量的文籍舆图、宝器法物等返回金国。这场灾难便是靖康之变，又称靖康之难，因为这一年是丙午年，故又称"丙午之耻"。

徽、钦二帝被押到金国后，完全失去了自由，他们被关在五国城一个院子里，过着被囚禁的生活，每天只能对着天空悲叹，追悔自己之前的无知和荒唐。现在的五国城遗址又称"坐井观天"遗址，充满了对这两位亡国皇帝的嘲讽。经过了这一场亡国之痛后，徽宗对人生和当政有了全新的认识，根据《北狩行录》记载，他几乎每天都会和臣子们谈论为君之道。对于身边的人犯了错误，也能做到宽宏大量、耐心教育。因为心中苦闷和感伤，在被俘的日子里，徽宗写下了大量的诗篇，不下千首，以抒发自己的心情，如"彻夜西风撼破扉，萧条孤馆一灯微。家山回首三千里，目断天南无雁飞"，诗中处处是孤独落寞之情。

当时，有一个汉人名叫崔孝，曾担任雁门关总兵，在和金人作战时被俘，已经流落金国七八年。因为他会给马治病，得以经常出入金营，而且和很多士兵混得较熟，消息灵通。他听说了徽、钦二帝被囚禁五国城的消息后，马上回到家中找出自己的老羊皮袄，又买了几十斤牛羊肉，匆匆忙忙来到五国城找到他们，将牛羊肉和皮袄送给他们,并向二位皇帝提出建议说:"国不能一日无主,现二位圣上被困于此,恐难再回中原,不如写下诏书,立康王为帝,可使大宋不灭,或许可以救二位圣上出去。"

两位皇帝都认为崔孝的话有道理,钦宗遂撕下自己的一片衣衫,咬破手指,写下一封血书交给崔孝。崔孝将血书在衣服里藏好,对着二位皇帝磕头拜别,然后离开五国城,到处打听康王赵构的消息。

再说赵构在东平待了一段时间,感觉那里也不安全,准备和汪伯彦等一众大臣南下宿州以躲避金军可能的追赶,却遭到众多武将的反对,因此没有成行。金军撤退后,被金军扶植起来的傀儡大楚皇帝张邦昌知道赵构手中掌握着重兵,自己的皇位不可能坐稳,遂做出一个非常狡猾的举措,首先将宋哲宗的皇后孟氏,即元祐皇后请进延福宫居住,之后又派人将大宋的玉玺送交东平的赵构。赵构既得玉玺,便于靖康二年(1127年)五月初一在南京应天府宣布登基,建立南宋,改元建炎,即宋高宗。

赵构即位后,立即着手建立政府组织,封主战派李纲为宰相,设置御营司加以统辖,由副宰相黄潜善兼御营使,同知枢密院事汪伯彦兼副使,以王渊为都统制。随后,李纲又推荐宗泽担任开封留守,宗泽当即又向赵构举荐了岳飞。

不久,负责镇守河北、陕西等地的将领王渊、刘光世、韩世忠、张俊等,也陆陆续续地来到应天勤王。

第四节 上书被贬壮志不灭

能够得到皇帝的认可,岳飞倍感荣幸,认为自己实现报效国家的壮志的机会终于来了,强烈的兴奋使得他彻夜不眠。经过一番思索,他奋笔疾书,给赵构写了一道奏折,详细地提出了自己的计划,同时也毫不客气地指出了赵构的缺点。

当初赵匡胤建立大宋的时候,吸取历史教训,为了维护统治而制定了一系列扬文抑武的政策,导致武将身份低贱,被人看不起,而且在人们的思想中,习武的大都是目不识丁的粗人,基本上没有什么文化,更别说写出好的文章了。岳飞却是个例外,他不但能够识文断字,而且文学造诣颇深,不用怎么费力便能写出好文章。建炎元年(1127年)七月的一天,他满怀激动的心情将自己写好的《南京上皇帝书》呈送皇帝,希望能够引起皇帝的重视。

> 陛下已登大宝,黎元有归,社稷有主,已足以伐虏人之谋。而勤王御营之师日集,兵势渐盛。彼方谓我素弱,未必能敌,正宜乘其怠而击之。
>
> 而黄潜善、汪伯彦辈不能承陛下之意,恢复故疆,迎还二圣,奉车驾日益南,又令临安、维扬、襄阳准备巡幸。有苟安之渐,无远大之略,恐不足以系中原之望。虽使将帅之

臣戮力于外，终亡成功。

为今之计，莫若请车驾还京，罢三州巡幸之诏，乘二圣蒙尘未久，敌垒未固之际，亲帅六军，迤逦北渡。则天威所临，将帅一心，士卒作气，中原之地，指期可复。

按照宋朝时的律例，岳飞只是一个下级小武官，并没有参与讨论军政大事的资格，又在奏章中一下得罪了南宋初立最有权势的两位大臣。因此，当这份奏折一级一级地传送到汪伯彦和黄潜善手中的时候，二人看罢恼怒非常，提笔便在奏折上写下了"小臣越职，非所宜言"八个字，然后将岳飞革除官职，削除军籍，赶出兵营。就这样，岳飞连赵构的面也没见到，便被赶出了军队，再次成为平民。

岳飞被赶出军队后，怀着十分失落的心情回到了家中，重新过起了日出而作、日落而息的农民生活。

不久，金军再次南下，岳飞得知消息后，寝食难安，恨不得立即冲上战场，将金军杀个片甲不留。有一天，他听说河北有一个名叫张所的人正在招兵买马，以抵抗金军的侵略。于是，岳飞立即前去投奔。

张所是青州人，进士出身，曾经是北宋的官员，担任监察御史，李纲担任宰相后，推荐他为河北招抚使，同时举荐王燮为河东经制使，傅亮为副使。张所上任之后，听说赵构有意将都城建在长江以南，立即上书予以反对，坚决要求他重回东京汴梁，以便控制河东、河北地区。他在书中说，河东、河北为天下根本，若失去，将危及整个天下。但是，他的这一主张遭到黄潜善等人的极力反对，并对其发起了弹劾，赵构偏听一面之词，罢免了张所的官职。张所虽然丢了官，却赢得了很高的声誉，尤其是在河北地区，被时人称赞"声满河朔"。为了抗金，张所便在河北大名府招募军队，应者云集，很快便拉起了一支十万余人的队伍，与宗泽、马扩并驾齐驱，成为北方重要的抗金领袖。

金军虽撤出了汴京，但仍牢牢控制着河东、河北两路的太原、河中、真定、磁州等地。这些地方的军民心向南宋朝廷，开始自发组织起来抗击金军。金军撤离汴京后，宋高宗担心像父兄一样成为阶下囚，就一直没有进城，只命宗泽留守汴京收拾残局，自己则在应天府做个偏安皇帝。

岳飞带着自己的一些旧部来到大名府，刚好遇见一个叫赵九龄的朋友。赵九龄在张所部下当幕僚，他也知道岳飞其人，得知岳飞的来意，马上向张所推荐，说岳飞文韬武略，为天下奇才。张所之前也听说过岳飞的名字，便问道："听闻将军曾经追随宗泽抗金，勇冠三军，若上了战场，不知可以同时对付几个金兵？"

岳飞微微一笑说："纵使我一人能抵千军万马又如何？打仗不能光靠硬拼，要在战争开始前充分了解对手，制定出合理的作战计划，做到知彼知己，方能百战不殆。如今金军进犯，朝廷尽是怯战之人，即便是武曲在世，又能如何？岳飞前来投奔，只因将军敢与敌死战，好男儿若能战死疆场，也不枉为宋人！"

张所听了这话，方知岳飞不是一个普通的士兵，而是一个不错的将才，便和他继续深谈起来。岳飞也不藏着掖着，将自己从书中学来的兵法，以及对兵法的运用详细地介绍了一遍，听得张所连连点头。之后，张所又询问岳飞对河北局势的看法，岳飞也毫不保留地说出了自己的意见："河北为中原的一道屏障，地理位置十分重要，若不能收复，接下来大宋不仅会再失汴梁，而且江淮之地恐怕也难保。所以，想要稳定中原，首先要把金军赶出河北。"

张所听完，深有同感地说："河北本无战事，只因金军入侵，致使各地相继沦陷，人民流离失所，从此国无宁日。而今圣上不思进取，苟且偷安，你我既为大宋臣民，当义无反顾，替天下人而抗金。"

二人促膝长谈，张所得知岳飞被赶出军营的原因，深有感触，忍不住哈哈大笑说："岳将军，你我二人是同病相怜啊！"于是，两人约定，一定要将金军赶出中原。随后，张所提拔岳飞为中军统领，归属都统王彦指挥。岳飞和王彦率领七千精兵渡过黄河，进攻驻守在卫州新乡等地的金军。大军过河后，直奔新乡，在城外布下十八个营盘，如铜墙铁壁一般，相互拱卫，对金军形成强大的攻势。但王彦看到金军强盛，突然变得胆怯起来，不敢攻城。紧急时刻，岳飞遂率领部属与金军展开生死搏杀，最终攻上城头，并夺取对方大旗。将士们受到鼓舞，更加奋勇杀敌，顺利夺取新乡城。

关于新乡战役，民间还有一个非常有意思的传说：完颜宗弼（金兀术）正坐在他的牛皮帐里饮酒作乐，做着渡黄河占领汴京的美梦，一个细作快步走进来，向他禀报说，岳飞已经在城外安营扎寨。听到岳飞的名字，他忍不住吃了一惊，急忙带人到城头上察看，却看到只有很少宋军稀稀拉拉地扎着几座营盘，不禁得意忘形起来，哈哈大笑说："我大金有三十万将士，而且新乡城墙坚不可摧，岳飞想要攻取城池，比登天还难！"说完转身离开，继续回营寨喝酒去了。

岳飞稍微休息片刻，让各营将士布置岗哨，等候命令，而他却一个人骑着青鬃马，提着沥泉枪，围着新乡城不停地转悠起来。他看到城墙十分高大，上面密密麻麻地站满了金兵，心想要攻进城去还真不是一件容易的事儿。

这时候，臧营、孟营两个村的乡亲们看到一位宋朝大将军骑马围着城墙转了一圈又一圈，便上前询问，得知竟然是传闻中的岳飞要攻取城池，遂回到村里，召集大家商议说："现在岳将军要攻城，城墙很高，城外地势又很低洼，无法看清城内敌军的布置，我们不如一同努力，在城外筑一座高高的台子，请岳将军站上去，也好察看城内的动向。"

众人闻言，纷纷点头表示同意。于是，两个村的百姓全部出动，刨的刨抬的抬，很快便在各自的村头筑起两座高台，超过了城墙的高度，犹如两只猛虎屹立在南城门外，对城内的金军虎视眈眈。岳飞登上高台，看清了敌人的布置，遂指挥大军对城内发动攻击，很快便攻上了城头。金军自进入中原以来所向披靡，第一次遇到如此勇猛的军队，一个个被吓得魂飞魄散，没命地逃跑，死伤无数。宋军士气大振，一鼓作气将敌人赶出城去，而且还夺得敌人的大旗，活捉了金军千户阿里孛，重新控制了新乡。

新乡之战是岳飞渡河第一仗,取得了宋金交战以来的最大胜利。完颜宗弼以为宋军的主力到来,又增加几万精兵将宋军团团围住。宋军因为后备力量不足,致使王彦和岳飞成为孤军。在众寡悬殊、外无救兵的情况下,二人只好分兵突围,岳飞身上多处受伤,不过最终还是突围成功。

随后,岳飞带领着剩余的部队向西北行进,在侯兆川遭遇金军的阻拦,双方再次展开交战。岳飞遍体鳞伤,将士们也大都负伤在身,却没有一个退缩的,大家拼死应战,最终将敌人击溃。随后,岳飞下令在石门山下驻扎,让将士们休养。

傍晚时分,将士们刚吃过了饭,正准备休息,忽然有探马来报,说金军已经追来,离宋军驻扎之地已不远。将士们无不大惊失色,纷纷询问岳飞该怎么办。岳飞若无其事地说:"大家不用害怕,若是一味逃跑,又怎能跑得过金军,到时只能是待宰的羊。你们只须各自守好阵地,我再带人去布下疑兵,谅他金军也不敢进攻。"

果然,金军很快到了,看到宋军营寨非常安静,而山间林中似有旗帜翻动,想到岳飞必定有所准备,害怕中了埋伏,所以不敢轻举妄动。

第二天,在做好了充足的准备之后,岳飞率军向敌人发起突袭。一向对宋军战力看低的金军没想到宋军会主动进攻,被打了个措手不及,暂时撤去。在以后的几天中,宋军在岳飞的指挥下又接连打了几个胜仗,粮草消耗甚多,岳飞便找到王彦请求支援。可王彦觉得岳飞作为自己的部下,每战必胜,抢了自己的功,使自己很没面子,心生嫉妒,故意不给岳飞发放粮草。岳飞无奈,只好带着将士们继续向西北进发,在太行山一带与金军周旋。在一次交战中,活捉了金大将拓跋耶乌,刺死敌将黑风大王,缴获了不少物资,狠狠地打击了金军的嚣张气焰,令敌人闻风丧胆。金军甚至一看到宋军大旗上有"岳"字,便敬而远之,不敢交战。

就在岳飞在前线冲锋陷阵的时候,以高宗赵构为首的南宋朝廷却在后方进行着一场激烈的大辩论。此时李纲担任宰相,他极力主张抗金,可赵构、黄潜善、汪伯彦之流贪生怕死,想要尽快结束战争,为此不惜将大好山河拱手送人。尤其是赵构,为了躲避金人,一门心思要把新建的宋政权迁往南方,得到黄潜善和汪伯彦二人的大力支持。为了达到这一目的,他们不惜诋毁李纲、污蔑张所。

当初,张所在开封召集将士时,提出在大名府设置招抚司,就曾遭到黄潜善和汪伯彦的反对,现在他们更是弹劾张所调用大名府的戍兵和兵器、军需品,蓄意引起骚乱:"自置招抚司,河北盗贼愈炽,不若罢之。"还有,当初傅亮被李纲举荐为河东经制副使时,工作还没有准备就绪,就遭到汪伯彦的诬陷,说他故意拖延,现在黄潜善又旧事重提,在赵构的面前添油加醋陷害傅亮。赵构听信谗言,干脆将河东经制司这一机构撤销。李纲失去了有力的臂膀,再也没有能力指挥前线的战斗了。殿中侍御史张浚是个善于见风使舵的家伙,他看到黄、汪二人成为赵构身边的大红人,有意攀附,便接受两人的指示,罗列了李纲的十几项罪名，写成奏折交给赵构，这正合赵构的心意，遂下令罢免宰相李纲，使李纲为抗金做出的诸多努力功亏一篑。傅亮看到赵构昏庸无能，心中倍感失望，便假称母亲有病请辞。随后，赵构又罢免了河北招抚使张所，将其贬到岭南，张所到达岭南后不久便因病去世。

听闻张所去世的消息，岳飞万分悲痛。后来，岳飞因抗金有功而被提拔，其子岳霖也被授予官职。岳飞想起当日与张所共同抗金报国的约定，而今张所身死异地，自己却得以升官，这让他十分愧疚。于是他特意上书赵构，请求将儿子的官职让给张所之子张宗本，赵构准奏。

第四章 抗金之路多波折

岳飞与王彦分道扬镳，重归宗泽麾下，在汜水关一战成名。正当他准备跟随宗泽大展身手的时候，宗老将军因为操劳过度而身染重病，不久便驾鹤西游，临终之前他依然不忘效忠皇室，拜托岳飞守护皇陵。岳飞不负所托，和闫勋一起奔赴洛阳。岳飞的同乡杜充接替宗泽镇守故都，岳飞便又归杜充指挥。杜充只会纸上谈兵，而且还贪生怕死，为了逃命，不惜决黄河水，使数千万百姓无辜受害。不久，岳飞跟随杜充撤退到江南，又归抗金名将韩世忠指挥，二人同心协力，演绎了一出激战黄天荡的大戏。杜充最终投降金军，岳飞彻底卸下卡在脖子上的沉重的枷锁，开始组建属于自己的岳家军，在抗金的道路上大显身手。

第一节　重归宗泽

岳飞和王彦冲出金军的包围之后，几个统制官对接下来何去何从产生了分歧，导致有人不满而私自脱逃，岳飞坚决主张继续抗金，但又对王彦之前不支援粮草之事无法释怀，于是便决定率领自己的部下与王彦分道扬镳，南下渡过黄河投奔镇守汴梁的宗泽元帅。

建炎元年（1127年），金军撤退后，伪楚皇帝张邦昌自知龙椅坐不稳，于十二月初主动让位，将皇帝大印送到赵构手中。消息传到金国，金国统治者气急败坏，决定对中原再一次发起侵袭。

赵构听说金军又打过来了，惊慌失措，先是逃到了江南，后又以巡幸淮河流域为借口，乘御船从南京出发，逃往扬州。

金军进入河北后，势如破竹，宋军节节败退，河北各个州郡先后失守。随后，金军兵分三路向南挺进，其中完颜宗翰自河阳渡河，进攻河南；完颜宗弼从沧州渡河，进攻山东；完颜洛索从同州渡河，攻取陕西。

岳飞投奔宗泽之前，王彦也带着剩余的部下来到开封，投在宗泽麾下。他对岳飞私自带领部下出走一事耿耿于怀，便在宗泽的面前告岳飞的状，说岳飞私自脱逃，违背军令，应当严惩。此时的岳飞手下兵少将寡，而王彦率领的八字军（为了表示效忠国家的决心，王彦所率领的将士脸上都刺有"赤心报国，誓杀金贼"八个字，故称八字军）因为得到傅选、孟德、焦文通、刘泽等率领的十九个寨十余万人归附[①]，兵强马壮，声名大振。所以，在实力上，岳飞与王彦相差甚远。为了缓和与王彦的关系，岳飞亲自找到王彦表示认罪。可王彦不愿原谅岳飞，给岳飞定下了临阵脱逃的罪名，坚持要将他斩首，多亏宗泽力保，岳飞才侥幸捡回一条性命。

岳飞归到宗泽帐下后，更加勤奋练兵，他的这一支队伍引起了宗泽的注意，让宗泽更加确定岳飞是能够接过抗金重担之人。有一天，宗泽对岳飞说道："我知你作战勇猛，又御下极严，是大宋难得的将帅之才，将来必能独当一面。作为一个优秀的将领，还须懂得布阵和破阵，现在我就教你该如何布阵。"遂取出自己珍藏多年的排兵布阵图，对岳飞悉心地指导起来。

岳飞虽读过些兵书，但宗泽悉心指导的是从书上得不来的宝贵经验，他将这些阵法默默记在心中，对宗泽表示感谢，之后又说道："大帅，恕末将直言，阵法固然好，但末将以为，再好的兵法都应当灵活运用，不可生搬硬套。"

宗泽用非常欣赏的目光看着岳飞，点头说："兵法讲究变幻无常，切忌千篇一律，只要运用起来得心应手，能克敌制胜就是好法。"

此时的宗泽已经年过七旬，他力主抗金，坚守开封，多次击

---

① 《宋史》卷三百六十八《王彦传》。

退金军的进攻，使开封固若金汤。金军对宗泽又恨又敬。但毕竟他已过古稀之年，又加上操劳过度，不久背上长了毒疮，病情迅速恶化，很快就卧床不起。他知道自己已经时日不多，但抗金事业不可耽误一日，便写了一封奏章，请求赵构回到开封，主持军队收复疆土。然而，赵构早已被金军吓得魂不守舍，任凭宗泽怎样劝说，就是不肯北移。宗泽在悲愤之下，想到已失的国土，用尽最后的力气高呼"过河！过河！过河！"后，气绝身亡，带着遗憾永远地离开了他热爱的大宋。

宗泽的离世给本来就动荡不安的南宋又一次造成巨大的打击。宋高宗得知宗泽去世的消息后，万分痛惜，可这时候他只顾逃命，已经没有心思为宗泽处理身后事宜了。而与之相反的是，宗泽一心想着赵家的江山，他在临终之前仍然担心皇陵的安危，特意将岳飞叫到面前，嘱咐他一定要保护好西京皇陵，千万不能被金军破坏，岳飞含泪答应。宗泽去世后，岳飞率领所有部下，和闾勍一起前往西京洛阳守护皇陵。

当时，闾勍管侍卫步军司公事，属于皇帝的御林军，这些军士都是从军队里选拔出来的出类拔萃之人，作战能力强悍。赵构南逃时，特意将他留下来和宗泽一起护卫汴京。闾勍非常佩服岳飞的能力，甘愿听从他的指挥。二人日夜兼程，很快便到达西京河南府，在那里安营扎寨，做好随时迎击金军的准备。

第二节 汜水关大捷

西京河南府就是今天的洛阳,是历史上著名的古都,山清水秀,人杰地灵。然而,自金军入侵中原后,不到三年的时间里,西京便遭到三次侵略,金军烧杀抢掠,致使城内疮痍满目,破败凋零。

建炎二年(1128年)八月,岳飞率五百名部属迁往汜水关驻扎。汜水关为西京河南府的最前沿阵地,当初河东金军曾经两次南下,都避不开此地,因此这里的交通位置十分重要。岳飞在视察敌情时,看到汜水关外到处都是金军营寨,便问李道:"金兵有多少?"李道回答说:"三万之多。"之后又颇有些担忧地说,"以区区五百人对阵三万人,如何能胜?"

岳飞不以为然地说:"让大家尽管放心,我们接到的任务是守住关隘,不用主动出击,所以我们只要静观其变就好,抓住有利时机再出击便可一举获胜。"

李道有些诧异地说:"金军已经驻扎在这儿多日了,却围而不攻,不知是何意?"

岳飞道:"金人奸诈,不知又使什么诡计,你等要密切观察他们,千万不可粗心大意。"顿了一下,又问,"粮草可丰足?"

李道回答说:"能维持半个月左右。"

岳飞的双眉立即皱了起来,这汜水关作为军事重地,却只有半个月的粮草,实在太少了,必须想办法掌握战争的主动权,如果一味地和金军僵持下去,待粮草匮乏之时,敌人若发动攻击,己方必败无疑,或许这正是敌人围而不攻的原因。他沉思良久,吩咐李道说:"我们改变一下计划,将军明日可以主动出击,但不可恋战,等敌人列阵完毕便假装败逃,我也好寻找金军的破绽。"

第二天,李道率领一百多将士出关,来到金军营寨外叫阵。金兵当然也不甘示弱,遂出兵应战,随着三声震天动地的炮响,金军的步军、骑兵、弓弩手依次而出,在营门外列阵以待。岳飞对着敌人的阵地仔细地观察了许久,心中终于有了一个完美的计划。

第三天,他仍然让李道带兵出关挑战,随意应付几下便假装败退,但在撤退的途中又留下一部分士兵埋伏起来。第四天继续叫战。这样一直持续了十天,金兵统帅完颜宗弼被宋军搞得心烦意乱,彻底暴怒了,决定狠狠地打击宋军,最好能够将宋军全部消灭。

这一次,岳飞亲自出马,在大将张保、王横的陪同下走出阵列,怒视着来犯的金军。从金军的阵列中走出一员大将,只见他身穿铁甲,身材魁梧,在他的左右同样跟随着几员金军大将。双方相遇,近在咫尺,完颜宗弼早已经认出面前的主将便是岳飞,却还明知故问道:"来将何人?报上姓名!"

岳飞面色平静地说:"我乃宋将岳飞,你又是何人?"

"我便是金国四太子兀术,领兵大元帅。"完颜宗弼也报上姓名,紧跟着又劝说道,"岳飞,我听说你文武双全,天下无敌，但今大宋皇帝昏庸无能，天下离心，不久便会被我大金所灭。所谓识时务者为俊杰，不如归顺我大金，保你高官厚禄，一辈子享不完的荣华富贵，如何？"

"呸！"岳飞冲完颜宗弼破口大骂道，"狗贼，你不在金国好好待着，却来践踏我大宋河山，掳走二圣，杀戮百姓，罪当万死，今日我就取你狗命！"话音未落，挺枪便向完颜宗弼刺去。

完颜宗弼虽然没有直接和岳飞拼杀过，但在新乡领略过岳飞的厉害，因此心生怯意，但又不肯就此认输，只好硬着头皮应战。不过，他的武功在金军中也是首屈一指的，他抡起大斧架开了岳飞的枪，反手便向岳飞的脖子砍过来。两个人你来我往，只杀得天昏地暗、飞沙走石。渐渐地，面对愤怒的岳飞，完颜宗弼有些招架不住了，他动作稍慢了一点，被岳飞一枪刺中肩膀，剧烈的疼痛使得他"哎呀"惨叫一声，再也不敢打下去，调转马头便逃。

在出战之前，岳飞本已经安排王贵和另外一名将领在北山埋伏，并摆满了一辆辆抛石车，只等完颜宗弼逃到这里，便会有大量的石块自山上投掷下来，将完颜宗弼和他的部下全部砸死。可是，王贵和那大将看到山下打得十分热闹，一时忘了自己的任务，也下山参战去了，因而让完颜宗弼侥幸躲过一劫。岳飞追赶到宋军埋伏之处，却看到这里静悄悄一片，没有一点战斗过的痕迹，十分意外，待问清原因，不禁扼腕叹息。岳飞没有迟疑，迅速做出反应，重新制定作战计划。他下令让之前埋伏的兵将倾巢而出，对着敌人一阵穷追猛打。金军自侵宋以来，还没见过这等阵仗，顿时兵败如山倒，自相践踏，死伤无数，尸体堆积如山，残余的金军更是惶惶如丧家之犬，向西北方向拼命地逃窜。岳飞一马当先，对敌人穷追不舍，一直追出几十里到一处山谷处。他正欲跃马挺进，忽然想起宗泽交代的话，自己的职责是守好关口，他急忙勒马，对着山谷仔细观察起来，只见此处山谷狭窄，两侧林密山高，进去后一旦遭遇埋伏，恐有全军覆没的危险，于是下令前军戒备，全军有序撤回关内。

第三节　无耻的胆小鬼

建炎二年（1128年）年底，固若金汤的相州被金兵攻陷，北方民间抗金武装也损失殆尽。这时候宗泽已经去世了四个月，赵构看到金军大有继续南下、控制整个中原的意图，便急忙调杜充接替宗泽。

杜充，字公美，为相州人，和岳飞算是半个同乡。与岳飞不同，他好大喜功，残忍好杀，又缺少谋略，还刚愎自用。绍圣年间，他考中进士，先后担任考功郎、光禄少卿、沧州知府。靖康初年，官至集英殿修撰，后继续担任沧州知府。金兵南侵时，有很多燕地的百姓来沧州寄居，杜充担心他们中间混有金军的密探，遂下令将这些人全都抓起来杀掉，连妇女、老人、孩子都不放过。

建炎元年（1127年），杜充担任北京大名府留守。建炎二年（1128年）宗泽故去后，他代替宗泽成为东京留守兼开封府尹，全权主持开封和两河地区的军事防务。

杜充走马上任后，立即做了两件"大事"，一是推翻了宗泽生前制定的一系列防御和北伐政策；二是完全割断了与北方民间抗金武装的关系。宗泽在世时，为了对抗金人，不但号召两河地带的民间力量，还归化了一部分草莽流寇，带领宋朝军民团结作战，共赴国难。而杜充却把民间抗金武装视为仇敌，不仅不再予以支持，还对其进行绞杀和驱逐。对于自己的部下，他也不加体恤，经常随意责罚。抗金本就是个苦差事，很多军士投军都是冲着宗泽来的，而杜充的一系列做法使将士们心寒。不少已经接受招安的流寇再次回到了山中，重新做起打家劫舍的勾当。

就这样，宗泽好不容易才建立起来的抗金防线被杜充轻而易举地摧毁了，开封随时都有可能落入金军之手。统制薛广率领部下誓死抵抗，和大将王善、张用相约在相州会师，可当他率领部队赶到相州时，却发现张用和王善根本没来①。无奈之下，他只能孤军奋战，最终因为寡不敌众而战败，血洒疆场。建炎二年（1128年）年底，相州在经过了两年的坚守之后最终陷落，守臣赵不试自杀殉国②。至此，河东和河北的最后一批州县，包括北京大名府，全部落入金兵之手。按照宗泽在世时的计划，"两河豪杰"将竭力配合宋军北伐，但因为杜充断绝与他们的任何

---

① 出自《会编》卷一一八，《要录》卷一七，建炎二年九月丁未。
② 《宋史》卷四四七《赵不试传》。

联系①,致使他们遭遇金军的残酷镇压,损失惨重,名噪一时的五马山寨也落入金人之手。

建炎二年(1128年)冬天,金国集结重兵再次南下,首先围攻澶州,经过三十三天的激战,澶州最终陷落。随后,金军又包围了濮州,宋军经过一个多月的誓死抵抗,粮草耗尽,濮州也最终沦陷。金军攻入城内,大肆烧杀抢掠,将濮州城洗劫一空。

当初在大名府时,杜充曾发下豪言壮语——"帅臣不得坐运帷幄,当以冒矢石为事",仿佛韩信、诸葛亮再世。可是,当他见识了金军凌厉的攻势之后,顿时慌乱起来。他知道,金人取得了黄河以北的诸地,接下来必然渡河攻取故都开封。为了阻挡敌人进攻的步伐,为自己逃命争取时间,他不顾百姓的安危,做出了一个罪恶的决定,命令士兵在滑州李固渡一带,"决黄河,自泗入淮,以阻金兵"。

相比于那些民间武装,岳飞和他的部下处境稍微好一点。在宗泽去世后,岳飞没有像其他的将领一样擅离职守,而是谨记宗泽的教导,决心抗金到底。建炎三年(1129年)正月,岳飞率领本部两千余名将士返回开封,归于杜充旗下。

这一天,杜充召见岳飞,说道:"张用临阵脱逃,这样的人必须严惩,以儆效尤,你现在带一支军队去剿灭他,以报皇恩。"

张用也是汤阴人,不但与岳飞是同乡,而且还是意气相投的朋友。而杜充的命令无异于让他们兄弟自相残杀,因此遭到岳飞

---

① 《会编》卷一一九。

的拒绝:"今大敌当前,大家应同仇敌忾,共御外辱,而非自相残杀,故岳飞不能从命。"

杜充看到岳飞态度坚决,便没有强求,但也没有罢休。又过了几天,他再次召见岳飞,让岳飞去剿灭张用,否则将军法处置。岳飞因为之前私自离开王彦的部队而差点丢掉性命,所以这一次不敢再抗命,只好违心地答应。

于是,岳飞召集屯驻于开封西城外的桑仲、马皋、李宝等部一同参战,与张用在南薰门外展开交锋。张用的好友王善得知消息后,急忙率军支援,打败并俘虏了岳飞部将李宝。面对不利的局势,岳飞不怯不惧,率领八九百人奋勇作战,他一刀将敌方悍将劈为两半,敌人见状,惊骇不已,再也不敢恋战,纷纷败退。此战岳飞获胜,因功升迁武经大夫,正七品,属诸司正使。

战斗刚结束不久,岳飞又奉命前往开封东明县剿灭盗匪杜叔五和孙海,再次取得胜利,活捉二人,因功升迁武略大夫,借英州刺史,不过仍然属于正七品。

王善、张用不甘心失败,又调头攻打淮宁府(治宛丘),杜充派部将马皋前去追赶,结果大败而归。因为遭到城内军民的坚决抵抗,淮宁府久攻不下,张用提出撤退,遭到王善的坚决拒绝,二人因此分道扬镳(《会编》卷120)。随后,杜充命岳飞跟随陈淬前往淮宁府解围,岳飞命偏将岳亨截断王善军的退路,自己则率领队伍在清河与之交战,打败张用,俘虏敌将孙胜、孙清等多人,他也因功再升迁武德大夫,授英州刺史。

因为这一次的胜利,岳飞声名大振,被百姓称颂。而岳飞本人心中却充满了愧疚之感。他知道，目前抗金才是迫在眉睫的头等大事，而杜充却置抗金于不顾，自相残杀，无论谁胜谁负，都是在耗损大宋的实力，同时也将一些民间武装力量推到金国的怀抱里，成为金国入侵中原的帮凶。但是，岳飞虽然对杜充不满，却因害怕被军法处置而不得不委曲求全。而对于杜充来说，因为这几次的胜利，他看到了岳飞的过人之处，有意拉拢岳飞，视其为左膀右臂。

当初，杜充下令决堤放水时，金军元帅完颜宗翰看到黄河决堤，立即调转方向，向东与讹里朵的部队会合，很快攻陷了北京大名府。此后，金军又先后攻占了沧州、济南等地，兵锋直指南宋行都杭州。

当时，杜充负责留守开封。当他得知敌人来犯的消息后，惊恐万状。为了活命，他派副留守司郭仲荀留守，自己则带领留守司主力仓皇南撤。郭仲荀同样是贪生怕死之人，只在开封坚守了几天便如法炮制，命下属程昌寓留守，他则带领一部分人弃城而逃。然而，上行下效，程昌寓看到两位长官先后逃跑，也带领部分下属溜之大吉，将守城的任务交给上官悟。经过这几轮逃跑，城内的兵力所剩不多，又粮草奇缺，每天都有人饿死，部队完全丧失了战斗力。建炎四年（1130年）二月，金军再次进攻开封，轻而易举便攻入城内。

杜充临阵脱逃的消息传到赵构那里，赵构非但没有责怪他，反而命他"兼宣抚处置副使，节制淮南、京东西路"，以及节制"应天、大名府，许便宜行事"，这等于说让他主持除陕西以外大江南北的防务工作,"提重兵防淮"。然而,对于朝廷的命令,杜充充耳不闻,准备继续向南逃跑。

早在建炎三年(1129年)六月下旬,岳飞也曾接到杜充的命令,要他率领所有部属跟随杜充向南撤退。这样一来,等于将大江以北广阔的土地和百姓拱手送给金国。面对如此无耻的长官,岳飞虽然十分愤怒,但还是忍气吞声,好言劝解:"中原尺寸之地不可弃,况社稷、宗庙在京师,陵寝在河南,尤非他地比。留守以重兵硕望,且不守此,他人奈何?今留守一举足,此地皆非我有矣,他日欲复取之,非捐数十万之众,不可得也,留守盍重图之。"

对于岳飞的忠告,杜充充耳不闻,执意逃跑。岳飞见劝不动杜充,悲愤异常,却又无能为力。在撤退途中,他和将士们十里一回头,五里一徘徊,就这样依依不舍地离开故土,追随留守司大军向南而去。

第四节 江南风云录

因为驻守九江的刘光世临阵脱逃,致使金西路军顺利渡过长江,长驱直入,剑指建康。不过,金军在进军途中遭遇了小股力量的抵抗,虽然都是农民自发组织,但也给金军造成了一定的损失,使他们有所忌惮。在经过多次激战之后,金军先后攻占了江西、湖南、湖北等多地,大肆抢掠一番,满载而归。

完颜宗弼则率领东路军从采石渡江。东路军为金国军队主力，当然也是金国的精锐兵力。当时，在江淮一带聚集着一伙盗贼，为首的名叫李成，孔武有力，能杀惯战，经常与官府作对，为害一方。据说，此人力大无穷，可挽三百宋斤的弓，而且双手能抡七宋斤的大刀，并于建炎初年担任归县知县，率领部属及城内百姓数万归顺宋朝。然而，有一天，他见到了一个名叫陶子思的相士，命运随之改变。陶子思说他有"割据之相"，意思就是可以称王，他信以为真，遂起兵叛乱，不料很快被刘光世打败。刘光世缴获李成一把大刀，送给高宗赵构，赵构看到大刀，认为李成武艺高强，是个人才，对他十分赏识，赦免其罪。但李成反复无常，这一次，他又与金军勾结，南下入侵淮南之地。

岳飞率领本部人马南下，到达真州六合县，在这里打败盘踞城内的李成，迫使其退守滁州。十一月，杜充又下令另一员部将进攻滁州，但此人只进攻了三天便畏缩不前，时任江、淮宣抚司右军统制的岳飞奉命支援。他渡江来到六合县宣化镇，刚驻扎下来便得到情报，说李成正派五百轻骑对六合县的长芦镇发动偷袭。岳飞遂率兵前往支援，火速赶到九里岗，截住了偷袭成功后正在返回的李成军。双方交战，李成军大败，全军覆没。这一战为岳飞与李成的第一次交锋，同时也算是岳飞在江南抗金的正式开端。

杜充在撤退途中，又遇见了已经占山为王的张用。张用之前与岳飞交战过，岳飞不计前嫌，劝说他重新归队，并带他去见闾勍。张用也曾是闾勍的部下，闾勍不但没有为难他，还将自己的义女一丈青许配给他，张用很受感动，重新加入宋军。

李成和金军一块攻打乌江，乌江告急，宋军向杜充求援，却被无情拒绝。岳飞得知杜充拒绝救援乌江的消息，心急如焚，多次找到杜充，流着泪说："请给我一支兵马，我愿出城与金人决一死战！"杜充不但没有允许，反而开始讨厌起岳飞来。

乌江之战后，完颜宗弼又对太平州的采石渡和慈湖发起攻击，但没有取胜，转而来到建康西南的马家渡，打算从这里渡江。当时，这里只有一艘战船，由水军统制邵青管辖。邵青身先士卒，率十八名水手与金军英勇作战，艄公张青被敌人射中十七箭，身负重伤。战斗进行到最后，邵青等人不敌，只好撤退，而另外一个水军统制却不战而逃。就这样，南宋在长江下游的防线在金军强大的攻势下一点点崩溃，成为敌人的战利品。

这时候，杜充还掌握着六万大军，他得知金军渡江的消息后，也意识到问题的严重性，没有再选择袖手旁观，派都统制陈淬率领岳飞、戚方、刘立、路尚、刘纲等十七员部将，统兵两万，以最快的速度赶往马家渡截击金军。之后，他又派王燮率领一万三千兵马负责策应岳飞等人。

金军拥有二十艘战船，大都是轻舟快船，每艘船可乘五百人，也就是说一次可渡江一千人。而岳飞等人还没有赶到，守在长江南岸的只有少量宋军。金军渤海万夫长挞不野首先率领自己的部下渡过长江，宋军不敌，被迫后撤。紧接着，金将鹘卢补、当海、迪虎等也陆续率领部下渡江登岸，正要向南挺进，刚好陈淬率兵抵达，双方立即展开激战。宣和七年（1125年），金军入侵真定时，陈淬便曾与金军死战，他全家妻小八人被金军杀死，如此国仇家恨，让他变得像是一头发怒的雄狮，完全忘记了自己的安危，在敌阵中横冲直闯，如入无人之境。同时，岳飞带领右路军也冲入敌阵，其他将士们也都发挥当年追随宗泽时的作战风格，一个个如下山猛虎，同敌人展开殊死搏斗。但是，由于众寡悬殊，宋军最终不敌金军，陈淬战死沙场，岳飞带领部下退守钟山，马家渡失守。

在这一次战斗中，除了陈淬之外，原东京留守司军也发挥了英勇作战的风格，与金军拼杀数十个回合，宁死不退。其他几路宋军的表现却很差，不是看到金军便望风而逃，就是刚一交战便溃不成军。

杜充得知马家渡失守，惊恐万分，再也不敢在建康待下去，带着几千亲兵匆忙逃往江北，不久建康陷落。

此时，宋高宗正在行在临安，他得知金军渡江的消息后，惊慌失措，在宰相吕颐浩的建议下逃往明州，后又乘船入海，继续南逃。在他的意识中，海上纵使惊涛骇浪，但总比陆上安全多了。

早在金军即将渡江时，赵构便派韩世忠镇守镇江。因为平叛有功，韩世忠被授检校少保，武胜、昭庆军节度使。赵构听说金军自马家渡渡江的消息后，召集百官商议对策，张俊、辛企宗主张向长沙逃跑，而韩世忠则主张坚决抵抗，他说道："国家已丢失河北、河东、山东诸地，再把江淮丢掉，还有何处可去？"之后，他被任命为浙西制置使，防守镇江，并向各地传达勤王令。

考虑到金军的强大，韩世忠决定避其锋芒，率军主动撤退到江阴。徐州知州赵立接到赵构的勤王令，不敢怠慢，急忙率领三万兵马赶往杭州，在行至淮阴时遭遇金军的截击。赵立的下属劝说他带兵返回，赵立气怒非常，喝道："有退缩者，立斩！"遂和金军展开激战。赵立采用游击战术，边打边撤，一直打到楚州城下，他不幸被箭射中，贯穿两颊，无法开口说话，便用手指挥，将金军击退，但最终还是没有抵挡住金军入侵的脚步。

这一时期，岳飞也经历了一些波折，他离开杜充后，南下寻找朝廷，途中与统制刘经、后军统制扈成会合，驻扎在建康府句容县东南茅山。岳飞提出继续南进，前往广德军，得到刘经的支持，而扈成心中却非常不乐意。等岳飞与刘经大军出发后，扈成私自向镇江府金坛县进发，不料与曾是宋军统制，后来当了土匪的戚方发生冲突，最终被杀[①]。

在前往广德军的途中，岳飞多次遭遇完颜宗弼所带领的金军，双方发生交战，岳飞全胜，杀敌一千二百多，并策反一部分俘虏，让他们回到金营，趁夜间放火，再里应外合，大败金军。

好不容易来到广德军，岳飞失望地发现朝廷早已没有了踪影，而且杜充已经投敌，其部下很多都当了盗匪。面对如此困境，岳飞所部也难免军心动摇，有很多军士悄悄离开，当了盗匪，甚至原江淮宣抚使还派人劝说岳飞，共同降金。岳飞假意答应，并约定好投降的日期，然后再带人将投降者斩首，以儆效尤。

建炎四年（1130年）正月，岳飞手下还聚集着一万多名将

---

① 《会编》卷一三五。

士，军需供应十分紧张。随军效用使臣李寅向岳飞献计说："宜兴三面临太湖，仅有一条陆路可通，且十分狭窄，属易守难攻之地。而且宜兴粮草富足，完全可以满足队伍的需求，我们不如移师那里，再做长远打算。"岳飞同意其建议。恰在这时，赤心队官兵刘晏奉周杞之命迎战金军，岳飞便趁机转移到宜兴驻防。在这里，岳飞重整部队，建立了一支属于自己的军队，这支军队便是岳家军的雏形，宜兴也成了岳家军的"发祥地"。

建炎四年（1130年）三月，韩世忠又绕过金军回到镇江。金军在江南抢掠之后准备撤退，韩世忠得到消息，马上兵分三路，分别在松江、江湾、海口一带埋伏，准备打金军一个措手不及。他事先控制金山、焦山等有利地形，对沿江各渡口严密封锁，然后用破船将运河入江口堵住，防止敌人逃跑。另外，韩世忠料想到金军在开战之前一定会派一部分兵将到运河入江口的银山观察地形，于是派部将苏德率两百名将士提前在庙中埋伏，再在山下的江岸处埋伏两百名将士，等敌人进入庙中，双方前后夹击，将敌人擒拿。

果然，完颜宗弼亲自带着四个随从登上了银山，埋伏在庙内的将士一拥而上，完颜宗弼猝不及防，仓皇逃跑，但因为山下的伏兵反应稍慢了一点，让其成功逃脱，而他的两个随从却被俘。接着，韩世忠在长江黄天荡大破完颜宗弼的金军，金元帅左监军完颜昌得知完颜宗弼被困的消息，忙派部将移剌古带领精兵南下救援。金军行进到扬州时，遭遇宋军的阻击，只好沿江转趋真州，又遇宋水师的阻拦，无法接近完颜宗弼，救援失败。

正当完颜宗弼束手无策时，有一个当地的百姓向他献计，利用老鹳河故道，开渠三十余里连通江口，可以逃命。完颜宗弼依计行事，于第二天冲出黄天荡，来到建康附近江面。

韩世忠得知敌人逃跑，急忙率军追赶，抢先一步拦在建康北的江面上。完颜宗弼看到宋军阵营强大，不敢硬闯，悬赏重金寻求突围的方法。有人向他献计说，可以在船中填上土，以防止被宋军大船拖翻，另外在两侧加装船桨，以加快船的行进速度。还有，遇到大风，切勿出战，再多备火箭，引燃宋军的船篷。完颜宗弼依计而行，又让金军于建康西南白鹭洲开掘新河，在宋军不知情的情况下迂回至宋军上游。

二十五日，天气晴朗，风平浪静，完颜宗弼下令向宋军进攻，让载有擅长射箭兵士的轻舟靠近宋军大船，并向宋军船篷射火箭。宋军船大，行动不灵活，船篷起火，宋统制官孙世询、严永吉等战死，其余将士只得撤退，金军紧紧追赶七十余里。长芦崇福禅院僧人普伦等得知宋军被打败的消息，忙率众僧驾轻舟接应，才使宋军得以撤退到瓜步登岸。

关于黄天荡之战，《宋史》与《金史》存在着不同的说法，《宋史》说两军相持四十八天，而《金史》则说三十天；《宋史》说金兵十万，而《金史》则说只有四千；对于金军挖出三十里河道，双方说法一致。不过可以肯定的是，能在短时间内挖出三十里河道，而且可以行船，四千人是万万办不到的。

此战最后的结局是宋军大败，但虽败犹荣，通过这一仗，韩世忠打出了自己的声誉，张浚对此评价说："尤称韩世忠之忠勇，岳飞之沉鸷，可倚以大事。"

在此之前，宋高宗得知金军南下的消息，第一时间逃离建康，之后转逃临安，而杜充则留在真州。完颜宗弼派人劝说杜充投降，表示可以让他组建傀儡政权，杜充经不住利益的诱惑，最终投降。

杜充投敌的消息传到临安，赵构气得数日没有吃饭，说道："朕待充自庶拜相，可谓厚矣，何故至是？"这时候的他也对自己和宋朝的前途绝望了，派人到金国的首都，主动去掉皇帝尊号，自称"康王"，求金国放自己一条生路。随后，他又亲自北上，来到建康，向金人投降，表示愿意削去宋朝的国号，对金人称臣，却遭到金人的拒绝，金军再次南侵。

黄天荡一战，金军虽然取得了最后的胜利，但也遭受惨重损失，完颜宗弼认清了一个现实，即在大江上作战，非同儿戏，一不小心就会全军覆没。

此战后，建康便成了金军在江南所占领的唯一城市，占据建康，对于南下追赶赵构，进而占领整个中国有着非常重要的军事意义。当初完颜宗弼与韩世忠对峙时，盘踞于建康的金军便在城东北的钟山和城南的雨花台建了两个营寨，并在营寨外挖了护寨河，在山上挖了避暑洞，金人"陆增城垒，水造战船"，频繁来往于大江南北。而今，他们又打败了韩世忠，更是将建康当作根据地。

第五章 英勇无敌岳家军

岳飞一心抗金，朝廷却消极应对，奉行投降主义，岳飞矢志不移，组建了岳家军，并不断扩大规模。军队有了，但抗金的道路并不是一帆风顺。金军势如洪水，赵构疲于逃命，文武百官深感前途渺茫。岳家军得不到朝廷的支持，缺衣少食，条件十分艰苦。即便如此，岳飞依然严明军纪，对百姓秋毫无犯，凭借坚强意志和满腔爱国之志与敌人展开艰苦卓绝的斗争，有效地鼓舞了全国人民抗金的斗志。

第一节 正人先正己

中国两千多年的封建社会中，官员贪腐现象一直存在，是官场上难以根除的痼疾。统治阶级利用自己的地位和权力，横征暴敛，鱼肉百姓，他们自己纵情声色，过着挥金如土的生活，令百姓深恶痛绝。

不过，也有一部分官员注重个人的道德修养，以国家社稷为重，秉持公心，清正廉洁，如北宋时期的包拯和唐朝的狄仁杰等。岳飞也是其中一员。岳飞虽然说不上饱读诗书，但也算是略通书传，不但对儒家思想具有一定程度的认识，而且还是儒家忠、义思想的践行者。

宋代官员俸禄名目繁多，且待遇优厚，大概可以分为本俸、添支和变相俸禄三大类。虽然南宋受战争困扰，但根据《宋史》和《文献通考》中的记载，北宋前期、元丰改制后以及南宋时期，相应官阶的百官俸料数基本没有变化。自从军以来，岳飞从一个"敢战士"做起，先后担任偏校、副尉、承信郎、保义郎、秉义郎、修武郎等，一直到后来的少保、枢密副使、武昌郡开国公，食邑六千一百户、食实封两千六百户。所以岳飞为官时期，俸禄还是相当丰厚的，无论是钱财、粮食、衣料等，他完全有能力享受奢侈的生活。后来与他官位相当的刘光世、张俊、韩世忠，以及吴玠等，无不是挥金如土、穷奢极欲，唯有他常年保持着节俭朴素的本质。

岳飞对岳家军的要求也是如此。岳家军最初并非岳飞自己组建的军队，在当时的官方文件中也没有这一称呼，只是民间对岳飞率领的军队的统称和爱称，表达了人们对他的崇敬之心。时局动荡，遍地狼烟，许多豪杰自愿加入抗金队伍，归附到岳飞的麾下，岳飞率领的队伍也日益壮大。

可是，对于岳飞来说，也有一个让他倍感头痛的问题，那便是粮草能不能及时到位。此时高宗赵构忙于逃命，政权流落，宋朝经济倒退，国家财政匮乏，军队得不到应有的补给，常常出现缺衣少食的事情。很多将领为了保证将士们的吃穿，往往会纵容部下甚至带头抢劫百姓，造成极坏的影响，而岳飞一直严格要求部下，无论遇到多么艰苦的条件，哪怕是冻死饿死，也不能抢掠百姓。有一天，他们驻扎在广德钟村，军中粮草耗尽，将士们吃不上饭，军心开始动摇起来，而且传出许多流言，说与其这样饿着肚子打仗，还不如占山为王，再不然当一个流寇，同样可以抗击金军。这些流言传到岳飞的耳朵里，他认为事情很严重，为了稳定军心，他不惜捐出自己全部的俸禄，就地向老百姓购买粮食，尽量让将士们吃饱饭。

即便是在这种艰苦的条件下，岳飞依然对部下要求十分严格，真正做到对百姓秋毫无犯，爱民如父母，处处将百姓的利益放在前面。岳飞规定，在行军时部队不许践踏农民的庄稼，更不许欺负正在田地里劳作的农民。他的这些严明的纪律和屡战屡胜的辉煌业绩，赢得了沿途百姓的尊敬和崇拜，往往有百姓主动送酒送肉犒劳军队，岳飞却不白要，照价付款。

他规定，宿营时士兵如果借住百姓的房子，离开时必须将卫生打扫干净，有损坏的地方要修好，所有器物必须归还。有一天，一个士兵未经允许拿了老百姓的苎麻捆扎东西，被岳飞知道，下令将其斩首。还有一次，岳飞路过一个村庄，无意间发现一家店铺的房子上缺失了一块茅草，怀疑是士兵所为，立即找来老板询问，老板说道："岳将军的部队从不扰民，这一块茅草是之前掉的，没有来得及修理。"岳飞不信，派人调查，果然是一个骑兵弄掉的。原来，这人进店吃东西，在出门上马的时候不小心碰掉了。岳飞要严惩那人，老板赶忙求情，即便如此，为了维护岳家军的名声，岳飞还是责罚了那人一百军棍。

对待将士如此，对待自己的亲人，岳飞要求更加严格。当初他刚从军时，得到舅舅姚某的大力支持。可有一次在行军途中，他听说舅舅骚扰百姓，便派人调查。他的母亲姚夫人忙劝说道："你舅舅对咱们有恩，念在他是初犯，就饶了他这一次吧。"岳飞坚决不答应，说道："他是我的舅舅，我不会杀他，可军法不容，百姓也不容，如果我放过了他，以后就没法要求别人了。"处罚了舅舅后，他又亲自向受害的百姓请罪。

绍兴三年（1133年），岳飞再次率领大军征讨流寇，行至庐陵时，天色已晚，便就地宿营。当地百姓听说是岳家军到来，主动请军队到家中休息。天刚蒙蒙亮，将士们便赶紧起来，忙着给主家打扫院子，并将水缸里挑满清水，然后悄悄出发。庐陵太守十分敬佩岳飞的为人，特意在郊外搭了一个帐篷，想要为岳飞送行。可是，一直到岳家军快走完了也不见岳飞的身影。太守非常不解，便拦住一个士兵询问，这才得知岳飞早在天亮之前便混在队伍中走了。

为了不给百姓带来麻烦，岳飞要求军队尽可能避免打扰百姓的正常生活。队伍每路过一个村庄，他都要带着十几个亲兵前后察看，需要住宿的时候，更是一遍遍不停地巡查，看有没有扰民的情况发生，一旦发现，必定严惩。

正是因为他如此严格的要求，岳家军自成立以来，纪律都十分严明。部队每经过一个村庄，都极少会发生扰民的行为。百姓们都被这样一支爱民如父母的军队所感动，主动打开门请他们进屋，将士们也都无一例外地拒绝。即便是睡在老百姓的院子里，早晨队伍出发之前，也必须将睡过的芦苇整理好，不许给老百姓留下一点不好的印象。

在多年的行军打仗中，岳家军养成了一种非常优良的作风，经过将士们的加工和提炼，将其概括为两句言简意赅的口头禅："冻死不拆屋，饿死不掳掠"，真实地反映了当时岳家军严明的军纪军风。

在训练和作战方面，岳飞对将士们的要求同样严格，甚至可以说苛刻，为的只是让将士们在战场上遇到彪悍的敌人时能够存活下来。在平时的训练中，他往往会针对不同士兵的体能和特点制定不同的训练方式。普通士兵往往有力无技，岳飞便耐心地教他们武术，并告诫负责训练的部将们，不要因为士兵没有达到预定的训练目标而轻易责罚和辱骂，要待他们如兄弟，多些耐心指教才是。平时岳飞与普通士兵碰面，也从不摆架子，对于士兵的问候含笑而答，主动和士兵们打招呼，嘘寒问暖。他与将士们同吃同住，伙食也与普通军士一模一样，从不搞特殊。

战争中往往会出现一种情况，因为战事紧急，一些刚刚入伍还没有来得及训练的士兵也被推上战场。对于这样的士兵，岳飞不会强制他们掌握十分精巧的技术，只要求他们掌握基本的保命技巧，他更看重的是教导这些新兵克服胆怯的心理。为了提振士气，让将士们有信心战胜敌人，每次战斗，岳飞总是身先士卒，冲锋在前，有时还亲自担任旗头。战场上，千军万马的进退完全跟随旗头的行动，士兵们见将军如此奋勇，往往受到鼓舞，战力倍增。

当时，岳飞门下有一个幕僚名叫黄纵，将自己跟随岳飞多年耳闻目睹的事迹记录下来，他的儿子黄元振又根据这些事迹编写了一部《岳武穆公遗事》，书中记载了这样一则故事，说他的父亲黄纵一次奉命到外处理公事，而军营中却又突发状况，必须他回来处理，情急之下，岳飞便派了一个传令兵去追赶黄纵。正是隆冬季节，天气异常寒冷，而士兵的衣服十分单薄，被冻得瑟瑟发抖。黄纵见到这名士兵时，忍不住有些好奇地问："天气如此寒冷，部队军饷少之又少，连一件棉衣都没有，你为何还要跟着部队不离不弃？"

那传令兵回答说："我听说在其他队伍中，往往会出现克扣军饷的事情，到士兵手里本来就不多，上峰还会强令士兵做棉衣穿在身上。那样本人虽然会暖和一些，可妻儿老小就会受冻。而岳家军从来没有出现过克扣给养的事情，将军也从来不过问士兵给养的支出，完全让士兵自己支配。我之所以穿这么少，是因为家里人多，军饷全部都用在了他们的身上。我身子虽冷，心里却很暖和。"

由于当时处于特殊时期，军队给养一直供应不足，为了安抚将士们的情绪，岳飞尽力给予他们最大的关怀。

古代人行军打仗往往带着酒,当然也离不开肉。物资紧张的时候,酒肉也会紧张,为了让每一个将士都喝上酒,岳飞干脆将水和酒兑在一起,大家同饮寡酒,他自己也不搞特殊,与将士们一同乐在其中。行军途中需要驻扎,他也不独自睡在帐篷里,而是和将士们一起露宿街头或者野外的道路旁。每次出征之前,他一定会嘱咐妻子李娃挨个问候、安抚将士们的家属,对他们嘘寒问暖,帮助他们解决困难,将士们深受感动,这也是将士们誓死追随他的一个重要原因。

相比之下,其他的宋军却纪律松散,往往对沿途百姓造成极大的危害。比如张俊的部队,走一路抢一路,鸡犬都不放过,吓得老百姓提前跑到山里避难。还有王璞的部队,当初在福建时,所经过的州县百姓都曾受到敲诈勒索。即便是韩世忠麾下军纪严明的队伍,在粮食紧缺的时候也出现过强迫百姓献粮的事情。

岳飞初到宜兴的时候,水军统制郭吉刚刚在建康吃了败仗,退守宜兴,并在那里大肆骚扰百姓,使当地百姓苦不堪言。百姓听说岳飞就在附近,纷纷到县衙恳求县令钱谌请岳飞前来驻扎。钱谌更加敬佩岳飞的为人处世,马上修书一封给岳飞,说宜兴的粮草最低可以保证岳家军十年无忧。岳飞欣然同意,率军抵达宜兴,将兵营选择在张渚镇。军需解决了,军心稳定了,岳飞了解到宜兴地区有不少郭吉的部下都当了流寇,决定对他们狠狠地打击,可还未等他动手,那些流寇便溜之大吉了,没来得及逃跑的马皋、林聚等散乱军队统统被岳飞收降。接着,岳飞又打败了以戚方为首的兵匪流寇,使当地百姓过上了安稳的生活,因此他受到当地百姓的爱戴和称颂。

宜兴安稳了，周围县邑的官民都非常羡慕，有条件的官民纷纷弃家搬迁到宜兴居住，以躲避祸乱。人们自发为岳飞建生祠，家里挂岳飞画像，日日焚香，将他当作神供奉起来。

凡岳家军经过之处，老百姓照常商贸、耕作，生活井然有序。正因为如此，人们一度称岳家军为"岳爷爷军"。

随着岳飞的名字在两浙一带的影响越来越大，岳家军的队伍也迅速壮大。这时候，岳飞不过二十七八岁，风华正茂，但他没有被大好形势冲昏头脑，而是时刻不忘家仇国恨，以驱除金人、洗刷国耻为己任。每一次出征的时候，他都要亲自做动员工作，慷慨陈词，对士兵们晓以民族大义。正是在他的激励下，岳家军才人人都抱定为国捐躯的决心，冲锋陷阵，接连取得一个又一个重大胜利，从初具雏形，自成一军，到后来成为抗金主力、保家卫国的中流砥柱。

第二节　岳家军的组成和主要将领

宋朝时，国家的军队常常以主将的姓氏称为某家军，比如韩世忠的部队称为韩家军，张俊的部队称为张家军，而岳飞的部队在正式形成规模之后才被官方称为岳家军。因为得到百姓的广泛支持，岳家军发展迅猛，在短短的几年间便由几千人发展到万人、十几万人,可谓规模庞大。人员增加了,便出现了一个又一个分支部队。当时,组成岳家军的有十二支主要力量,分别为背嵬军、前军、中军、右军、左军、后军、踏白军、选锋军、胜捷军、破敌军、游奕军、水军等。

背嵬军:在岳家军的这十二支力量中,背嵬军是精锐。背嵬军选拔士卒非常严格,首先让军士比武,选拔出其中优秀的,一旦有旗头和押队一类的低级军官阵亡,便让他们补上去,和多次在比武中胜出的士兵一起组成背嵬军。南宋的背嵬军是绍兴二年(1132年)由韩世忠创立的,作为他自己的亲军。后来,岳飞效仿韩世忠创建背嵬军,并成为岳家军主力中的主力。而且,在南宋初年的各路大军中,只有岳家军和韩家军才有这一编制。进入背嵬军编制的士卒待遇更加优厚。每次战役,背嵬军总是冲锋在前,负责以最快的速度打开局面;必要的时候,他们还会作为突击队或敢死队使用。

为了增加背嵬军的战斗力,岳飞还利用缴获的战马组建了一支八千人规模的精锐骑兵。由此,岳飞成为南宋历史上第一个能够以大规模骑兵发起集团野战的将领。除此之外,背嵬军还有大批的精锐步兵,和骑兵加在一起,有近两万人。这支队伍由岳飞直接指挥,但在不同的时期又有不同的统制官,比如岳飞被害前,队伍归傅选统制。

前军:前军的首领为张宪。张宪为蜀阆州人,骁勇绝伦。他是从何时追随岳飞的,史料上没有记载,但他在宋高宗建炎年间便开始在岳飞军中崭露头角。绍兴五年(1135年),张宪在镇压杨幺战斗中立下大功,成为岳飞的左膀右臂。岳飞被害时,张宪也一同惨遭杀害。

前军副统制为王俊。此人心胸狭窄、诡计多端,在军中遭到大家的嫌弃,尤其和张宪的关系最为不好。因为战功不多,他无法升迁,心生不满,当秦桧找他诬陷岳飞时,二人一拍即合,顺便也诬陷张宪,致使张宪无辜被害。

右军:右军的前身是岳飞任江淮宣抚司统制时,其同僚扈成所统辖的旧部,是岳家军中组建比较早的一支队伍。岳飞、刘经南下广德军后,扈成与岳飞分道扬镳,不久就被戚方杀害,后来岳飞驻军宜兴,扈成手下统领庞荣率军加入岳家军,担任右军统制。

中军:中军由王贵担任统制。王贵为岳飞儿时的朋友,很早就加入了岳家军,资历比张宪还老。岳飞被害后,王贵称病回家。中军的副统制为郝晸,是一个见风使舵的小人,且为人嗜杀,颇好财。岳飞被害后,王贵等大多数统制被朝廷换掉,唯有王俊、郝晸、傅选等人原位不动。

左军:左军统制为牛皋。牛皋是岳家军中一个非常重要的人物,其地位仅次于岳飞,为副元帅。他是汝州鲁山人,出身农民家庭,力大如牛,据传可以挑五百多斤重的担子健步如飞,每天砍完柴后下山时,他还会砍下一根结实的树制成扁担,挑着砍来的五百多斤柴进城卖。他的家里还有妻儿老母,光指望砍柴无法养家,他便发挥自己从小练就的射箭技艺,顺便打些猎物回来。日久天长,他射箭的技艺越来越好,到了百发百中的地步。

金军入侵中原,他的家乡也开始组织抗金义勇军,牛皋深谙民族大义,应召入伍,不久便因功被先后提拔为西道招抚使及蔡、唐、信军镇抚使。绍兴三年(1133年),岳飞统管江西、湖北军务,准备自襄汉进军中原,收复被金军侵占的领土,牛皋特意赶到临安,上书赵构,说只要岳飞出兵,伪齐政权刘豫必败,中原唾手可得。赵构一时高兴,命牛皋随同岳飞出征,归岳飞指挥,牛皋自此加入岳家军。其实在此之前,牛皋和岳飞便认识,而且关系不错,论年龄,牛皋比岳飞大,而且战功卓著,因此深得岳飞的敬重,在岳家军中一直担任副元帅,并兼为唐、邓、襄、郢四州的安抚使,后又担任中部统领。他和岳飞一生并肩作战,取得了辉煌的战果。

其他几支军队的首领分别为:后军统制王经,踏白军统制董先,选锋军统制李道、副统制胡清,胜捷军统制赵秉渊,破敌军统制李山,游奕军统制姚政,水军统制杨钦。

水军是岳家军非常重要的组成部分,又名"横江军",是在平定杨幺之后建立的,位居南宋沿江驻屯大军水军之首,以鄂州沿江对面的汉阳为驻屯之地,规模庞大。

岳家军初建立时仅有十将,随着军队的规模越来越大,十将的编制远远无法满足军队的需要,在朝廷的允许下,官员编制扩充到了三十将。将为宋朝武官名称,每支大军队都设有军、将、部、队等编制。其中军一级的统兵官分为统制、同统制、副统制等和统领、同统领、副统领等,后者相当于前者的助手,也可以担任统制之下的军分支首领。将一级的统兵官分为正将、副将、准备将等，总称为"将官"。将官之下又分别设训练官、部将、队将、队官等。岳家军最强盛时拥有八十四将，每将统军三千三百人，到绍兴九年（1139年）下降到了每将统军一千二百人。

岳家军规模庞大，其组成人员大多属于以下几类：一、一开始就追随岳飞的北方人，后又随军来到江南。不过，这类人数量不多，经过长期的战争，存活下来的已经很少。二、从金军中投降过来的汉人。三、宋军中先后归附岳飞者。四、被岳飞击败的流寇中的投降者。后面三支力量是岳家军的重要组成部分。其中，岳飞平定杨幺后，收编其部下，使岳家军一下子扩充到十万人以上，远远超过了此前的规模。

岳家军规模庞大，能杀惯战的将领当然也不在少数，其中非常出名的就有数十位，其来源大致分为三类：原从将领、招降将领和拔隶将领。其中，原从将领有王贵、张宪、岳云、徐庆、姚政、寇成和王经等。岳云是岳飞与前妻刘氏所生嫡长子，十二岁便跟着张宪部队开始打仗，被将士们称为"赢官人"。他跟随岳家军南征北战，同样身先士卒，立下赫赫战功，却被岳飞隐而不报。绍兴四年（1134年），岳云跟随张宪攻打随州、邓州、长河，立功最大，岳飞仍然隐瞒不报，后被主管选拔官员的长官得知，上奏朝廷，得以授武翼郎。绍兴五年（1135年），岳云在平定杨幺的战役中又立下第一功，被都督张浚得知，上奏朝廷予以提拔，遭到岳飞的婉拒。绍兴十年（1140年），岳飞率军北伐，岳云带领背嵬军在颖昌与金军交战，身负重伤，因功迁忠州防御使，带御器械。绍兴十一年（1141年），岳云二十三岁，被秦桧陷害，与父亲、张宪一同被杀死，后追赠安远军承宣使。

招降将领中最突出的人物有傅庆、庞荣、杨再兴、梁兴、孟邦杰、胡清等。

傅庆是卫州人，原本是一名瓷器工匠，后从军，是建康留守司统制戚方部属。建炎三年（1129年），因为杜充降金，戚方带溃兵脱离军队，成为盗贼，岳飞招抚其部众，傅庆率军归降岳飞，授岳家军前军统制。建炎四年（1130年），傅庆与王贵在宜兴打败郭吉，随后又打败戚方。因为性格孤傲，自由散漫，他多次向岳飞勒索财物，还曾打算投靠刘光世军，岳飞忍无可忍，于建炎四年（1130年）十一月将其斩首。

庞荣为建康留守司的一名统领。建炎四年（1130年），留守司统制扈成为戚方所杀，庞荣率领部下投靠岳飞，担任右军统制；绍兴三年（1133年），他跟随岳飞前往虔州平定盗贼，立下大功；绍兴十年（1140年），岳家军北伐，后从郾城班师，庞荣负责驻守德安府，以防备韩常、李成南侵，官至御前诸军统制。

杨再兴据说是杨家将后人，但史料上没有记载。他本是曹成部将，于绍兴二年（1132年）跟随曹成在莫邪关与岳飞交战，杀死岳飞的弟弟岳翻和将官韩顺夫，却被张宪擒拿，投降岳飞；绍兴六年（1136年），杨再兴跟随岳飞出征，收复长水县及西京险要之地，逼近蔡州；绍兴十年（1140年），在郾城与金军交战，险些生擒完颜宗弼。在不久后的临颍之战中，他率领三百骑开路军与金军血战，杀敌两千余人，斩万户撒八李董及千户数人，后因寡不敌众而战死。

梁兴为河北人，曾经是太行山忠义社首领，多次和金军交战，杀死金军头目三百多人。绍兴六年（1136年）正月，他带领一百多名部下加入岳家军，担任湖北、京西宣抚司忠义军统制；绍兴十年（1140年）七月，他和赵云、李进等率部渡河，在绛州垣曲县打败金军，紧接着又取得沁水县大捷，收复济源、翼城县，攻克赵州等地。后来，岳飞班师，梁兴留在河北继续与金军作战，先后收复怀、卫二州。绍兴十一年（1141年），梁兴奉命返回长江以南，历任亲卫大夫、忠州刺史、鄂州御前选锋军同统制。

孟邦杰起初为刘豫政权的官吏，河南府尹，因为不满金人的入侵和刘豫的傀儡性质，于绍兴八年（1138年）率众投奔岳飞。绍兴十年（1140年）七月，岳家军北伐，孟邦杰奉命经略西京、汝、郑、陈、光、蔡诸州，作为接应和支援力量。在这次战役中，孟邦杰率领忠义军收复南城军，斩金军三千多人，缴获器械无数，接着又收复永安军，立下大功。

胡清也是刘豫政权的官吏，官至右武大夫、成州团练使、马军统制。绍兴八年（1138年），胡清带着十几个部将投奔南宋，被划拨为岳飞的部下，任选锋军副统制。绍兴十年（1140年），他和董先镇守颍昌，与完颜宗弼、韩常交战，岳飞从外围支援，对金军实行里外夹击，杀死金军夏金吾，金兵五千人，生擒千户七十人，完颜宗弼仓皇而逃。

拔隶将领同样是岳家军将领的重要组成部分，其中包括傅选、牛皋、李道、董先、赵秉渊、李山、郝晸、王俊、李兴等。

傅选初为江西制置大使司统制官，于绍兴三年（1133年）被调入岳家军，任统制。绍兴三年（1133年）正月，傅选和徐庆奉命平定筠州叛军李宗亮、张式部，大获全胜。绍兴五年（1135年），跟随岳飞平定杨幺，多次取得胜利。绍兴六年（1136年），完颜宗弼与伪齐刘麟统兵南下，傅选和王贵、董先率两万兵马迎敌于唐州，收降敌人三千多人，夺得战马五千多匹，生擒敌将多人。绍兴十一年（1141年），其卸任荆湖宣抚司，改任鄂州御前背嵬军同统制。

李道为岳飞的同乡，最初追随宗泽，宗泽死后归属襄阳镇抚使桑仲，任副都统制、知随州，后历任武义郎、阁门宣赞舍人、武义大夫，迁荣州团练使，授邓随镇抚使。绍兴三年（1133年），李成入侵南宋，李道奉命驻军江州，归于岳家军，任选锋军统制。绍兴四年（1134年），岳飞收复六郡，又接连拿下唐州、襄阳诸郡，李道立下大功，被提拔为复州防御使、果州观察使。绍兴十一年（1141年），其担任中侍大夫、武胜军承宣使、鄂州御前诸军统制。绍兴三十二年（1162年），其在光化军与金人大战，因功升迁庆远军节度使。去世后，被追赠太尉，进封楚王。

除了这些主将之外，在岳家军中还有许多幕僚，比如孙革、黄纵、于鹏、胡闳休、薛弼、朱芾、张节夫等，也随军作战，为岳飞出谋划策，他们是幕后的英雄。

第三节　建康回归

金国在对宋朝进行了几次成功的侵略之后，野心膨胀，企图吞并所有大宋的土地，希望在最短的时间内将南宋政权消灭，将赵构也俘虏回五国城，一统天下。但是他们没有想到，这一次的侵略没有那么顺利，遭到江浙一带人民的英勇反击，"江北之民，誓不从敌，自为寨栅，群聚以守者甚众"。金军虽然打过了长江，但也为此付出了巨大的代价。这时候他们才发现，自己的胃口确实有点大了，吞不下南宋这头大象，于是便改变策略，暂时放弃对南宋的侵略，改为用心经营和巩固已经被占领的中原和华北大面积的领土，待兵强马壮之后再图谋南宋。

建炎四年（1130年）春，完颜宗弼结束了曾经声势浩大的"搜山检海"计划，率领余部向北撤退，结果遭到南宋官民的沉重打击，仅黄天荡一战就差点全军覆没，最后被迫回到建康。

金军盘踞建康，对于南宋来说无疑是在卧榻旁放了一只老虎，随时都有被咬死的危险。为了对抗金国，南宋朝廷几乎调动了全部兵力，构筑强大的工事，誓要将金军赶到长江以北。其中，刘光世、韩世忠、张俊这三支部队被调到长江中下游部署，另外，张浚也被从四川召回，作为策应。然而，宋军虽然声势浩大，但将领都拥兵自重，不愿意和金军作战，这就更加助长了金军的嚣张气焰。面对如此严峻的局势，岳飞勇敢地站了出来，主动要求收复失地，抗击金军。于是，高宗赵构任命岳飞为御营司统制。

四月二十五日，韩世忠败于黄天荡的那一天，位于建康城南三十里的清水亭也进行着异常激烈的战斗，岳家军与金军殊死搏斗，最终大获全胜，杀敌无数，活捉女真、渤海、汉儿军四十余人，缴获马甲、弓箭、刀、鼓、旗等近四千件，极大地鼓舞了将士们的信心，激起全国人民抗击金人的热情。

不过，一个地区的胜利很难改变全国不利的局面，军事力量薄弱的宋朝想要在短时间内打败强大的金军几乎是痴人说梦。岳飞认识到了这一点，开始转变策略，决定先把金人赶出建康，摧毁他们的桥头堡，然后再做长远打算。

五月初，岳飞率领大军来到清水亭之西十二里的牛头山安营扎寨，进行修整，为下一步的战争做准备。牛头山位于建康城南三十里，山顶有双峰，远看像两只牛角，山因此而得名。山上"林树葱郁，泉石相映"，具有得天独厚的地理优势。

在休整期间，岳家军也没有闲着，岳飞派出了一百多名英勇善战的士兵混入金军大营，趁敌不备发动突然袭击，使金军遭受了不小的损失。敌人接受了教训，组织了多个巡逻队，进行全天候的巡逻警戒，不料巡逻队又被岳家军全部消灭。

两个月间，双方进行了数十次大大小小的战斗，岳家军几乎全胜，因此军心大振，同时也对金军形成了极大的震慑力。完颜宗弼痛定思痛，认为建康没有自己想象的那样容易占领，南宋这头大象也不是一口能吞掉的，便开始为撤退做打算。

因为有了撤退的念头，完颜宗弼下令在城内大肆烧杀抢掠。

消息传到岳飞的耳朵里,他马上意识到这是敌人要逃跑的前兆,立即吩咐各部做好战斗准备。完颜宗弼开始率军撤离建康,准备从靖安镇渡江北返,这一切被岳飞尽收眼底。到靖安后,金军遭到了岳家军的沉重打击,岳飞亲率三百精锐骑士和二千勇猛的步兵对金军发动突然袭击,金军猝不及防,被杀得丢盔卸甲,四散溃逃,宋军穷追不舍,完颜宗弼趁乱而逃。

经过半个多月的战斗,建康终于重回南宋之手,宋军斩杀金兵"秃发垂环者之首无虑三千人",擒获千夫长留哥等二十多名军官,另有汉族以及其他民族归附金军者无数。史载,仅靖安一次小的战斗,宋军便擒获金兵三百多人。

建康的回归标志着宋金交战由宋军的退缩阶段进入反攻阶段,从规模上来讲,这场战役的胜利并不算大,但是久违的胜利还是极大地振奋了军民士气——金军不是不可战胜的。岳家军顺利入驻城内。此时的建康城经过金军的烧杀抢掠已是面目全非,街道上到处都是百姓的尸体,血流成河,房屋被焚烧殆尽,满目疮痍。岳飞强忍着巨大的悲痛,下令将士们将老百姓的尸体一一掩埋,又召集将领们商讨下一步的作战计划。

第四节　返回宜兴

将领们商讨之后,一致认为战争已经取得了阶段性的胜利,应该休整一段时间,让将士们养精蓄锐,以备再战。随后,岳飞命人将俘虏的金兵押回杭州，听候朝廷处置，而他则率领部队返回宜兴的张渚镇。

在出兵之前，为了保证大后方的安全，岳飞特意让与自己共过患难的好友刘经驻守宜兴。可是，当岳家军走到溧阳县时，刘经的部将王万快马加鞭而来，给岳飞带来了一个非常不好的消息。刘经居心叵测，密谋要趁岳飞没到达之前将岳飞一家老小全部杀掉，然后吞并留在宜兴的岳家军，拥兵一方。

南宋初年，各高级将领拥兵自重，为了扩大自己的势力而杀死某一个统兵将领、兼并其队伍并非稀奇的事。然而，刘经是岳飞非常信任的朋友和爱将，大敌当前，他干出这样伤天害理的事情，让最看重忠义的岳飞感到无比震惊和伤心。岳飞不敢大意，立即派遣部将姚政率领部属火速赶回宜兴，保护自己的家眷，除掉刘经这个心头大患。

当晚，姚政秘密进入宜兴，第一时间赶到岳飞的家中，将岳飞的家人保护起来，并在周围设下伏兵，然后以岳母的口气派人去请刘经，说有要事相商。此时，刘经还不知道姚政回来的消息，当然也没有防备，只带着少量的随从急匆匆来到岳飞的家中。他刚进入岳母的房间，埋伏在室内的士兵便一拥而上，乱刀将其砍杀。随后，岳飞带领大军进入宜兴，向刘经的部下宣布刘经的罪行，并表示除刘经之外，其他人一概不予追究。刘经的部属对岳飞自然非常感激，纷纷表示愿意效忠岳飞。在这一事件中，王万和姚政都立了功，被岳飞提拔为统制。

处理了这一事件后，岳飞率军回到了宜兴县太湖之滨张渚镇,这里有一个名叫张大年的文人,是岳飞的好友,品性高洁,他的家就在太湖岸边,还特意修建了一个"桃溪园"。岳飞来了之后,便成了桃溪园的常客。

这一天,岳飞和往常一样来到桃溪园与张大年漫步。此时,湖岸上杨柳依依,蝴蝶飞飞,湖中游人泛舟,笑声阵阵,一派祥和美好的景象。然而,岳飞却双眉紧锁,面带愁容,一句话也不说。

张大年对此十分不解,问道:"金兵已退,天下太平,将军应该高兴才对,不知又为何事烦忧?"

岳飞叹了口气说:"先生此言差矣,天下太平不过是你我一厢情愿罢了,而今江北大片国土沦丧,无数黎民正遭受金人的蹂躏,他们有家不能归,我身为大宋臣子,不能为朝廷效力,为百姓复仇,叫我怎么高兴得起来啊!"

张大年听了这话,不禁被岳飞这种忧国忧民的情怀所打动,当即命人准备酒席,和岳飞就着湖光山色开怀畅饮起来。席间,岳飞再次想到自金人入侵以来,百姓所遭受的苦难和因抗金牺牲的无数生命,不禁悲从中来,乘兴写下一首《五岳祠盟记》:

近中原板荡,金贼长驱,如入无人之境。将帅无能,不及长城之壮。余发愤河朔,起自相台,总发从军,大小历二百余战,虽未及远涉夷荒,讨荡巢穴,亦且快国仇之万一。今又提一垒孤军,振起宜兴,建康之城,一举而复,贼拥入江,仓皇宵遁,所恨不能匹马不回耳!

今且休兵养卒,蓄锐待敌。如或朝廷见念,赐予器甲,使之完备,颁降功赏,使人蒙恩,即当深入虏庭,缚贼主,蹀血马前,尽屠夷种,迎二圣复还京师,取故地再上版籍。他时过此,勒功金石,岂不快哉!此心一发,天地知之,知我者知之。

岳飞文采飞扬,出口成章,他的宏图壮志几经锤炼,成为流传千古的佳作《满江红》。正如他的诗作《满江红》中写的一样,"壮志饥餐胡虏肉,笑谈渴饮匈奴血",他始终抱着一颗杀敌报国的心,每次战斗都冲在队伍的前面,以鼓励将士们奋勇杀敌。当初在李纲麾下担任将官时如此,在宗泽麾下如此,在杜充麾下如此,后来他成为一方大员,任通泰镇抚使后依然如此。

第六章 驰骋江南扬威名

南宋初年，局势非常混乱，到处战火狼烟。在北方金军入侵的同时，江南一带又活动着许多大大小小的民间武装力量，时刻威胁着南宋的政权。为了消除这些隐患，岳飞奉命对这些武装力量进行镇压，平息了一大批的流寇、土匪。同时，又与金军作战，沉重地打击了侵略者嚣张的气焰，收复了襄阳。十年间他进行了大大小小数百次的战斗，无一败绩，极大地鼓舞了南宋军民的抗金斗志，岳家军的名号响彻大江南北。他也因此成为抗金四大将领中最年轻的青年将帅、南宋抗金斗争中的中流砥柱。

第一节 一箭之仇

戚方原本是一支起义军的领袖，后来投靠在杜充的麾下。杜充投降金朝后，戚方并没有降金，而是纠集余党与朝廷作对，杀死镇江知府胡唐老和留守司统制扈成，攻陷广德军，围攻宣州，盘踞在浙皖交界之地苦岭关一带，为害一方，成为令朝廷头痛的盗贼。

为了让老百姓有一个安稳的生产生活环境，赵构特意下令张俊前去讨伐贼寇，岳飞作为策应配合张俊行动，务必将戚方消灭。此时岳飞正在宜兴张渚镇与金军交战，他接到朝廷的圣旨，不敢怠慢，立即返回宜兴做战斗准备，点了三千兵马，前往广德军与张俊汇合。

很快，岳飞来到广德军，经过一番地形勘察，决定在城南的苦岭驻扎下来。此时的岳飞已经名震天下。戚方曾在宣抚司与岳飞共事，深知岳飞的厉害，心中感到恐慌，决定先下手为强，袭击张俊、岳飞。

这一天，岳飞正在自己的营帐中和将领们商讨进军的计划，忽然听到营寨外一阵大乱，紧接着便有军士来报说，敌人偷袭来了。岳飞毫不慌乱，吩咐将士备马出战。他一马当先冲出营寨，向着贼寇杀了过去。这些贼寇哪里是岳家军的对手，立刻溃败。戚方看到岳飞，转身就跑，岳飞在后面紧紧追赶，追到一座桥上时，戚方回转身向岳飞射来一支利箭，因为方向偏了一点，箭射在岳飞的马鞍上。岳飞也不甘示弱，搭弓射箭，只听"嗖"的一声响，利箭向着戚方射去。戚方看到岳飞的动作，忙将身子一闪躲过，箭射在他身后的一块石头上，火星四溅。戚方被吓得身子猛一哆嗦，再也不敢停留，骑马赶紧逃跑。

偷袭未成，戚方更加害怕，为了阻挡岳家军的到来，他下令将山寨通往外面必经之路上的一座桥梁给毁掉了。岳飞站在岸边，眼望着滔滔河水，心中十分恼怒，便取来弓箭，一箭射中河对岸的栏杆，之后返回军营。

岳飞走后，戚方看到深深地嵌进栏杆里的箭，脊梁骨直冒凉气。他知道岳飞武功高强，无论战法还是武艺，自己都不是岳飞的对手，想要活命，唯一的办法就是逃走。想到这里，他立即掉头返回山寨，吩咐部下赶紧收拾东西，将抢来的金银财宝装上马车仓皇而逃。

戚方逃跑的动作逃不过岳飞的眼睛。探子来报后，他立即派遣大将傅庆带兵追赶。可是，傅庆的行动慢了一步，没有追赶上，只好命令大军原路返回。可是，他们刚走没几步，忽然听到后面传来一阵喊杀声，紧接着便有军士来报告说："贼寇反杀回来了！"

傅庆大吃一惊，急忙向远处看去，果然见盗贼像潮水般涌过来。原来，戚方逃至半途，遇见自己的援兵，胆子又变得大了起来，临时决定对岳家军进行反攻。恰在此时，岳飞率部赶到，双方立即展开激战，直杀得难解难分。戚方打不过岳飞，他的将士当然也战不过岳家军，被岳家军打得分不清东南西北。戚方见势不妙，调转马头欲逃，岳飞紧紧追赶，一直追到浙江湖州，又碰巧张俊率主力部队赶过来。单一个岳飞就打不过，又来了个张俊，戚方自然是插翅难逃。为了活命，戚方只好选择了投降。但是，他又害怕岳飞为了给部下复仇，不会放过自己，便投在了张俊的麾下，并向张俊敬献六百匹马和大量的金银作为见面礼。

张俊爱财如命，面对戚方送来的厚礼喜笑颜开，如数接纳，并收留了戚方。后来，戚方又变着法儿给张俊送金银财宝，得到了张俊的重用。关于这一段历史，有资料是这样记载的：

> 自方到行在，日与中贵人蒲博，不胜，取黑漆如马蹄者，用炭火去漆，乃黄金也，以偿博负。每一博不下数枚。于是方已受正使矣，时人为之语曰"要高官，受招安；欲得富，须胡做"。诏迁方武翼大夫，以其军六千人隶王燮军。后因以方位裨将。

虽然有张俊做靠山，但戚方非常了解岳飞的脾气，害怕岳飞不放过自己，便请张俊摆酒设宴，希望通过酒席缓和与岳飞的矛盾。岳飞应邀赴席。酒宴开始，戚方突然起身，双膝跪地，在岳飞的面前痛哭流涕，恳求岳飞的原谅。岳飞冷眼看着戚方的表演，毫不客气地列出他的四大罪状：一、脱离朝廷，发动叛乱；二、对于派去的人劝其归顺朝廷的话听而不闻，一意孤行；三、四处抢掠百姓，危害一方；四、杀死朝廷命官扈成及其全家，滥杀无辜。如此四条大罪，每一条都可以让戚方脑袋搬家。戚方吓得浑身哆嗦，将求救的目光看向张俊。因为张俊是这一行动的主要负责人，岳飞只是一个配角，所以大事儿还是张俊做主。张俊已经提前收下了戚方的贿赂，便替他向岳飞求情。岳飞不好驳了张俊的面子，又不甘心就这样放过戚方，便取出那天戚方向他射出的箭扔在地上,冲戚方说道:"要我饶你也行,你当初不是要用箭射死我吗?现在你只要能将这支箭一点点地折断,我便对你既往不咎。"

戚方不敢怠慢,慌忙抖抖索索捡起地上的箭,一寸寸地折断,又恭恭敬敬地展示给岳飞看。岳飞什么也没说,算是放了他一马。

第二节 忍痛斩傅庆

傅庆为卫州人,在从军之前是个瓷器匠人,岳飞从军稍有名气之后,他便投靠了岳飞,因为武艺高强,而且有勇有谋,被岳飞任命为前军统制官,受到岳飞的器重。但是,其人性格有些孤傲,放荡不羁,而且常常恃功而骄,不过也没犯过大的错误,和岳飞的关系还算不错。

岳飞待人真诚,一直将傅庆当兄弟看待,傅庆虽将岳飞视为亲兄长,却从来不将他当自己的长官来尊敬。傅庆喜好花天酒地,常常自己的薪俸没几天就花完了,就去找岳飞要钱,岳飞爱惜他是个能协助自己抗金的人才,也总是来者不拒,要多少给多少。时间一久,傅庆便渐渐迷失了,以为自己的地位比岳飞还高一等,常常在别人面前吹嘘说:"岳家军之所以这么厉害,名气这么高,完全是我傅庆打出来的,离了我傅庆,岳家军根本打不了仗。"岳飞闻听此言并未计较,他的心中,一切还是以抗金为重。

后来，岳飞被提拔为通泰镇抚使，对军队的要求更加严格了，傅庆再也不能像以前那样为所欲为。他将这一切都归咎在岳飞的身上，慢慢开始疏远岳飞。有一次，岳飞率军支援楚州，傅庆也奉命率部前往承州。他在这里认识了刘光世的部下王德。言谈之中，傅庆流露出对岳飞的诸多不满，王德便趁机劝说傅庆离开岳家军，归顺在刘光世的麾下，傅庆表示同意。之后，二人开始密信来往，商讨归顺的具体计划。然而，世上没有不透风的墙，傅庆想要投靠刘光世的消息被张宪知道了，张宪立即向岳飞报告。岳飞对此当然十分气愤，决定严惩傅庆，以正军纪。但为了防止意外的发生，他装作什么也不知道，还叮嘱张宪也不要往外说，静观事态发展。

岳家军完成任务回到泰州，岳飞将军中诸统制召集起来，说要搞一场射箭比赛。于是，众人纷纷拉弓射箭，全都没有超过一百五十步，唯有傅庆连射三箭都在一百七十步开外。射箭完毕，岳飞大摆酒宴，志得意满的傅庆一时贪杯，不由得喝得多了些。岳飞见状，便取出赵构赏赐给他的战袍和金带，说道："此乃陛下赏赐之物，今天就赏赐给王贵。"

傅庆本来以为这些东西应该属于自己，没想到却给了王贵，心中十分不平，说道："今日射箭，我射得最远，为何要赏给王贵？"

岳飞说道："你虽然箭射得最远，但战功不及王贵，所以不能得赏。"

傅庆不服气，辩驳说："将军你也太不公平了，论功劳，岳家军中恐怕没人比我的功劳大，当初在清水亭与金军交战，没有我傅庆就不可能战胜。"傅庆的这些话或许是酒后狂言，也或许是想给自己脱离岳家军寻找借口。

岳飞当即冲傅庆怒喝道："大胆傅庆，竟敢居功自傲，顶撞上司。来人，给我拉出去砍了！"

岳飞的举动完全出乎诸将的预料，他们当然也不知道岳飞的用意，纷纷替傅庆求情说："大将军，傅庆虽然有冒犯之嫌，但罪不至死，如今正与金军交战，不可阵前杀将！"

然而，岳飞已经下定了决心要除掉傅庆，因此对众人的求情不予理会，说道："岳家军向来军纪严明，傅庆胆大妄为，不将其正法，何以服众？"说完便命人将傅庆五花大绑，拉出营寨斩首。

第三节　刘豫的无耻

刘豫，字彦游，为景州阜城人，出身于一个普通的农民家庭，宋徽宗元符年间，刘豫考中进士，开始步入仕途，并于政和二年（1112年）被提拔为殿中侍御史，可谓平步青云。上任之后，刘豫雄心勃勃，决定干一番大事业，他数次上书，提出对现行礼制的改革计划。对此，宋徽宗很不屑地说："刘豫不过一个农夫罢了，懂得什么是礼制！"遂下令罢免刘豫，贬其为两浙察访。尽管刘豫心中不服，但也无可奈何。宣和六年（1124

年），他又被任命为河北提刑。

建炎二年（1128年），赵构被来势汹汹的金军吓破了胆，仓皇逃跑，金军随即将目光转向了山东。正在河北的刘豫更加惊恐，带着一家老小逃到了真州。恰在这时，朝廷的诏书到了，任命他为济南知府。刘豫本来是想要保命才逃跑的，现在又让他回到金军围攻的地方，他自然不愿意去，因此向朝廷请辞，却不被允许。无奈之下，他只得前往济南。

这年十一月，金军又一次对山东用兵，遭到守城将士的奋力抵抗，但因寡不敌众，以及缺少救兵，德州、淄州、青州、潍州先后失守。十二月，金军大将挞懒（完颜昌）率兵南下，东平府守臣权邦彦因为手中无兵而放弃抵抗，撇下一家老小独自出逃，东平随后陷落。紧接着，兖州、郓州也先后失守，金军又将目标对准了济南府。很快，济南被金军重兵包围，刘豫急忙派儿子刘麟出城迎战。但金军不忙着攻城，而是派人入城谈判，许诺只要刘豫投降，不但可以得到大量的金银，而且还有高官厚禄，一生享不完的荣华富贵。刘豫本来对朝廷就有意见，又被金人优厚的条件所诱惑，遂置民族大义和气节于不顾，答应投降，遭到部将关胜的坚决反对。关胜骁勇善战，而且刚直不阿，誓要与金人作战到底。刘豫在多次劝说无果的情况下，干脆派人将其杀害。可是，就在刘豫准备打开城门投降时，却又遭到百姓的阻拦，坚决不让他出城迎敌入城。为了达到目的，刘豫假装答应百姓的要求，而后偷偷地爬上城墙，顺着一条绳索溜下去，被金人带回营寨，刘豫向挞懒磕头，宣布投降，济南随之沦陷。随后，刘豫取出自己多年搜罗来的珍玩宝物献给挞懒，以换取他的信任。

不久，金军占领了整个山东，但让他们想不到的是，山东各地百姓反金的情绪十分高涨，对金掀起的斗争也风起云涌，以至于他们无法在山东立足。为了能够统制山东，他们想出了一个办法，就是扶持一个傀儡皇帝，"以宋人治宋人"，选来选去便选中了刘豫，遂将刘豫扶到皇帝的宝座上，建国号为大齐，统治区域为黄河以南地区。朝廷拒不承认刘豫政权，称之为"伪齐"，刘豫为"伪皇帝"。

既然当上皇帝了，就必须有属于自己的都城，刘豫将都城定在了东平府，取名为东京，将原来的东京改为汴京，将南京改为归德府，北京仍然称为大名府，将兴仁府降为州。刘豫认为，他出生于景州，坐镇济南，节制于东平，即皇帝位于大名，这四个郡为他的发祥之地，其护卫亲兵也应该从这四个郡中征调。于是，经过精心选拔，很快便从这四郡征募到六千多人，号称"云从子弟"，作为刘豫的亲兵卫队。之后，刘豫又煞有介事地任用了一批大臣，给他们一一封官，这些人大都是投降金国的宋朝官吏，另外还有一些游寇首领，就是这群乌合之众，成了刘豫倚重的对象。其中就有南宋水军都统制徐文，因为与主将阎皋闹矛盾，他一气之下带着六十艘海船脱逃，从明州来到盐城，投靠刘豫，得到重用。

为了扩展"伪齐"的地盘，刘豫还多次派兵攻打南宋控制的庐州、随州、邓州、襄阳等地。但由于刘豫手下将领大多是些贪生怕死之辈，往往与南宋的军队一触即溃。这也使刘豫逐渐"丧心病狂"。他利用南宋朝廷对金人的恐惧心理,通过金人向南宋提出把长江以北地区划归"大齐"的无理要求。遭到拒绝后,他不惜引狼入室,企图联合金人,彻底灭亡南宋。他又下令二十岁以上、六十岁以下山东男子全部上战场,每一次战斗都是中原士兵冲在前面,金兵在后面督战,一旦有人行动迟缓,则会被金兵无情地杀死。

第四节　无奈的撤退

再说完颜宗弼自被韩世忠和岳飞打得从建康狼狈而逃后,又顺着运河向北继续撤退到承州,在这里宋军本有机会进行拦截。但是,宋军中"逃跑主义"盛行,很多贪生怕死的将士,战争还没开始便纷纷溃散,即便是勉强留下来的,也都各自为战,不成战力。这就给金人攻取承州制造了机会。他们拿下承州之后,随即又将矛头对准了楚州,却不料遭到守城知州赵立及将士们的顽强抵抗,进攻受阻。完颜宗弼正准备加强攻势,忽然接到金国朝廷的命令,要他向西撤退,他便将围攻楚州的任务交给了大将挞懒。

挞懒同样是金国的一员猛将,能力不在完颜宗弼之下,而且野心勃勃,坚决要灭掉南宋,还曾因为完颜宗弼没能够活捉高宗而写信嘲笑过他。在接到任务后,挞懒立即对楚州发起猛烈的攻击。赵立虽然能战,但毕竟兵力有限,楚州告急,急忙向朝廷请求支援，赵构本想派张俊带兵前去救援，张俊拒绝说："金军规模庞大，一旦派兵救援，无异于徒手搏虎，自寻死路。"赵构便又改派刘光世前去救援，下诏书说："楚州危急，此乃唇亡齿寒之急，只能依靠你来解围了。望你速速渡江，以身督战，勠力同心，尽忠职守，以解楚州之危。"

刘光世虽然麾下有数万兵力，却同样是贪生怕死之辈，所以并不愿意增援，但他又不敢违抗命令，便以重兵屯守镇江府，另派一少部分兵力渡过长江，绕道天长军向楚州进发。天长军距离楚州路途遥远，刘光世此举显然是故意拖延时间，高宗甚至给刘光世去信，用近乎哀求的语气让他出兵，许诺封王赐爵，刘光世依然不为所动，情急之下，朝廷改派此前战绩不错的岳飞前去增援。

八月十五日，岳飞接到救援楚州的任务，他没有迟疑，整顿军队后，于十八日从宜兴出发，率军北上直奔楚州。二十一日，岳家军来到江阴军，此时楚州已经完全被金军包围，危在旦夕。岳飞听到消息，又加快了行军速度，将辎重部队安排妥当后，自己先行与一支骑兵于二十六日抵达泰州。九月九日，岳家军完全开进泰州城。

此时的泰州经过了多次战火的洗礼，早已面目全非，百姓流离失所，更别说农业生产了，军队的补给就成了最大的问题。当时岳飞率领的军队和泰州现有的军队加在一起不下七万人，正逢深秋季节，士兵们又饿又冷，军心涣散。岳飞对此深表忧虑，但也束手无策。即便如此，他依然坚决主张救援楚州。为了体现对当地军队的信任，他特意从当地军队中选拔出一百名武艺高强者作为自己的亲兵，既调和了旧部与泰州当地军队的关系，又赢得了众将士的爱戴与拥护。岳家军在缺衣少食、忍饥挨饿的情况下开始备战。岳飞仍然严格要求军队，不许有任何扰民的行为发生，从而得到通、泰两州民众的信赖与支持。

九月二十日，岳飞看到时机成熟，决定发起对楚州的救援行动，他让部将张宪留守泰州，自己亲自率领一部分精兵强将来到承州以东地区。这时候，承州驻扎着大量的金兵，对岳家军造成非常严重的威胁。岳飞组织军队接连向金军发动了三场战役，全部获胜，极大地振奋了士气。即便如此，岳家军仍然因为兵少将寡、缺衣少食而无法突破金军的层层拦截，楚州的危急形势并没有因为岳家军的支援而得到缓解。就在岳飞与金军激战的同时，楚州城下的金军也没有闲着，他们加紧了攻城的步伐，昼夜不停。此时，赵立已经阵亡，其部将依然坚强不屈，带领城中百姓与金人激烈对抗，城破后，双方又展开巷战，楚州军民给金人造成了沉重的打击，但是依然无法阻挡金人前进的步伐。九月二十五日，楚州沦陷，金军掌握了渡淮的交通要道，两淮地区几乎全部陷入金人之手。

拿下楚州后，挞懒变得更加不可一世，认为整个南宋都不堪一击，因此野心膨胀，要将南宋皇帝赵构俘虏，带回金国。他按照完颜宗弼原来的战争路线，先从通州、泰州下手，然后渡江南下，直取杭州。计划既定，他便集结所有的兵力对岳家军发动猛烈攻击。与此同时，岳飞也接到退守通、泰的指令，只好率军且战且退，撤回泰州。建炎四年（1130年）十一月，挞懒率领二十万大军追赶岳家军到泰州。

考虑到泰州粮草匮乏，且无救兵，其周围又一马平川，无险可守，双方兵力悬殊等一系列问题，岳家军毫无胜算把握，因此朝廷下令："泰州能战则战，能守则守，若不可守，则保护百姓撤退到长江以南。"岳飞非常清楚自己的处境，为了保证百姓和军队的安全，他率军退出泰州，来到泰兴县柴墟镇，安排部分军士护送百姓撤往江阴，自己率领岳家军留下来阻击金军。面对强大的敌军，岳家军毫不畏惧，在岳飞的率领下与敌人展开激战。岳飞身先士卒，指挥将士们顽强作战，在南坝桥大败金兵，歼敌七千余人，并救出了被困的百姓。①《江苏省鉴》载，柴墟即今之口岸，岳飞屯军于此，扼金兵，留有"得胜""雄风"二坊，字迹刚劲，飞所书也。柴墟地区的百姓为了缅怀岳飞，在口岸镇东南辟地十余亩，建造了岳王庙，庙内还收藏了岳飞当年驰骋疆场、鏖战金兵时用的战鼓、衣甲等物。庙前还有秦桧夫妻的石雕跪像。庙宇的东南角用红漆栏杆围着一棵槐树，相传该树是岳飞当年抗金时所乘战马的"系马槐"。这些遗物不论是真有其事，还是传说、传闻，都充分表明了柴墟的百姓对岳飞深切的怀念之情。

泰州一战，岳家军虽然给敌人造成了一定的打击，但自身也遭受了巨大的损失，此时的岳家军已经疲惫不堪，别说再去收复承州、楚州，就连泰州、通州也无法保住，而在这个过程中，刘

---

① 李诚存著. 高港港史. 武汉出版社，1989。

光世未发一兵一卒。岳飞扼腕叹息,向皇帝上书请求降罪。赵构当然明白战争失败的原因完全不在岳飞。处罚岳飞,只会让朝中更加无人领兵抗敌,因此对岳飞免去责罚,令他驻防江岸,以阻挡金军渡江。岳飞领命以后,率军驻守江阴,从此进入他军事生涯的另一个阶段。

此时的岳飞已经是南宋抗金力量中的中流砥柱,按说应当受到朝廷的重用,却只被委任通泰镇抚使、兼知泰州,辖区在扬州以东,即从泰州到南通一带。

第七章 平定流寇稳江山

岳飞担任镇抚使以后,开始施展自己的才华,率领岳家军平定了李成、曹成等人的叛乱,使南宋的政权更加稳固。他不仅在领兵打仗方面独树一帜,而且襟怀宽广,在国家利益和个人恩怨面前,总是将前者放在第一位。他的同胞兄弟被流寇杨再兴所杀,但大敌当前,他宽恕了杨再兴,并与之结为异姓兄弟。岳家军在他的领导下规模越来越大,他在朝廷中的地位也越来越高,但他并没有得意忘形,仍然时刻牢记自己的使命,严格要求自己,严格要求部队,从而使岳家军永远立于不败之地。

第一节 秦桧得势

秦桧,字会之,为江宁人,出生于黄州江边一条船上,最初居住于常州，后移居江宁。秦桧的父亲名叫秦敏学，曾先后担任玉山、静江府古县县令。秦桧也算得上博学多才之人，早年间曾担任私塾先生，靠微薄的束脩生活，日子过得相当艰苦，因此心中颇多不满。

政和五年（1115年），秦桧考中进士，补为密州教授。不久，他又在一次大考中得中词学兼茂科，被提拔为太学学正。

靖康元年（1126年），宋金激烈交战，秦桧上书要求对金持强硬的态度，不可退让。这年十一月，金军包围汴京，向宋朝狮子大开口索要三镇，秦桧再次上书，提出四点建议：一、请求召开百官商议对策；二、加强防守；三、拒绝金军使者入城；四、最多向金军割让燕山一路。但宋钦宗一味求和，拒绝秦桧的建议，并将他贬为职方员外郎，不久又改其为干当公事，归在张邦昌的属下。当时，张邦昌为河北割地使，负责向金军割让土地事宜，秦桧认为这一职位与自己的主张格格不入，多次上书请辞，但均遭到拒绝。

为了让金军撤退，北宋打算割让太原、中山、河间三镇，遂派秦桧、程瑀为割地使，陪同肃王赵枢到金营谈判。结果，赵枢被金兵扣留，说等割地之后才能放回，秦桧等人则从燕京返回。到了汴京后，在御史中丞李回、翰林承旨吴开的推荐下，秦桧担任殿中侍御史，升为左司谏。不久，王云、李若水又奉命出使金营，见到金军元帅，得到的答复是北宋必须割地，否则便再次发动攻击。钦宗对此犹豫不决，召开百官商议对策，结果有七十多人同意，三十多人反对，秦桧便在反对之列，也因此被提拔为御史中丞。

汴京沦陷,金拥立张邦昌为伪楚皇帝,秦桧时为御史大夫,向金人进状痛斥张邦昌,乞立赵氏后代为帝,被金人扣押,后与徽、钦二帝一起被押解回金国,这也是秦桧日后得到重用的最主要的资本之一。五月,赵构在应天府登基,建立南宋。宋徽宗得知消息,忙写信给金帅粘罕,表示愿意议和。这封信到了秦桧的手中,他又加工润色一番,将信送给粘罕,并以厚礼贿赂。金太宗完颜晟对于秦桧颇为欣赏,便将其赐给弟弟挞懒。秦桧看到宋朝复国无望,便选择了投降,并成为挞懒最宠信的汉人,在后来的南下入侵中,挞懒一直将他带在身边。他的妻子王氏也随军南下。在楚州之战中,秦桧听从挞懒的指挥,曾向宋军喊话劝降。

为了从内部瓦解宋朝统治,在淮南之战中,挞懒让秦桧夫妇假装逃跑,带着贵重的财物从楚州向南,而他则派人在后面追赶,以避免引起宋朝廷的怀疑。秦桧带着王氏顺利渡过长江,来到宋朝的都城越州,见到了南宋新帝高宗赵构,并且因为之前的"忠义"表现,得到了高宗的重用。从此以后,他一有机会便向赵构大献殷勤,并故意暴露自己与金兵主帅挞懒关系密切,向赵构暗示,如果想与金人谈判,自己可以充当使者。赵构正愁和谈找不到合适的人,秦桧的话正中他的下怀。绍兴元年(1131年),赵构将他提为右宰相,兼知枢密院事,秦桧一举掌握了南宋朝廷的军政大权。

当上了宰相后,秦桧便可以参与制定国策,他利用这样的机会开始实施破坏行动,首先向赵构提出"南人归南、北人归北"的建议,他说:"愚以为,要想天下无事,须是南边归南边,北边归北边才行。"这一提议正好对了赵构的胃口。不久,他又向赵构献上《与挞懒求和书》,极力唆使南北议和,并主动要求担任大使的角色。

秦桧在金国待了四年之久,刚回到南宋,便当上了宰相,他之所以不怕百官的怀疑,又冒着被赵构杀头的危险提出南北分治的政见,是因为他已经完全掌握了赵构贪生怕死和贪恋皇帝宝座的心理。早在金国的时候,他已经从挞懒的口中得知赵构多次派使者出使金国,希望和谈的意向。不过,那时的金军占据绝对优势,坚决要消灭大宋,所以不愿意和谈。而现在,南宋已经建立,而且差不多站稳了脚跟,金国想要消灭南宋也不是一件可以速战速决的事情,应徐缓图之,逐步蚕食。且赵构仍然寄希望于议和,秦桧因此才敢于提出自己的建议。

在几次主动要求和谈失败后,赵构开始认识到现实的残酷,没有一定的军事实力作为后盾,自己连和谈的资格都没有。于是,他一边积极筹备和谈,一边启用韩世忠、岳飞、吴玠等抗金将领。后来,这三人在东西战场上取得重大胜利,舆论又开始倒向主战派,秦桧的言论惹得朝野哗然。赵构迫于舆论的压力,便乘吕颐浩、黄龟年弹劾秦桧"专主和议,沮止恢复",罢免了秦桧,并且表示永不录用。

当时,南宋的主要兵力均来自陕西、河北、河南等地,建炎三年(1129年)二月,扬州失守,金人在城内大张旗鼓地宣传"西北人从便还乡",其实就是要釜底抽薪,让南宋无兵可用。而这正和秦桧所提出的"南边归南边,北边归北边"的建议不谋而合。赵构如果采纳了这一建议,将从北方和中原一带而来的将士全部遣返原籍,无异于自毁长城。赵构本人也感慨:"朕北人,将安归?"

从秦桧被罢免这一件事上不难看出,赵构在与金人和谈这件事上也有一定的矛盾心理,他既想和谈,又害怕成为金人的俘虏,启用韩世忠、岳飞等人不过是为了增加和谈的筹码罢了。至于像赵构这样为了保全自己,甚至可以主动去皇帝号的人,是战到底,还是"和为贵",结局已经可以预见。

第二节　平李成收张用

为了达到以最小的伤亡换取最大胜利的目的,金朝想到了在南宋朝中培植秦桧之类的奸细,逐步分化抗金势力的办法,同时放缓了对南宋的进攻,这让南宋有了喘息的机会。

再说南宋内部,因为金军的入侵,百姓流离失所、饥寒交迫,有的人背井离乡谋求生路,有的人则聚众为盗,祸害一方。尤其是在江西、湖南一带,更是成为盗贼的聚集之地,还爆发了不少农民起义,他们联合起来公然对抗朝廷,严重威胁着南宋的统治。

赵构虽然在应对金兵入侵这方面表现得十分软弱,但在镇压游寇和农民起义这方面一点也不手软。当时，在江淮、两湖地区有三股势力实力最为强大，首领分别为李成、张用、曹成，是赵构的心头大患。其中，李成手下有数十万兵力，自称"李天王"，势力范围覆盖了江淮十几个州县，甚至还曾包围江州长达三个多月时间，打败了朝廷派出的几路救兵，震惊朝野。赵构知道，这些拥兵自立的割据政权相对于金兵而言离他更近、更具威胁性，于是，他任命江南路招讨使张俊为江淮路招讨使，前去征讨李成。这一次他采取了威胁性的口吻："今日诸将，独汝无功。"张俊自然知道话中的分量，不敢不服从命令，但又害怕自己难以胜任，他想到了百战百胜的岳飞，遂上书赵构，请求让岳飞与自己一同出征，赵构允许。

绍兴元年（1131年）正月初十，岳飞接到朝廷的旨意，要他率军前去协助张俊平叛，听从张俊的调遣。岳飞听命再次率军出征。

此时李成部将马进准备进犯洪州，张俊提前一步进入城内，与马进对峙了月余，一直采取被动防守的策略，军中士气低迷，岳飞的到来给了将士们极大的鼓舞。岳飞在仔细地分析了敌情之后，向张俊提出一个建议，他自己为先锋军，带领一部分将士由洪州赣江上游绕到敌后，对敌人发起突然袭击。

三月七日，在岳飞的率领下，岳家军悄悄渡过赣江，趁马进不备发起突然袭击，双方随即展开激烈交战。岳飞一马当先，率领军队冲入敌营，直杀得马进部人仰马翻，四散逃跑。马进也骑马逃跑，岳飞在后面紧紧追赶，途经一座残破的小土桥，岳飞率领几十骑刚过了桥，大部分岳家军还在桥的另一侧，桥突然垮塌了。马进看到岳飞只有几十人，遂反扑过来。岳飞取出弓箭，一箭射死马进的先锋官，又率领几十名部将奋勇作战。随后赶过来的张俊急忙派人将桥修好，指挥大军过桥，支援岳飞。马进知道自己继续抵挡下去只有死路一条，遂向筠州方向仓皇而逃。

岳飞率领将士们星夜兼程，赶到马进的前面，在朱家山设下埋伏。马进对此毫不知情，进入岳家军的埋伏圈内，岳飞一声令下，大军如潮水般冲出来，打得马进措手不及，只得丢盔弃甲，带着十几个残兵败将继续逃跑。

李成得知马进被打败的消息，让马进退守江州，自己亲率重兵迎战。李成在洪州奉新县一座草山设伏，准备"以其人之道还治其人之身"，却不料被岳飞识破。张俊得知消息后，指挥大军由小路冲上山顶，将伏兵杀得片甲不留，夺取草山，彻底粉碎了李成的计划。

草山一战让李成部损失惨重，再也无力和朝廷对抗，只好逃到洪州武宁县，又恰逢洪水暴涨，他和部将们还没来得及渡河，岳家军已经以排山倒海之势追杀过来，李成惊慌失措，再次败逃，后投靠伪齐政权，江南再也看不到李成这支匪军。

李成只是江西众多与朝廷对抗势力中的一支力量，另外还有张用的力量也不容小觑。张用是岳飞的老相识，曾经和王善一起归于宗泽的麾下。宗泽去世后，张用又转投杜充，因对杜充不满而离去，后成为游寇。他手下聚集着不下五万兵力，驻扎在瑞昌，威胁江州。

张俊自然不敢贸然攻击，便找来岳飞商议对策，岳飞不假思索地说："此贼可徒手擒！"

在此之前，岳飞已经与张用多次较量，无一败绩。尽管如此，张俊仍然不放心，特意给岳飞又调拨了三千兵马。

其实，岳飞这一次没有打算对张用用兵，而是采取了劝降的方式。他写了一封言辞恳切、又颇有震慑意味的书信派人送给张用，信中写道：

> 吾与汝同里人，忠以告汝：南薰门、铁炉步之战，皆汝所悉也。今吾自将在此，汝欲战，则出战；不欲战，则降。降则国家录用，各受宠荣；不降，则身殒锋镝，或系累归朝廷，虽悔不可及也。①

张用认真地分析了当前的形势：李成已经战败，逃得无影无踪；占据鄂州的李允文也被张俊生擒，即将押送到越州；三个互成犄角的势力已经去掉了两个，只剩他一人孤掌难鸣。现在，大军压境，岳飞顾及同乡的情分，方才没有急于出击，如若执迷不悟，继续与朝廷对抗，将会被无情地剿杀。张用当然知道岳飞的厉害，又被岳飞的真情所打动，遂主动放下武器，开城投降。就这样，岳飞不费一兵一卒，收复了瑞昌。

---

① 《金佗稡编》卷五。

收降张用之后，岳飞留下驻守洪州，张俊则回朝复命。接下来，岳飞又相继收编了几股小的势力，将他们逐渐打造成可用之军，使岳家军的力量很快壮大起来。

经过这一次的平定流寇事件，张俊彻底领教了岳飞高超的军事谋略和战斗能力，回到越州后，他极力向赵构推荐岳飞，为岳飞请功。赵构自然欣喜，当即便将岳家军提升到神武右副军的规格，任命岳飞为统制，继续驻守洪州。

的确，在这一次的行动中，岳飞所取得的胜利对于全局起到了关键性的作用，受到朝廷的嘉奖也在情理之中。

岳飞驻守洪州后，依然军纪严明，严禁军队扰民，将士们也都非常自觉，从没发生过"顶风作案"的事情。百姓也非常欢迎岳家军的到来，将将士们视为自己的亲人；当地的士大夫听闻岳飞文采飞扬，也纷纷前来拜访，与他相谈甚欢。这可以说是岳飞一生中最为得意畅快的时刻了。

第三节　平曹成得再兴

其实，岳飞的名声在扫平土匪戚方之时便已经传开了，引起许多朝野士大夫的注意，他们纷纷向朝廷上书，对岳飞大加赞赏："岳飞骁武精悍，沉鸷有谋，临财廉，与士信。"平定李成，收降张用之后，岳飞更是名声大振，当初那些士大夫再次向朝廷上书，引用岳飞对部下所讲的话，要使后世书册中，知有岳飞之名，与关、张辈功烈相仿佛耳！建议朝廷对岳飞加以爵赏，使他与韩世忠、刘光世平起平坐，共同抗金。

自赵构登基以来，在抵御金军方面真正做到可靠、有效的也只有宗泽一人，却不能力挽狂澜，壮志未酬身先死。他留下的各种建制也被杜充打乱，就连担任皇宫护卫的神武军也名存实亡。后来，金军攻势暂缓，赵构终于可以松一口气，便开始整顿神武军的建制，任命张俊统率神武右军，韩世忠统率神武左军，陈思恭统率神武后军，王燮统率神武前军，四人均为统制级别。

宰相范宗尹认为，岳飞无论是在功劳还是作战能力，以及带兵经验方面都不输于韩世忠、张俊等四人，甚至略胜一筹，便极力在赵构面前推荐岳飞："张俊自浙西来，盛称岳飞可用！"赵构也通过这几次大战看到了岳飞的非凡之处，遂将岳家军转为神武右副军，这标志着岳家军由一支地方部队晋升为皇帝的禁军。不过，岳飞的官职并没有因为军队级别的提高而提高，他在汴京失守之前便是统制级别，至今仍然是统制，这不由得让很多人替他感到不公，而岳飞自己却丝毫不在意，依然坚守着自己的初衷，壮志报国，不计得失。

除了那些士大夫之外，岳飞的部下更加替主将感到不平，认为岳飞的官职根本无法和他的功劳相匹配。其中有一个叫高泽民的人，是岳飞帐下的一名文书，曾多次向枢密院致信，希望能够让岳飞担任都统制，最起码也要相当于都统制的职务。书信被奏于赵构，赵构也认为岳飞所管辖的军队规模达到了两万，早已超过一般统制统兵数千人的规模，更因其功劳卓著，且又是当下朝中用人之际，将岳飞提拔为都统制也是合乎情理的。

刚好这时候曾担任神武副军都统制的辛企宗因为在镇压农民起义中没有什么功绩，赵构便让岳飞顶替其位，并赐予岳飞金印一枚，自此以后，岳飞成为神武副军都统制。

荣升都统制，标志着岳飞正式跻身于大将行列，与刘光世、张俊、韩世忠三人并称南宋四大将领。因为他们经历了北宋特殊的历史时代，肩负中兴南宋的大业，故又称"中兴四将"。当时，韩世忠四十二岁，刘光世四十二岁，张俊四十五岁，而岳飞为四人中最年轻者。岳家军将士为此而感到自豪，倍受鼓舞。

上任不久，岳飞便被委以重任，奉命率领本部人马镇守潭州，担任知州兼荆湖东路安抚使、都总管。同时，朝廷又任命李纲为荆湖、广南路宣抚使，前往湖广一带剿灭活动在那里的土匪曹成，并让岳飞、韩世忠皆听从他的调遣。岳飞接到命令，立即出发，前往南昌与李纲汇合。

绍兴二年（1132年），平定曹成的大军集结完毕，从南昌出发，前往湖广。消息传到几百里外的曹成的耳朵里，他惊恐非常，急忙安排各部分头逃跑，而他自己则留在贺州。岳飞率军沿赣江而上，穿过武功山与万洋山之间的谷地，来到湖南茶陵。起初，岳飞并不想对曹成刀兵相向，他心中的敌人依然是北方的金朝，他想像招降张用那样收降曹成，所以没有急于进攻，而是先派一部分兵力到郴州、桂阳探听消息，看曹成有没有投降的意向。被派出去的士兵们回来向他报告说，没有打探到曹成想要投降的消息。岳飞不甘心，又多次写信，对曹成动之以情，晓之以理，但每次都遭到曹成的拒绝。考虑到还要抵抗金人有可能发动的进攻，岳飞不敢再拖延下去，只好选择强攻。

闰四月，岳飞率领大军进驻贺州，曹成也在太平场布下数十里的阵地，准备与岳飞决一死战。就在战争一触即发之时，岳家军捉到曹成军中的一个密探，送到岳飞处审讯。

岳飞得知消息，心生一计，与手下唱了一出"双簧"。在审讯过程中，忽然有手下来急报，岳飞故意走到帐外，假装安排调遣军粮之事。

手下的一个官吏对岳飞说："如今军中粮草缺乏，该如何是好啊，将军？"

岳飞叹了口气道："哎，真是天不佑我，只能先行撤退，再做计议了。"

岳飞装模作样地安排了一番后，带着失落的表情回到帐中，继续审问曹成的密探。一番审问未果，岳飞命人将他收押，又整顿军队，拔营撤军。岳飞又制造机会，让这名密探逃跑。此人回到军中后，将"消息"报告给了曹成，曹成非常高兴，立即通知全军准备追击岳家军。

上演了一出"蒋干盗书"的戏码后，岳飞率领岳家军在半夜里悄悄撤退，转了一圈后又突然返回设下埋伏，待曹成部进入埋伏圈，便向曹成部发起迅猛的攻击。曹军猝不及防，被打得晕头转向，所有营寨被烧，全部守隘之兵都被歼灭。曹成惊慌失措，急忙逃窜，一直跑到贺州北二十里处，再次纠集三万多人，据守莫邪关，企图负隅顽抗。

岳家军前军统制官张宪奉命攻关,其部将郭进骁勇善战,力大无穷,他不顾箭矢如雨,一马当先,冲过去挥枪刺死曹成麾下的一名旗头,敌人阵脚顿时大乱。张宪趁机率军冲进关口,很快便将敌人杀退,夺取莫邪关。在这一仗中,因为郭进的功劳最大,岳飞当时便解下自己的金束带赏赐于他,并当场提拔其为秉义郎。

莫邪关失守后,曹成部撇下大量的辎重物资和家眷,仓皇逃窜。岳家军进入关中,追击还没有来得及逃跑的敌人。其中有一个名叫韩顺夫的将领,破关后放松了警惕,不顾军令,竟然脱下盔甲饮酒作乐起来。不料曹成的部将杨再兴突然反扑过来,韩顺夫匆忙迎战,一只胳膊被杨再兴砍下,因流血过多而死亡,其部下也死伤惨重。岳飞对此十分震怒,下令一定要生擒杨再兴,并责令部下,再有不遵守军令者,严惩不贷。

杨再兴非常勇猛,岳家军中无能与之对抗者,连失几员战将,甚至岳飞的弟弟岳翻也被他杀死。已经逃跑的曹成得知杨再兴获胜,又领兵返回与杨再兴会合,牢牢控制住桂岭入口的"三隘"北藏岭、上梧关、蓬岭。曹成认为,控制了这"三隘",完全可以抵挡岳家军的进攻。

很快,岳飞率军追赶过来,由于兵力并不占优,岳飞打破平时用兵之法,命将士们虚张声势,全部出动,以排山倒海之势冲杀过去,喊杀声震天动地。敌人看到岳家军势如潮水,惊恐非常,其都统领王渊首先败退,曹军一时大乱,岳家军一鼓作气拿下了北藏岭、上梧关。曹成恼羞成怒,下令夺回这两个关口,但损失了很多兵将都未能如愿。曹成仍然不死心,他亲自坐镇第三关——蓬岭,将大军从桂岭至北藏岭布营立寨,长达六十多里。这时候,曹军已经再次完成集结,依然有数万之多,而岳家军不过八千有余。

虽然众寡悬殊,但岳飞并不害怕,他在蓬岭下布好阵势,为即将进行的总攻做准备。十五日一早,总攻开始,各路大军同时向关口冲锋,曹成部被岳家军勇猛的气势吓到,纷纷放弃了抵抗,四散溃逃。岳飞立即对张宪、王贵、徐庆等部将传达命令:"曹成败走,余党尽散,追而杀之,则良民胁从,深可悯痛。吾今遣若等三路招降,若复抵拒,诛其酋,抚其众,谨毋妄杀!"

岳飞将被迫为寇的平民百姓和罪大恶极的游寇首领进行区分,不滥杀戮,充分体现了他的睿智和怜悯之心,也赢得了当地百姓的尊敬和拥护,特别是那些被胁从者,纷纷放下武器表示愿意投降。曹成率领一部分残兵败将逃往广东连州方向,张宪穷追不舍,曹成穷途末路,又慌忙逃往湖南郴州。可是,他还没有来得及喘口气,王贵又率领一路精兵从贵阳追过来。曹成惶惶如丧家之犬,又转身逃向邵州。岳飞早已料定,派徐庆率部自道州追至邵州。

曹成一路逃跑,损兵折将,有不下两万兵马归降岳飞。对于来降者,岳飞予以优待,愿意随军作战者,欢迎留下;不愿意者,送其回家。此举又赢得了降兵们的好感,纷纷表示愿意留下来。曹成看到岳家军势不可挡,又仓皇逃往江西,不料遇见从福建回师的韩世忠部队,在走投无路之下,曹成率部投降了韩世忠。

然而，曹成的部将郝晟、杨再兴还在做着最后的挣扎，他们率领一部分人马逃到沅州，被张宪带兵追赶，杨再兴身临绝境，飞马纵入深涧。张宪下令所有弓箭手瞄准杨再兴。杨再兴自知在劫难逃，身为一员猛将，他此时已经对岳家军的勇猛感到敬佩，最后的愿望就是见一见岳家军的首领——岳飞，那也死而无憾了。于是他丢掉武器，对张宪大声说："愿执我见岳飞！"

张宪遂命人放下弓箭，让杨再兴从山涧中走出来，将其捆绑起来，带到岳飞的面前。

看着眼前的杀弟仇人，岳飞气血翻涌，恨不得手刃仇敌。然而，他深知国难当头，此时正是朝廷用人之际，而经过几战，他知道杨再兴是非常难得的武将人才，若可收为己用，让他在抗金中发挥才能，必会使岳家军如虎添翼。

岳飞面带怒意地说："大胆杨再兴，你可知罪？"

杨再兴以为自己必死，于是也不屑地道："可是杀你兄弟之罪？战场之上刀枪无眼，各为其主，难道其他将领死得，你岳家的将领就死不得吗？"

岳飞一拍桌子道："糊涂！翻虽为我兄弟，但他为报效国家而死，虽死无憾。而如今金人入侵，国难当头，你等不思报国，却啸聚山林，为害一方，实不应当。我观你武艺上乘，何不去杀金人以报国耻，而在这里与我大宋军士自相残杀，岂不让外敌拍手称快吗？"

杨再兴被岳飞一番话震慑，低头无语。此时，岳飞走了过来,亲自为杨再兴松了绑,态度诚恳地说:"我敬你是名壮士,今不杀你,你当以忠义保国家,不可再与朝廷为敌!"

杨再兴本来认为自己必死无疑,没想到被饶了一命,他对岳飞非常感激,叩头拜谢说:"再兴糊涂,愿意跟随大将军驰骋沙场,杀敌报国!"

岳飞得到一员大将,非常欣慰,下令摆酒设宴以示庆贺。席间,众将纷纷举杯发誓,要终身追随岳飞,杀敌报国,共驱外辱。此后,杨再兴果真一直追随岳飞,立下战功无数。

赵构得知曹成被岳飞平定,归降韩世忠后,高兴得合不拢嘴,当即提拔岳飞为中卫大夫、武安军承宣使、御前神武副军都统制,对其他将士按功嘉奖。之后,他命岳飞率军驻守九江,以保护长江中游的安全。

第四节 在困境中求生存

经过一连串的平寇之战,南宋王朝的大后方稳定了,但岳飞并没有因此而得意忘形,反倒更加忧虑。因为他担心在自己平寇的这一段时间里金军会有所行动。毕竟对于南宋,最大的威胁还是来自北方的金军,于是岳飞上书朝廷,请求出战,收复失去的故土。为了不让朝廷产生戒备心理,他甚至主动提出将老母、妻子留在朝中作为人质,却遭到赵构的拒绝。

惧怕金军只是赵构拒绝出兵的一个原因,更深层次的原因是，赵构担心岳飞真的打败了金军，将徽、钦二帝迎回，他的皇位就有可能不保，这也是后来赵构默许甚至纵容秦桧等人诬陷和杀害岳飞的重要原因之一。赵构的自私和短见，让南宋一次又一次失去了光复的机会。岳飞的上书虽然代表了广大爱国志士和百姓的热切愿望，却不符合最高决策者的利益，无法实施。因为壮志难酬，岳飞心中甚感郁闷，在回师途中，他路过湖南祁阳县大营驿，不禁心生感慨，在一块石头上题词：

他日扫清胡虏，复归故国，迎两宫还朝，宽天子宵旰之忧，此所志也。顾蜂蚁之群，岂足为功？

平定这些流寇，在南宋朝廷看来已经值得庆贺，可岳飞却将其看作蝼蚁之功，字里行间充分地表达出了他志在驱除外敌，保家卫国的志向。岳飞成为南宋抗金的绝对主力大将，统领一支最盛时有十万人的军队。作为在外镇守的大将，难得有面见皇帝的机会，岳飞在面君时，仍不忘向赵构阐述自己复国的理想。对此，赵构也听得非常认真，看上去很是欣赏的样子，岳飞因此受到极大的鼓舞。

岳飞不像其他军事将领那样有着显赫的家族背景，从小过着富足的生活。岳飞的幼年、少年，甚至青年时代都是在贫寒中度过的，他经历了金人的入侵，亲眼看到自己的同胞惨死在金人的铁蹄之下，心中对金人有着强烈的仇恨。从军之后，他又看到山河破碎，满目疮痍，心中更是熊熊燃烧起复仇的火焰，将驱除胡虏、恢复旧山河、拯救黎民百姓当作自己的使命。面对困境,他自强不息,以顽强的意志和强大的战斗力,以及视死如归的精神一次次打败金军,荡平贼寇,从而取得朝廷的信任和将士们的一致拥护。他自二十岁入伍,从一个小小的列校做起,一步一个脚印,最终坐上统领十万兵将的大元帅之位,这个过程十分不易。

正是因为特殊的出身和经历,让他目睹了诸多军队欺压百姓的事件,非常深刻地体会到了军民之间那种难以调和的矛盾,尤其是军政的腐败和涣散的军队风纪,更让他感到深恶痛绝。因此,在拥有了属于自己的队伍之后,他严格约束部下,坚决不容许有欺压百姓的行为发生,并且制定了诸多律例,以规范军队的纪律,维护岳家军的荣誉,保持军队强大的战斗力。

在几千年的奴隶社会和封建社会中,士兵凭借手中的武器欺压百姓的事情早已司空见惯,但岳家军完全不同,它是一支真正纪律森严、爱民为民的队伍。岳家军之所以能一直保持着如此优良的传统,和岳飞对下属的严格要求固然分不开,而另外一个更加重要的原因是他不徇私情,无论亲疏,一视同仁。

有一次,岳云奉命率领几千人攻击敌营,为了保证战争的胜利,岳飞同样命他在上阵前立下军令状:"若不胜,先斩汝!"战斗中,岳云奋勇杀敌,最后取得胜利。还有一次,军队进行训练,将士们全都身穿笨重的铠甲,骑马跳跃壕沟,轮到岳云的时候,因为他的战马摔倒而失败,这本是件小事,但是为了彰显军纪,岳飞选择了从重处理,按军规将岳云鞭打了一顿。

岳飞虽然取得了令人瞩目的成绩，但他从不居功自傲，平时为人低调，说话办事谦虚谨慎。每一次战争取得胜利，他从不将功劳归于自己，开口便说："这都是将士们的功劳，我不过是尽了一点绵薄之力罢了。"

　　但是，在关于国家命运的大是大非问题上，岳飞又表现得非常激进，他刚直不阿，最看不惯朝中官员勾心斗角，贪赃枉法，尤其是对于一些胆小如鼠的投降派官员，更是嗤之以鼻，言语犀利，常常令他们无地自容。

第八章 收复六郡扩疆土

岳飞一生最大的愿望就是收复丢失的土地，恢复大宋的版图，迎"二圣"平安回归。为了实现这一愿望，他一边抓紧对军队的训练，一边不断上书，请求高宗允许自己带兵北伐。在他的坚持下，高宗终于同意了他的请求。于是，他立即带兵出征，与金人扶持的伪齐政权进行了多次战斗，成功收复襄阳六郡。

第一节 上书请命

平定了曹成之后，岳飞奉命担负起了长江中段的防御工作，他派五千兵马驻守虔州，自己则率领一小部分兵马驻扎在江州。

此时，在江北的中原地带的伪齐刘豫政权对金人唯命是从。为了扩大自己的力量，以更好地对抗南宋，刘豫收留了被岳飞逼得走投无路的李成,并任命其为伪齐军事主帅。同时,刘豫还重金收买大批北宋时期的旧臣和具有影响力的公众人物,以稳定自己的政治地位。然而事与愿违,他的种种卖国求荣的行为遭到了中原大批正义之士的反对,他们纷纷揭竿而起,公然对抗伪齐政权。在洛阳之南的伊阳便有一支义军,首领名叫翟兴,他坚决抗击金军,曾出兵收复洛阳,成为刘豫的心头大患。刘豫多次派兵前往围剿,却屡屡失败。刘豫恼羞成怒,买通了翟兴的部下,将其暗杀。

翟兴死后,其子翟琮接替了父亲的职位,成为义军的首领。他对父亲的被害愤怒至极,发誓一定要替父报仇。他知道单凭自己的力量无法抗衡刘豫,便派出使者联合南宋襄阳驻军统帅神武左副军统制李横、随州知州李道,同时又暗中派人联络伪齐政权内部伺机起义的爱国将领彭玘、赵起、朱全、牛宝、朱万成等,准备一举消灭伪齐政权。时机成熟以后,他们便开始向刘豫发动攻击。

义军兵分三路,李横、彭玘率领一路先后攻取了汝州、颍昌、信阳等地,直逼汴京;翟琮和赵起、董贵、赵通等率领另一路攻取洛阳,擒获伪齐政权的河南尹孟邦雄;李道率领第三路攻打唐州,收降伪齐唐州知州胡安中。

刘豫看到义军的攻势迅猛,急忙向金人求助,金国忙派完颜宗弼赶来支援。完颜宗弼与李成会合后来到汴京西北羊驰岗,遭遇牛皋和李横的阻拦,双方发生激烈的交战。这时候,牛皋还没有投到岳飞麾下,他和李横并肩作战,却未能挡住金军的重甲骑兵，最终败退。同时，在邓州、随州、襄阳、郢州方面也相继传来不好的消息，金军节节胜利，南宋官民联军难以抵挡。还有洛阳方面，翟琮也被金军赶了出来，局势对联军非常不利。

襄阳、郢州、随州为南宋在长江以北抗击金人的一道十分重要的屏障，又是襄阳通往四川的要道，而今这道屏障被打破，尤其是襄阳的丢失，直接切断了南宋朝廷与四川守将吴玠的联系，南宋江山再次遭遇重大威胁。

襄阳失守后，金军变得狂妄起来，扬言要在麦收后再次南下消灭南宋，活捉赵构。刘豫也被眼前的胜利冲昏了头脑，做着更大的黄粱美梦，想要占领整个南宋江山。为了达到这一目的，他特意派人去洞庭湖与另一支农民起义军首领杨幺联合，想要对宋军南北夹击，先拿下荆湖地区，进而顺江东下，占领整个南宋疆土。

南宋政权面临重大威胁，想要偏安一隅的赵构整日愁眉不展，召集百官商议对策，有大臣提出应该让岳飞到鄂州驻防，作为中线的主帅，但赵构总觉得岳飞年轻资历浅，担不起如此重任。他几经犹豫后，最终还是换成了资历较高的神武前军统制王燮到鄂州驻防，而岳飞仍然驻守同样为军事重镇的江州。从这一事件中不难看出，赵构虽然十分器重岳飞，但仍然有些怀疑他的能力。

其实，这时候的岳飞虽然人在江州，心已经到了鄂州。他提前分析了鄂州的情况，对敌情做出了准确的判断，并设计好了应对之策。按照他的计划，消极的防守只能被动挨打，应该主动出击,以攻代守,收复中原,这样才能彻底解除金人对大宋的威胁。因此,当李横率军在襄阳、邓州一带与金人作战时,岳飞便定下了"联结河朔"的策略,并派张宪前往襄阳与李横取得联络,希望朝廷大军过江时得到义军的配合和支持。

可是,李横、牛皋、董先、李道、翟琮等各路大军在与金人的作战中均失利,全部被逼退到汉阳军界,湖北安抚使刘洪道拒绝收留他们。岳飞得知消息,对此十分气愤,急忙向时任宰相赵鼎写了一封信,说道:"李横等,已至蕲、黄州,一行兵马既经溃散,若在江北驻扎,必不能安,或令过江,相兼捍御,却可为用。"赵鼎听从岳飞的建议,"遂急差官水陆千运粮米起发",又回复岳飞"从长措置"①。

李横等被刘洪道拒绝后,正走投无路,赵鼎派人送来粮食无异于雪中送炭,李横对此非常感激。赵鼎的差使向李横讲明了岳飞的意见,得到李横等人的大力赞同。随后,李横等率领大军从黄州渡江到南昌,岳飞亲自赶到南昌迎接,并上报朝廷。很快,赵构的圣旨到了,宣布将李横、牛皋等全部划归岳飞管辖。自此以后,牛皋、董先、李道等成为岳家军中的一员,一生追随岳飞立下战功赫赫,为南宋政权的稳定起到了非常重要的作用。

在收编了李横、牛皋等人后,岳飞开始为进军中原、收复失地做准备。岳飞认为,李横、牛皋等人能在十分艰苦的环境中坚持战斗,绝对是一支可以重用的军队,而且他们对洛阳、襄

---

① 《金佗续编》卷二十九。

阳、邓州等地的情况非常熟悉,又在这一带具有很强的号召力,战争一旦发起,将会起到无可替代的作用。于是,他当即提笔疾书,写了一篇《乞复襄阳札子》送给赵构,提出"今日之计,正当进兵襄阳,先取六郡"。襄阳六郡(襄阳府、郢州、随州、唐州、邓州、信阳军)的地理位置实在太重要了,无论是坚守长江中线,还是打通东南和川陕的联系,及至收复中原,实现中兴大业,不收复襄阳六郡就无从谈起,因此他在札子中说:"襄阳六郡,地为险要,恢复中原,此为基本,臣今已厉兵饬士,惟俟报可指期北向。"①

这时候,朝野正为能不能防守得住长江中线而忧心忡忡,岳飞的收复襄阳六郡的主张完全出乎人们的预料,也得到了朝中大部分主战派的支持。高宗赵构也认为岳飞的建议是正确的,当即做出批复,准许岳家军出击襄阳六郡,并派刘光世率兵增援;神武前军统制王燮仍按早先的布置,牵制杨幺起义军。

绍兴四年(1134年),宋金在长江两岸继续对峙。为了防备金人过江,南宋特意在建康、镇江分别设置帅府,布置十万重兵,并让韩世忠负责指挥防御。由此可见,南宋朝廷对于江淮地区的防御十分重视。

这一年二月,川陕地区传来令人振奋的消息,吴玠率领大军在仙人关打退完颜宗弼统率的十万大军,取得空前的胜利,重重地打击了金军的嚣张气焰,在以后的五年中,金军再也不敢在西

---

① 《岳忠武王集》。

线轻举妄动。

四月十九日，岳家军由江州向鄂州挺进。至此，岳飞第一次北伐行动正式拉开序幕。

在此之前，岳飞也曾上书要求北伐，却遭到了高宗的拒绝，三省、枢密院（中书省、门下省、尚书省为三省，系宋朝最高行政部门；枢密院为宋朝最高军事机构）还曾明确要求岳飞不得越过六州军界、不得称提兵北伐或言收复汴京等五项原则。而这一次虽然准许岳飞渡江北伐，但仍然给他戴了一顶紧箍儿，要岳飞"追奔之际，慎无出李横所守旧界"，怕他追得太远，会"致引惹，有误大计"①。从这里不难看出，赵构并没有发自内心认同岳飞的意见，岳飞志在收复中原，恢复大宋昔日的辉煌，而赵构却要偏安一隅，寄希望于和谈，准许岳飞北伐也不过是为和谈增加一点筹码罢了，因此才说出"致引惹，有误大计""虽立奇功，必加尔罚"的话。

无论怎样，岳飞总算是可以渡江与金人作战了，他率领大军浩浩荡荡地出发了，江面上一艘艘战船首尾相连，带有"岳"字的大旗迎风招展，场面十分壮观。岳飞站立船头，看着滔滔江水，心中禁不住感慨万千，他豪迈地对身边的将士们说道："飞不擒贼帅，复旧境，不渡此江！"

---

① 赵构《命岳飞毋出李横所守界》，载《金佗稡编》卷一《高宗皇帝宸翰》卷上。

第二节　出师大捷

能担负主动出击敌军的重任，对于岳飞来说是一种无上的荣耀，他满怀激情，发誓要收复中原，恢复旧山河。为了配合岳飞的行动，南宋朝廷还进行了非常周密的军事调整：派韩世忠统兵进驻泗上；刘光世为岳家军的右翼，以万余人的兵力进发陈、蔡，策应岳飞的行动；川陕宣抚副使吴玠对陕西的伪齐军发动猛烈攻击，使敌人首尾不能相顾。

很快，岳家军全部渡过长江，首先抵达郢州城下。当时，郢州知州为伪齐守将荆超，也是个骁勇善战之将，绰号"万人敌"，因此非常自负。起初，岳飞想要用和平手段收复郢州，写信劝降荆超，遭到拒绝。无奈之下，他只好下令强攻。在开战之前，张宪冲着站在城头上的荆超责问道："汝本为宋人，为何降齐？"荆超还没有开口，其身边的军师刘楫便恬不知耻地回答："今日各事其主，毋多言也！"岳飞气怒非常，下令一定要攻破郢州，活捉荆超。

五月六日，天刚蒙蒙亮，战斗便开始了。岳飞一声令下，战鼓齐鸣，岳家军以雷霆之势向着城墙冲过去。岳飞亲自坐镇指挥，战斗进行得异常激烈，喊杀声震天动地。岳家军开始用云梯攀登城墙，上面的守军则向下射箭，抛掷滚木礌石。岳飞正全神贯注地指挥着，突然一声巨响，接着便有一块炮石从空中飞过来。将士们惊慌失措，慌忙躲避，唯有岳飞纹丝不动。炮石落在他的面前，幸好没有对他造成任何伤害。众人都深深地佩服岳飞的镇定。

终于，宋军突破城墙，攻入城内，杀死敌军七千多人，荆超畏罪投崖而死。

岳飞出师大捷，收复郢州，心中积郁了多年的怒火终于得到了发泄，但他又为死了的这些同胞不能共同抗金报国感到惋惜。他让将士们打扫完战场，稍事休整，然后兵分两路，张宪和徐庆一路向东北前进，进攻随州；而他则亲率一路进攻西北方向的襄阳。

第三节　血战襄阳

襄阳府为军事重地，又是伪齐政权准备南下的大本营，由李成亲自率兵镇守。李成和岳飞也算是战场上的"老相识"了，当初江淮一战，李成被打得落荒而逃，投靠了刘豫。如此深仇大恨他仍然记在心头，准备利用这一次的机会对岳飞复仇。同时，岳飞也因为之前的战斗让李成逃跑而深感遗憾，这一次决心要将其铲除，永绝后患。不过，岳飞也非常清楚，想要战胜李成并非易事，李成的兵力不容小觑，虽然岳家军的将士们在训练素养上比伪齐军略胜一筹，但李成背靠强大的金国，拥有一支强悍的骑兵队伍，胜负尚未可知。具体又该如何谋划这场战役呢？岳飞不禁陷入了深深的思索之中。

　　襄阳位于汉水南岸，虽说与鄂州、荆州同为湖北三个核心地区，但相比起来，襄阳地理位置的重要性要远远高于其他两个地区。鄂州扼守东南方向，荆州是两湖（湖南、湖北）平原的腹地，襄阳则为南北通道的咽喉地带，襄阳一战的胜负直接决定着整个战争的局势。若南宋取得襄阳，便可以自"南襄隘道"进取中原。反之，若金（伪齐）继续占领襄阳，则可以从汉水进入长江，然后攻取江南。后来南宋政权的覆灭，便验证了这样一个道理。

　　岳飞派牛皋领一支队伍设伏襄阳城外，见机行事。次日，李成的一部分军队出城，牛皋抓住时机出击，双方立即展开激战，李成军不敌，大败而归。宋军抓住了几个俘虏，经过审讯得知，李成大军并不在城内，而是在城外的襄江下寨。牛皋胆大心细，经过仔细的分析，认为事情没有那么简单，很有可能李成已经在前方某处设下了陷阱，正等着自己往里跳，为了把戏演得更逼真，他故意让一小部分军队出城当诱饵，又故意丢下几个俘虏供出城中无兵的假消息。

　　牛皋将自己的分析汇报给刚刚赶过来的岳飞，岳飞认为他的看法是对的。不过，即便是如此，他还是决定按原计划行事，明知道敌人在前方布好了口袋也要往里钻。对于岳飞的决定，牛皋以及所有的大将都非常不解，为何岳飞明知山有虎，还偏向虎山行？

　　不过，岳飞做出这样的决定也不是一时头脑发热，而是他深思熟虑的结果。岳家军远道而来,粮草有限,经不起长时间的消耗战,必须速战速决,所以只能全力而进,以雷霆之势消灭敌人,不可后退半步。

正如牛皋所料,此时的李成已经集结了三万兵马,在城外四十里设下埋伏,只等岳家军的到来。他所布置的这三万兵马属于伪齐政权中最强壮的精锐部队,而且伏击地左临襄江,依江列阵,占据优越的地理位置,取胜的把握非常大。

一场大战即将到来。李成居高临下,眼看着岳家军出现在视野内,正一步步地向着自己布下的陷阱里走过来,他兴奋异常。

要不了多大一会儿,岳家军就会全部钻进口袋,然后他一声令下,扎住口袋,三万人马就会将岳家军完全消灭。

终于,岳家军完全进入伏击圈内了。李成大手一挥,冲其部将猛喝一声:"出击!"他的部将们得到命令,纷纷从掩身处冲出来,向着岳家军奔杀过去。李成骑在马上指挥,满脸得意,因为他相信,这一仗下来,岳家军一定会从世上消失。

岳飞正率领军队往前走,突然听到喊杀声,他勒住马向两侧看去,只见对方的军队正像一群饿虎般扑过来。他没有慌乱,在仔细观察敌军阵势后,又不由得长长松了口气,扭脸冲牛皋和王贵等人说:"李成虽也算得上是久经沙场之人,谋略却没有丝毫长进,看来今天咱们又要打胜仗了!"

众人看到岳飞如此镇定,都很是不解,问岳飞所言何意。

岳飞解释说:"骑兵本对步兵有优势,而步兵应当布置在险要之地,有利于阻击;骑兵当布置在平坦空旷地带,有利于战马的冲锋。可李成却反着来，让骑兵在江岸之上，步兵在平地，遇到这样的指挥官，别说三五万人的军队，即便是十万大军，也是白白送命。"众将听了，纷纷点头称是。

随后，岳飞调兵遣将，让王贵带领长枪步兵队从李成右侧攻击他的骑兵，牛皋率领骑兵队从李成左侧攻击他的步卒。

王贵和牛皋得令，立即改变阵型，让步兵迎战敌人的骑兵，骑兵迎战敌人的步兵，双方随之展开激战。结果正如岳飞设想的那样，李成的骑兵在江岸上无法施展开来，被冲过来的岳家军步兵一枪一下刺在马身上，战马应声而倒，军士纷纷从马背上滚落下来。岳家军将士不等他们爬起来便一拥而上将他们刺死。前面的战马被刺倒，后面的战马收不住蹄，也被绊倒，队伍瞬间大乱，死伤无数。再看步兵，也被牛皋率领的骑兵冲杀得七零八落，溃散而逃。骑兵和步兵都争相逃命，自相践踏，史载"人马俱溺，激水高丈余"，死伤无数。正得意洋洋的李成看到眼前这一幕，心中除了不解，更多的是恐惧。李成知道，仗打到这份上，已经没有胜算，想要活命只能抓紧逃跑。于是，他再也顾不上其他部下，调转马头就跑。他的那些部将看到主帅逃命，也纷纷掉头逃跑。就这样，三万大军被打得溃不成军，襄阳随之被岳飞收复。

第四节 随州之战

　　襄阳之战结束了，随州之战还在继续。防守随州的是伪齐将王嵩，他听说岳家军到来的消息，躲藏在城内闭门不战。随州城城墙高而牢固，外面的军队很难攻进去，因此，张宪、徐庆二人与王嵩僵持了一个多月仍未能推进。

　　随州即现在的湖北省随州市，位于大洪山与桐柏山两山余脉之间，既是襄阳与鄂州之间的咽喉要塞，也是长江流域与淮河上游之间的主要通道，地理位置十分重要。随州拿不下，两路大军就不能齐头并进。因此，岳飞得到消息后，马上决定派兵增援。他还没有想好派谁前往，牛皋就主动请缨："请给我三天的时间，我一定拿下随州，生擒王嵩！"

　　众将听了这话，都觉得牛皋是在说大话，要知道，张、徐两位将军久经沙场，勇猛无敌，花了一个多月的时间尚不能攻克，牛皋在如此短的时间内又怎能完成？不过，岳飞相信他，也愿意给他这个立功的机会。为了更有把握取得胜利，岳飞还特意让自己的长子岳云跟随牛皋一同作战。就这样，牛皋在一片质疑声中带着岳云来到随州，随即展开了猛烈的进攻。张、徐二人也予以积极的配合，果然，没到三天的时间便拿下了城池，俘敌五千多人，生擒王嵩。诸将见此结果，无不佩服。之后，王嵩被处斩。岳飞论功行赏，牛皋将自己的功劳归于张宪，并且谦虚地说道："为国效力，何必在乎功高功低。"岳飞对这员猛将更加欣赏了。

关于随州之战，史料上记录得非常简单，只有寥寥几句："牛皋裹三日粮往，未尽三日，城已拔。执嵩，斩之，得士卒五千人，复随州。"关于岳云在战斗中的表现，史料上也一笔带过："公之子云勇冠三军，攻随州，持双锥，率先登城。"

古时候，每次打完仗都要将每个人的功绩记录在册，以便封赏，很多将领出于私心往往会将自己的亲属或者关系好的将士也捎带着记上去，以求领取更多的赏银，而岳云在这一战斗中多次立功，但考虑到去年面见皇上时岳云无功受禄，这一次岳飞仅为他记了一份功劳。岳家军的将士们看到岳飞大公无私的举动，对他更加尊敬了。

战争刚开始便一败再败，连失几座城池，刘豫知道大事不妙，事情没有自己想的那么简单，如果再这样下去，别说消灭南宋，自己的假龙椅也坐不了几天。于是，他派人向完颜宗弼请求援助。然而，这时候的完颜宗弼处境也并不好，他刚在甘肃仙人关被吴玠打得落花流水，伤了元气，盛夏又即将来到，正要去北方避暑，所以对于刘豫的求助没有积极的回应，只派了一个不入流的战将刘合孛堇去应付一下。刘合孛堇率领一部分人马与李成汇合后，又东拼西凑了几万人马，在邓州西北布置了三十多个营寨，以抵挡岳家军继续北进。岳飞将这一情况上书赵构，赵构很快回复，认为伪齐实力不容小觑，希望岳飞见好就收，不要太冒进。岳飞当然明白赵构的心思，害怕仗打输了，伪齐反攻长江,进而威胁南宋。他随即又给赵构写了一封书信,说道:"襄阳、随州、郢州土地肥沃,资源丰富,我们在这里实行营田法,将士们自力更生,将会获得丰厚的回报,不给百姓增加负担。等储备一定的粮草,大军将继续北上,收复中原。"

就这样,岳家军暂时在襄阳驻扎下来,岳飞一面号召生产,一面安抚百姓,严令军队"冻死不拆屋,饿死不掳掠"。对于那些无家可归、无田可耕的穷苦百姓,他特意从军粮中拨出二十万担用以救济。为了鼓励大家恢复生产,他还将军中多余的牛、战马分给百姓耕田。这一系列的举动,虽然赢得了当地百姓的热烈拥护,但也耗去了军队一多半的物资。对此,王贵等将领十分不解,岳飞便耐心解释说:"百姓是军队的基础,只有百姓安居乐业,军队才能在这里扎下根,我们刚好趁机休养生息,让将士们养精蓄锐,把战马养得膘肥体壮,然后一举收复中原。"

果然,岳飞此举起到了很好的稳定人心的作用,襄阳、汉江一带的百姓生活很快稳定下来,川陕等地纳税额开始增加,湖南、两广、江浙一带的生活也渐渐平静下来。

第五节 六郡回归

安定了后方,岳家军继续前进,于七月份来到邓州城外。李成拥兵数万,据城防守。看着城头上密密麻麻的敌人,岳飞没有丝毫的胆怯,他派王贵率领一部分将士从光化路,张宪率领一部分从横林路,分别向敌营悄悄摸进。另外,又让董先、王万率领骑兵从正面突击。

七月十五日,战斗正式打响,岳家军几路大军同时发起攻击,旌旗四起,杀声震天,刘豫的军队连吃几场败仗,对岳家军产生了畏惧的心理,经过几轮冲锋下来便开始败退。岳飞指挥大军奋勇追击,直将敌人杀得哭爹喊娘,"横尸二十余里",金将杨德胜以下将佐二百余人皆为俘虏,得兵仗、甲、马数以万计,邓州易手。

邓州位于商山古道和南襄隘道的交叉点上,地理位置十分重要,商山古道是从西面长安通往南阳的交通线,南襄隘道更是南阳与襄阳、樊城之间的交通枢纽。当初伪齐占领邓州,可作为"中原之南门,关中之门户",如今南宋收复了邓州,便是据"襄汉之藩篱,荆楚之咽喉"。

邓州之战中,岳云又是第一个登上城头的勇士,并活捉了敌将高仲。正是因为英勇善战,他被大家称为"赢官人"。但是,岳飞想到随州之战后已经为儿子报过战功,这一次就未上报,而是替其他将领表功。后来,朝廷复查六郡之功时,得知岳云的邓州之功隐瞒未报,深受感动,升迁岳云为武翼郎。

接连几次失败后,刘豫的实力大大减退,只得率领残兵败将退守唐州和信阳。岳家军则越战越勇,要一鼓作气拿下中原六郡。

七月二十三日,选锋军统制李道奉命攻打唐州,已经被岳家军打怕的刘豫伪军不敢再战,李道轻而易举地夺取了城池,唐州收复。同时,王贵、张宪也在唐州以北三十里再次打败李成残兵。也是这一天，岳家军又攻克信阳军，俘虏伪齐官员共五十名。在这两场战斗中，因为李道、崔邦弼立有奇功，于第二年被宋高宗奖赏金束带各一条。

襄阳六郡收复之战从五月初五开战，到七月二十三日结束，仅仅用了两个多月的时间，充分展示了岳家军强大的战斗力和岳飞卓越的军事能力。六郡的收复是南宋建立以来最大的胜利，一时朝野轰动，举国臣民扬眉吐气，高宗赵构更是欣喜若狂，连连称赞道："朕素闻飞行军极有纪律，未知能破敌如此！"

七月二十六日，大将郦琼奉刘光世之命率领五千将士支援岳家军，当他们来到前线时，战役已结束，即便如此，岳飞依然上奏朝廷，请求给这五千人加以赏赐，不要寒了将士们抗金的心。

收复襄阳六郡，对于岳飞来说无疑是人生中的一大壮举。因为受到宋朝重文轻武传统的影响，岳飞认为自己不过一介武夫，职责是带兵打仗，而管理政治则是文职人员的职责，于是上书赵构，希望派一个文臣来任职。但宰相赵鼎向赵构提出建议，因为鄂、岳两地为长江中上游最关键的要害之处，必须有重兵镇守，不如就让岳家军驻扎在那里，以保证这两个地方的安全。这一主张得到了赵构的同意，遂诏令岳飞驻守湖北路的首府鄂州。自此以后，鄂州就成了岳家军的根据地。另外，岳飞还被授予清远军节度使、湖北路荆襄潭州制置使，又晋封为"武昌县开国子"，成为整个长江中游的最高军事指挥官。南宋建立以来，因为受到北宋重文轻武传统的影响，节度使一般是由文官担任，武官很少，而岳飞身为一名拥有重兵的武将，成为一方节度使,不得不说是至高无上的荣耀。

对于其他官员来说,做官就是为了享不尽的荣华富贵,而对于岳飞来说,什么官职都无所谓,他唯一追求的目标就是杀敌报国,收复疆土。但是,有一个人很不理解岳飞的这种行为,或者说是思想,这个人就是宰相朱胜非。他认为,荣华富贵是人人都追求的目标,如果不是为了荣华富贵,那又为什么要当官,为什么要冒着生命危险上战场呢?干脆在家种地算了。当他得知岳飞得胜还朝的消息后,决定摆酒设宴好好为岳飞接风洗尘,以增进二人之间的友谊,同时也好借机宣传一下岳飞。但岳飞却对此不以为意,他认为自己的使命就是要将金人赶跑,什么高官厚禄、金银财宝、光宗耀祖都不过是过眼烟云,对他没有吸引力。

正是在这种思想的引导下,他在收复襄阳六郡之后又一次上书赵构,希望能够允许他一鼓作气收复中原。但是,赵构也有自己的盘算,害怕失去这得之不易的局面,因此拒绝了岳飞的请求。

对于南宋来说,襄阳的收复具有非常重要的战略意义,占据了襄阳便是控制了长江流域,向东可以支援淮西,向西可以连接川陕,向北可恢复中原,向南则为湖广的屏障。因此,历史上对于岳飞襄阳之战的评价非常高,称其功劳可以和韩世忠镇江大捷、吴玠和尚原大捷相提并论。

对于刘豫来说,失去了襄阳六郡也就失去了政权的基石,他的伪齐江山已经岌岌可危了。为了能够在龙椅上坐稳一些,他慌忙向金人求助,金人果然派兵来援,但金军到了中原,慑于岳飞的威名,也不敢轻易出战。

第六节 千古名篇《满江红》

通过收复六郡之战，岳飞完美地展现了自己卓越的军事才能，使朝野上下对他佩服得五体投地，就连一向不将他放在眼里的高宗赵构也对他刮目相看起来。绍兴三年（1133年）春天，赵构特别派郑庄前往鄂州，给岳飞带去朝廷赏赐的金蕉酒器（与赏给韩世忠的赐物相同），并传达朝廷的两个命令：一、择机平定虔、吉一带的盗寇；二、准备进京面君。

建炎四年（1130年）初，金军渡过长江，追赶向虔州逃跑的隆祐太后，一路烧杀抢掠，沿途百姓深受其害。这且不说，护送隆祐太后的宋军也像强盗一般对当地百姓大肆抢夺，其恶劣程度一点不输金人，激起百姓们的强烈愤恨。其中有一个名叫陈辛的人组织了数万名百姓来见借住在景德寺的隆祐太后，希望她能主持公道。然而，隆祐太后竟然下令护卫军队对这些手无寸铁的百姓大肆杀戮，虔州城成为人间炼狱。愤怒的百姓忍无可忍，纷纷揭竿而起，发动了轰轰烈烈的农民起义，从建炎四年（1130年）至绍兴六年（1136年），江西一带农民起义风起云涌，队伍越来越多，规模越来越大。建炎四年（1130年）十二月十五日，虔化县原虔州乡贡进士李敦仁、李世雄兄弟二人率领本县六乡数万人在罗源宣布起义，先后攻取了石城县等四县，随后又转向福建汀州宁化县、清流县。朝廷采取边剿边抚的两面手段，花了一年多的时间才算镇压下去。随后,吉州的彭铁大、李动天、虔州陈颙、罗闲十等又组织十余万人发起了更大规模的起义,他们的营寨多达五百余处,互相联结,互为呼应,声威扩及江西、福建、广东三省。

眼看起义的火焰越烧越旺,已经严重威胁到了南宋的政权,面对内忧外患,赵构整日忧心忡忡,正好岳飞得胜,于是他决定派岳飞前去镇压起义。

绍兴三年(1133年)三月,岳飞奉命出征,但缺少军费。因为他坚持不扰民的原则,只好向朝廷求助,希望朝廷调拨一批粮草辎重,一向对外软弱的赵构毫不犹豫地答应了下来,马上下诏诸路漕臣督办军马钱粮,户部拨给岳飞做春装的衣料一万五千匹,吉州榷货务转赐行军费三万缗。给养很快筹备到位,岳飞便率领两万四千人的军队出发了。承宣使岳飞出征的消息传到彭铁大的耳朵里,他轻蔑地说:"都说岳飞智勇天下第一,我今破之。他败后,别人便再掀不起什么风浪了。"

岳飞得知此话,一笑了之,根本没放在心上。不日,大军来到吉州,双方对垒。在岳飞看来,镇压义军就是大宋子民的自相残杀,是不应该发生的。他不想看到流血的场景,于是便派了两个善于言辞的使者前往劝降彭铁大。不料彭铁大根本不吃这一套,斩钉截铁地回答:"替我转告岳飞,我宁败不降!"岳飞皇命难违,只好对义军发起攻击。经过一番激战,岳家军大获全胜,生擒彭铁大,俘虏义军两万多老弱残兵。岳飞不忍心伤害他们,下令全部释放。而那些在战斗中逃跑的义军不甘心失败,重新聚集起来，在李动天的带领下转移到重要的据点——固石洞，继续与朝廷对抗。岳飞让大军在瑞金县安营扎寨，他则亲自率领一千余人骑马赶到固石洞，再派人去劝降李动天，李动天坚持不降。

对于岳飞的一番善心，义军无动于衷，岳飞在无奈之下只得再次动用武力。在岳家军面前，这些由普通农民组成的义军简直不堪一击，很快就被打败。但这些义军宁死不愿投降，纷纷跳崖自尽。岳家军攻上山顶，看到眼前悲壮的一幕，岳飞心中受到极大的震撼，下令不许杀一个义军，说道："这些人虽然凶狠顽固，但归根结底还是些百姓，杀了他们又对我们有什么好处呢？"

渐渐地，一些活下来的义军看到岳家军与其他朝廷大军不同，也很感动，纷纷放弃抵抗。最后，岳飞挑选了一些年轻力壮的义军编入自己的军队，而将那些老弱病残者送回家去，并令地方官吏安排他们继续从事农耕生存，不得加以欺辱。

岳飞虽然杀了农民起义领袖彭铁大、李动天等人，却没有滥杀无辜，还了百姓们一个太平稳定的环境。吉州、虔州百姓因此对岳飞感恩戴德，纷纷为他画像挂在自己的家中。后来岳飞被害，吉州、虔州的百姓万分悲痛，每逢其忌日都要为他布些衣食财物给寺庙，请僧人为他祈福。

顺利完成了第一项任务，按照圣旨的要求，岳飞又匆匆忙忙前往杭州。他带着长子岳云从九江出发，于九月九日到达杭州。十三日，高宗正式召见岳飞父子，赐给岳飞金线战袍、金带、手刀、银缠枪,一匹战马外配海皮鞍,还有衣甲、弓箭、马铠各一副,一面绣着高宗手书"精忠岳飞"四字的旗子,告诉他在行军时一定要竖起来。另外,提拔岳飞为镇南军承宣使、江西沿江制置使。不久,岳飞又升迁为江南西路舒蕲州制置使,在江州置司,独立建置帅府。这样一来,岳飞的防务区得到扩大,跨越长江北岸,自舒州至蕲州,直联中原腹地,方圆数百里。

官职高了,权力扩大了,岳飞并没有因此而沾沾自喜,反倒一路闷闷不乐。因为他所追求的不是功名利禄,而是赶走金人,收复失地。而这几战,都是将战刀对准了大宋同胞,岳飞认为自己的官服简直是同胞的血染红的。他心中感慨万千,在萧寺壁奋笔提诗道:

雄气堂堂贯斗牛,誓将直节报君仇。

斩除顽恶还车驾,不问登坛万户侯。

从杭州回到鄂州,岳飞一直闷闷不乐,他想到中原人民还在遭受着金人铁蹄的蹂躏,生活在水深火热之中,而自己身为一名统兵元帅,却不能渡过长江,驱赶金人,拯救黎民于水火,心中万分愧疚。一日,他登高望远,心中思潮翻滚,遂奋笔疾书,写出了千古绝唱《满江红》:

怒发冲冠,凭栏处、潇潇雨歇。抬眼望,仰天长啸,壮怀激烈。三十功名尘与土,八千里路云和月。莫等闲、白了少年头,空悲切!

靖康耻,犹未雪;臣子恨,何时灭?驾长车、踏破贺兰山缺。壮志饥餐胡虏肉,笑谈渴饮匈奴血。待从头、收拾旧山河,朝天阙。

这首词表达了岳飞对国破家亡的耻辱和对金人的强烈愤慨,倾诉了他渴望收复故土的心情,也反映了岳飞取得胜利后,对更远的目标——驱逐金人、收复故土的期盼。时至今日,这首词依然流传不衰,是经典中的经典。

为了早日实现自己的愿望,岳飞一面在鄂州休整,一面派亲信王大节前往伪齐打探情况。王大节很快便返回来,并告诉岳飞一个惊人的消息,说伪齐与金人联合,以完颜宗弼为统帅,伪齐太子刘麟配合指挥,即将对江南发动大规模侵袭。岳飞吃惊不已,急忙向赵构上书,并加派人手在鄂州一带布防。金、齐联军自然知道岳飞的厉害,得知岳家军已经有了准备,便改由淮河流域进兵,很快渡过淮河,继续向南进犯。

朝廷得知金军已经渡过淮河,惊恐非常,纷纷表示要放弃临安逃跑,宰相赵鼎却建议赵构积极应战。他认为,除了岳飞,朝中还有刘光世、韩世忠和张俊三大力量,与杨沂中的神武中军的十五万人马加起来,要比吴玠和岳飞两部的兵力总和多出一倍多,抵挡金军没有问题。赵构听取了赵鼎的意见,命令刘、韩、张三部人马积极备战。然而,事情却大大出乎人们的预料,刘光世不战而逃,将淮西路拱手相让。张俊嘴上说会全力抵抗,却寻找各种借口拒绝渡江北上。唯有韩世忠积极备战,但因为势单力孤,也只在承州一带取得了几次小的胜利,拖延了敌人的进军速度,最后不得不退守镇江。

除了这三个人之外,江淮之间还有一个庐州知州仇悆,面对敌人强大的攻势不肯撤退,率领一千五百名乡兵多次打退敌人的进攻,死守庐州城。十二月,伪齐太子刘麟亲自来到城下督战,完颜宗弼又率兵支援,庐州告急,急忙向朝廷求救。

赵构想来想去,只有岳飞一人能够解救庐州,于是马上传旨岳飞东进,支援庐州。岳飞接到命令,不敢怠慢,立即以徐庆、牛皋为先锋,率领岳家军星夜驰援庐州,他则率主力部队跟进。行进途中,庐州再次传来危急的消息,岳飞下令牛皋加快前进速度。

十二月十八日,牛皋率领的精骑突然出现在庐州城下,与金军列阵开战。牛皋命人将"精忠岳飞"的大旗竖起来,迎风飘扬,煞是壮观。金齐联军怀疑是其他军队冒充岳家军,便上前质问。牛皋一马当先冲到阵前,声如雷震:"我乃岳家军先锋官牛皋是也,若是不信,可近前来看!"

听说面前的人是牛皋,金军吃惊不小,他们早就听说过牛皋的大名,知其堪称南宋军中的"战神"。牛皋没给敌人反应的时间,他使出了全身的本领,率领骑兵在敌军中横冲直闯,如入无人之境,直杀得敌人丢盔弃甲,狼狈逃窜,庐州之围终于被解。随后,岳飞率主力赶到,宋军的兵力更加强大。

完颜宗弼知道已经丧失了战机,自己不是岳飞的对手,只好下令停止前进。恰在这时,金国传来消息,金太宗病危,完颜宗弼急于回国,再也顾不上进攻南宋,遂下令撤退。

庐州之战,岳家军再立奇功,消息传到杭州,赵构欢喜非常,再次下令嘉奖岳家军。

第七节 平杨幺洞庭扬名

绍兴五年(1135年)春,岳飞又一次进京面君,接受朝廷的赏赐:银两千两、帛两千匹,岳母姚氏也被封为福国太夫人,妻李氏为福国夫人。这一次对岳家的封赏可谓不小,算是对岳飞救援淮西的肯定。此后不久,岳飞改任荆湖南北襄阳府路制置使,同时升迁武昌郡开国侯。这次提拔之后,岳飞又奉命前往湖南镇压杨幺领导的农民起义。

杨幺,名太,龙阳祝家岗人。他出身于农民家庭,儿时读过两年私塾,后辍学到商船上当雇工。北宋末年,有一个名叫钟相的鼎州武陵人利用宗教活动在家乡组成乡社,称只要农民交一点钱粮,就可以入社,大家相互救济,因此受到农民的欢迎和拥护,被尊称为"老爷"或"天大圣"。经过二十多年的发展,其影响力覆盖洞庭湖周围各县。金人入侵,俘虏徽、钦二帝押回北国后,钟相命长子钟子昂率领三百名民兵北上"勤王",行至半途就被刚坐上龙椅的赵构调遣回来。钟相对此十分愤慨,便在这三百人的基础上扩大规模,伺机起义。后来,金军再次南侵,并渡过长江,所过之处烧杀抢掠,被打败的宋军也边逃边抢,又加上南宋统治者横征暴敛,致使民不聊生,怨声载道,江南各地的农民起义风起云涌。

建炎四年(1130年)二月,金人入侵潭州,宋叛将孔彦舟又进犯澧州、鼎州,大肆抢掠,激起当地群众的强烈愤慨。钟相以保卫家乡、抗击孔彦舟的名义揭竿而起,自称楚王,建国号楚,年号为天载(也作天战),设立官属。当时,杨幺便在起义军中为首领。因为他在起义军众多首领中年龄最小,土语谓幼为"幺",故呼杨幺。

起义发动后,数日间便得到鼎、澧、潭、峡、岳、辰六州和荆南府所属的十九个县百姓的热烈响应。他们打着"均平",保护"执耒之夫"的口号,烧官衙、杀贪官、打游寇、斩土豪,频繁地活动在澧、鼎一带。

后来钟相被孔彦舟杀死,杨幺、杨广、夏诚等首领继承钟相的遗志,继续领导起义。当时,义军有八千余人,驻守龙阳,以洞庭湖为根据地,训练水军,修筑水寨。为了拒止朝廷的战船,他们建造了一批大船,上面安装拍杆巨石,一旦朝廷的船只接近,便向其投掷石块。南宋朝廷将义军视为眼中钉肉中刺,多次派兵镇压,皆无功而返,义军的规模也迅速壮大,占领了洞庭湖沿岸的广大地区,势力范围东起岳阳,西及鼎、澧,北抵公安,南至潭州。

绍兴三年(1133年)四月,杨幺正式被推选为义军首领,他自称"大圣天王",立钟相幼子钟仪为太子。他们一边对抗南宋官军的镇压,一边督导百姓发展生产,深得百姓的拥护。随着义军规模的不断壮大,南宋朝廷越来越担心,便再派王燮领兵镇压,同样被杨幺打败,还损兵折将。

接二连三的失败更加让赵构坐立不安,为了永除后患,他想到了战无不胜的岳家军。于是,他立即下诏,以宰相张浚为监军,岳飞为领兵元帅,率领岳家军前去镇压杨幺。

岳飞接到命令,心中又犯起了难,他认为这些起义军虽然给朝廷造成了一定的威胁和伤害,但其本意是为了保护一方百姓,所以应该尽可能地避免诉诸武力,最好的办法是让他们归顺朝廷,为朝廷所用,并肩对付金人。在明确了作战方向之后,他便派出一部分将士化装成商人,混进起义军中,将几百名义军诱回了营寨,并且优待他们。岳飞和他们推心置腹地交谈,给他们讲解天下的形势,劝他们归降朝廷,然后发放给他们每个人路费,让他们回去劝说其他人也放下武器,归顺朝廷。这些人被岳飞的诚心所感动,他们回到营寨后,将岳飞的话以及自己所见所闻在军中广为宣传,起到了非常不错的效果,很多人都表示愿意放弃抵抗,归顺朝廷。

为了给义军增加心理压力,岳飞还利用义军水寨太过分散,无法集中兵力,以及大旱之年湖水浅,大船无法行驶的有利条件,加紧对其封锁,使义军的处境更加困难。之后,他又派使臣进入水寨,劝降杨幺。担负这一角色的官员听说杨幺手段残忍,态度顽固,担心有去无回,所以都不愿意去。岳飞安慰他们说:"你们只管去,我敢保证杨幺不会杀你们。"使臣们将信将疑,又不敢违抗命令，只好硬着头皮前往水寨，还未到水寨大门便开始高声呼喊："我受岳节使派遣，找你们首领有要事相商，切勿动手！"

事情正如岳飞所料，把守营寨的士兵非常客气地打开了大门，请使臣进去。使者顺利进入水寨，没有见到杨幺，却见到了另外一个首领黄佐。使者向黄佐递上岳飞的书信，信中岳飞对他们晓以大义，言辞恳切地劝他们归降，同时也言明武力抵抗的后果，算是恩威并施。黄佐看后深受感动，立即召集部下说："岳飞勇猛无敌，号令如山，岳家军战无不胜，我们不是他的对手，如果硬战，恐怕性命难保，不如投降了吧。"其部将早已闻得岳飞的名声，纷纷表示愿意投降。于是，黄佐率领众将士出水寨向岳飞投降。岳飞非常高兴，执着黄佐的手进入军帐。随后，岳飞上报朝廷，请求给黄佐封官，得到朝廷的应允。岳飞此举很快引来了"蝴蝶效应"，几天后又有三百多人主动投降朝廷。对于这些人，岳飞热情相待并予以奖励，允许他们在军中随意走动，以表示对他们的信任，甚至明知有的人偷跑回水寨也不予追究。而那些回到水寨的人，又将自己的见闻和经历讲给其他人听，隔三差五地，不断有人出寨投降。

虽然有不少义军主动投降，但大多数的义军，因为之前与宋军的仇恨，还是听从杨幺的号令，坚决与朝廷对抗。经过了几个月的对峙之后，朝廷又诏书催促岳飞尽快结束行动，回驻地镇守，以防金人发动秋季攻势。张浚接到朝廷的指令，特意围着洞庭湖察看。张浚看到义军防备森严，认为强攻的时机还不成熟，便和岳飞商议说："敌人的力量不容小觑，若强攻，恐损失重大，不如暂时撤兵，以后再图。"

岳飞微微一笑说："不必，请大人放心，八天之内，我必破水寨。"之后，他又详细地向张浚说明了自己的计划。

张浚用怀疑的目光盯着岳飞，神情严肃地说："岳飞，本相知道你谋略过人，但军中无戏言，王四厢（王燮，四厢为宋禁军番号）用兵两年都没有成功，而你却说只要八天，未免有点夸海口了吧。"

岳飞胸有成竹地微笑道："王四厢是以王师攻水寇，自然不易。而我要改变战术，以水寇攻水寇，易也。水寨内地形复杂，对我宋军来说，这是难以克服的短处。当初王四厢以我舟师贸然进攻，乃以己短搏敌之长，所以失败。而今我们派熟悉地形的归降之士攻入水寨，使其内部先乱，我等再紧随其后，敌寇自然可灭。"

张浚听后连连点头，遂决定暂缓撤军，等待岳飞胜利的消息。岳飞火速返回军营，召见部将任士安。任士安原为王燮麾下大将，当初他跟随王燮前来征讨，却不听指挥，擅自行动，对兵败负有一定的责任，此时又怯战不敢向前。岳飞将任士安狠狠地教训了一顿，并罚了一顿皮鞭，之后令他率军向敌人发起攻击，若三天内攻不下，当斩！

任士安曾经与杨幺交手被打败，而今迫不得已打头阵，心中不由得感到胆怯。对于岳飞的这一决定，其部将也都不解，但又不敢多问。任士安因为怯战心理，企图吓唬杨幺部，他不等自己的船只接近敌人的营寨便命令士卒高声叫喊说:"岳家军二十万已到,贼寇还不开门投降!"

杨幺的部将听到叫喊声,向远处眺望,并没有看到大批的船只,认为任士安又喊又叫不过是为了给自己壮胆罢了,于是便打开寨门迎战。任士安虽然知道打不过敌人,但军令如山,不得不与敌人拼命死战。战斗一直持续了两天,双方互有伤亡,到了第三天,敌人出动更多的兵力攻击,战斗对宋军十分不利。危急之际,突然一阵喊杀声传来,杨幺部急忙向远处看,只见有数不清的大船疾驶而来,最前面船的船头上站着一位身穿铠甲、手持长枪的大将,正是岳飞。杨幺急忙调转船头想要逃回寨内,却是晚了一步,被岳家军追上,一阵厮杀之后,义军被打得丢盔弃甲,水寨告破。随后,岳飞率领大军涌入寨内。岳飞严令不许滥杀义军,让黄佐向其他义军首领劝降。

经过黄佐的劝说,义军另一个首领杨钦主动向岳飞投降。岳飞非常高兴,认为敌人已经丧失了信心,叛乱不久可平。他向张浚为杨钦请功,张浚明白岳飞的用意,当即封杨钦为武略大夫。杨钦部下共三千多人,四百多艘舟船,他的投降对杨幺来说无疑是一个重大损失,沉重地打击了义军的士气。经过挑选,岳飞只留下杨钦部下身体强壮者编入岳家军内。而对于那些老弱将士,则给其银两,放其回家,还通知各地官府拨给他们田地,给他们救济,以更好地瓦解杨幺部将的军心。

黄佐投降岳家军以后,调转矛头向义军发起攻击,攻城拔寨,使义军遭受严重的损失。义军不少首领也被岳家军的气势吓到，纷纷归降，更加削弱了杨幺的力量。但面对岳家军的强大压力，杨幺拒不投降，坚持要与朝廷对抗到底。岳飞向部将征求计策，有人提议说：杨幺的船都很大，必须足够深的水才可以通行，如果将湖水排掉一部分，再在水面上多撒水草，缠住对方的船桨，可起到阻挡的作用。岳飞认为此计极好，于是下令赶制巨筏，以堵塞鼎州附近湖面的各个港汊，再寻找浅水道，用小船向敌人挑战，引诱杨幺出战。

杨幺与朝廷斗争了多年，车船战是他一次次击败官兵的关键。义军的车船很大，高达三层楼，可载一千多人，船身两侧安装着脚踏轮，可增加行驶的速度，史载："以轮激水，疾驶如飞。"船上有特殊的装置，即十几丈长的撞竿，一头挂着大石块，一头系在辘轳上。一旦遇见官军的小船，便用撞竿上的大石块撞击，往往能让小船粉身碎骨。此外，船上还有一种名叫"木老鸦"的武器，长两尺多，两头尖利，可以居高临下对敌人形成非常有效的打击。不过，这种车船有利也有弊，利在其威力大，攻击力强；弊在受水深的条件限制，水越深越好，一旦遇到浅水区便再无用武之地。巧合的是，这年夏天江南雨水稀少，而岳飞又开始决堤放水，使洞庭湖的水位大大降低，义军的车船便失去了优势，发挥不了作用。

随后，岳飞亲自率领牛皋、傅选、王刚等几员大将，以及鄂州水军一部，对龙阳县江北义军总部水寨发起了总攻。岳家军攻势迅猛，最终义军不敌，水寨被攻破，杨幺被俘，但拒不投降，岳飞无奈，只好将其杀死。

岳飞从回到鼎州开始向义军进攻，到夺取义军的最后一座营寨，刚好用了八天的时间，俘获义军近二十万人。战争发动之前，牛皋曾强烈建议要对据守水寨的义军进行"清洗"，以起到警示作用，但遭到了岳飞的拒绝。岳飞语重心长地说："杨幺之徒，本是村民，先被钟相以妖怪诳惑，次又缘程吏部（昌寓）怀鼎江劫虏之辱，不复存恤，须要杀尽，以雪前耻，致养得贼势张大。其实只是苟全性命，聚众逃生。今既诸寨出降，又渠魁杨幺已被显诛，其余徒党，并是国家赤子，杀之岂不伤恩，有何利益？况不战屈人之兵，而全军为上，自是兵家所贵。若屠戮斩馘，不是好事。但得大事已了，仰副朝廷好生之意，上宽圣君贤相之忧，则自家门不负重责，于职事亦自无惭也！"①之后，岳飞又连声说道："不得杀！不得杀！"

听了岳飞的这一番话，牛皋如醍醐灌顶，连连点头说："将军言之有理！"

战斗结束后，岳飞又从义军俘虏中挑选出几万名年轻力壮者归入自己的部队，另外十几万名老弱将士按照他们的意愿各自返乡，责成当地官府救济他们口粮，分给他们田地，然后下令将义军营寨全部焚烧，以绝后患。

这一次镇压农民起义，岳家军以极小的代价取得重大胜利，而且使宋军的力量极大增强，不得不说是一次壮举。他之所以放过义军，是因为他认为这些义军本性善良，他们虽然对抗官

---

① 《金佗续编》卷二十六《杨幺事迹》。

府，但同样也抗击金人的入侵，这方面与岳飞的立场非常一致。从这一方面不难看出，在那个惟皇命是从的年代，岳飞能够做到进退有据，为缓和社会矛盾创造积极的条件，实属难能可贵。不过，需要指出的是，杨幺起义是在官逼民反的形势下发生的，完全是为了反抗官府的压迫，在今天看来，是一场正义的行动。而岳飞为了维护朝廷的利益，选择对义军进行镇压，尽管是被动地执行朝廷的命令，但在战斗中杀了不少起义军将士，造成了一定的伤亡，这是一场历史悲剧，也是岳飞所处的时代决定的。

  杨幺起义被平定后，农民起义势力遭受重大打击，荆湖路一带再也没有出现大规模的起义。农民看到斗不过官府，便逐渐恢复生产，朝廷也因为消除了心头之患而大松了一口气，社会矛盾因此得到有效的缓和，岳飞更是卸下了一个沉重的心理包袱，开始将所有的精力都集中在怎样才能将金人赶走的问题上。

第九章 挥师北征驱敌寇

对于岳飞来说，最大的愿望就是将金人驱赶出中原，收回属于大宋的锦绣山河，迎接二圣回归。为了实现这一宏伟计划，他一边加紧练兵，一边上书朝廷，希望准许自己北伐。经过他的努力，朝廷终于答应了他的请求。然而，天有不测风云，北伐开始不久，他的母亲姚氏便溘然长逝。岳飞遭受沉重的打击，不得不班师回朝，为母亲守孝。伪齐却抓住这一时机，命大将王威带兵南下，夺取了唐州。朝廷为此惊慌失措，急忙召岳飞还朝，在忠孝两难的抉择下，岳飞最终选择了前者，义无反顾地重新披挂上阵，对敌人再次发起猛烈的反击。

第一节　特殊的会议

到岳飞剿灭叛乱，高宗赵构已坐上龙椅整整十年。这十年中，他有很大一部分的时间是在颠沛流离中度过的，与宋朝百姓一样，饱受战争之苦。因此，金人的铁蹄始终是他心中的噩梦。虽然后来这几年他不用辗转逃跑了，但此起彼伏的农民起义又成为他的一块心病。好在经过岳飞和其他将领的努力，起义被镇压下去，他这才大松了一口气。然而，没有了起义军只能说是消除了内忧，外患依然存在，金人无时无刻不在虎视眈眈江南这块富饶之地，始终没有改变彻底灭亡宋朝的想法。

不过，有一点是值得庆幸的，在屡次对外对内的作战中，以岳家军为代表的抗金力量得到了快速发展，甚至具备了与金军相抗衡的实力。正是因为这些，让朝野爱国人士看到了南宋的强大，看到了复国的希望。他们一致认为，金人占领着大宋的半壁江山，虎视江南。因此，南宋的百姓和部分大臣都强烈呼吁朝廷派兵北伐，将金人驱赶出中原。赵构也知道众怒难犯，不得不慎重考虑北伐的问题。

赵构表面上胆小怕事，而内心城府却极深，在以后的日子里，他非常巧妙地处理了公道和私欲、国家利益和个人得失的矛盾，并最终实现了他不可告人的目的。

绍兴五年（1135年），张浚、岳飞因为在镇压洞庭湖农民起义中立下了大功，得到了赵构的特别嘉奖。赵构在给张浚的手札中写道："天其以中兴之功付卿乎！"在给岳飞的手札中写道："腹心之患既除，进取之可议。"并提拔岳飞为检校少保，荆湖南北、襄阳路招讨使，后又改为武胜定国军节度使、宣抚副使。岳飞随后移军京西，置司襄阳。

接下来，赵构将北伐提上了议事日程，多次与张浚商议具体的军事部署，最终决定分四路大军对金发起进攻。其中，张俊自建康府进驻泗州州治盱眙县；刘光世自太平州进驻庐州；韩世忠自承州、楚州出兵，向京东东路的淮阳军发起进攻；岳飞自鄂州进屯襄阳，目标中原。另派杨沂中的殿前司队作为张俊的后援。四人的分工各不相同，其中张俊和刘光世两军采取守势，韩世忠和岳飞采取攻势。通过这一部署不难看出，朝廷对岳飞和韩世忠寄予厚望。尤其是岳飞，特别受到张浚的器重。张浚对于岳飞迫切收复中原的决心十分清楚，并特意告诉岳飞，这一次的军事行动就是他实现抱负的最好时机，希望他不负朝廷的厚望。

对于这一次的军事行动，朝中的主战派们似乎已经看到了中原收复的那一天。岳飞更是激动万分，接到命令后立即行动，召集部下筹备各种军需物资，制定战争计划，每日忙个不停。

这时候的岳家军招降了杨幺起义军中的大量将士，又有朝廷拨归岳飞节制的韩京、吴锡、李山、赵秉渊、任士安等部将，以及从金人统治区投奔而来的抗金忠义民兵，包括河东忠义军、河北义军、京西义军及河朔的忠义民兵，另外还有梁兴率领的太行山忠义民兵，实力早已今非昔比，是当时最为强大的一支抗金力量。

万事俱备，只欠东风。然而，就在大军即将挥师北上的时候，却发生了一件出乎意料的事情。原来，因为长期在波光粼粼的水上作战，岳飞患上了严重的眼疾。他回到鄂州后进行了治疗，但病情非但没有好转，反而更加严重，眼睛红肿，视力模糊，浑身乏力，甚至连饭都吃不下。离出征的时间越来越近，岳飞的心情也越来越糟糕，害怕因为自己的身体状况影响指挥作战，在万般无奈之下，他只好向朝廷提出请辞。

然而，对于赵构来说，他并不是真的有胆量北伐，不过是给文武百官做做样子而已。因为担心岳飞辞职会影响到军队的情绪，所以他拒绝了岳飞的请求，还派了一位御医前往鄂州为岳飞治病。经过御医的精心治疗，岳飞的病情大有好转，他不敢怠慢，又马上投入操练兵马的工作中。

最初追随岳飞到江南投靠朝廷的几千人全部来自江北的中原地区，他们与金军有着不共戴天之仇，作战十分勇猛。后来镇压了洞庭湖农民起义之后，岳家军迅速扩大到十几万人的规模。其兵源主要来自三个方面：第一个来源是在战斗中收编的义军。其人数占岳家军的一半以上，成为岳家军的主要战斗力量。他们虽然没有接受过正规的训练，但已经经历了多次战斗，有着丰富的战斗经验，作战也十分勇猛。对于这一部分兵力，岳飞将他们分别编在张宪、王贵、徐庆、牛皋等心腹战将的帐下，对他们进行严格的训练，要求他们严格遵守军纪，使他们的战斗素质得到很大的提高。

第二个来源是一些从北方败下来的官兵。他们本身就接受过正规的军事训练,有着一定的军事素养,由于他们之前的长官贪生怕死,与金军作战一战即溃,他们也成为散兵游勇。但是,自从追随岳飞后,受到岳家军英勇作战风格的影响,他们作战也变得勇猛起来,成为岳家军中战斗力非常强大的一支力量。

第三个来源来自朝廷。每一次出征,朝廷都会将一批将士调拨到岳飞的部下,这些将士主要是南方人,对岳飞不太了解,也不服从他的指挥。但是,经过了几次战斗后,他们被岳飞高超的军事指挥能力和身先士卒的作战精神所征服,开始死心塌地追随岳飞。

在古代的战争中,军队中除了能征惯战的武将之外,还有一大批文人为主帅出谋划策,称为谋士或者幕僚。岳家军中同样有一支这样的队伍,他们负责军中的文字工作。宋朝时期,因为朝廷的扬文抑武思想,这些文人并不愿意从军,而是立志成为文官。但是,国难当头,一些有志之士义无反顾地放弃了自己的理想,甘愿追随岳飞保家卫国,成为岳家军中一支不可或缺的力量。

对于岳飞大量招募文人作为幕僚的举动,他手下的将领们也曾表示怀疑,甚至反感。曾经有一次,太学生出身的侯邦跟随岳飞前往镇压杨幺起义军,因为得罪了岳飞的部将郝晟差点被杀。岳飞得知消息,勃然大怒说:"侯邦乃我的谋士,我看谁敢杀他!"怒气稍平,他又跟大家解释说,"一支军队想要打胜仗,不能仅靠勇猛,还要有大量精通军事的文人出谋划策才行。"正是因为他的招贤纳士和精忠报国的思想,才吸引大量的人才纷纷投奔到他的麾下,为他所用。当时,追随岳飞的有著名文人黄纵、薛弼、李若虚等,他们不但参与军队的重大决策,还经常与岳飞谈古论今,探讨兵法。在和他们的交谈中,岳飞的文化水平也不知不觉得到了提高。作为一支军队的将领,岳飞深知自身修养的重要性,因此他非常注重自己的言行,害怕万一出现错误会被载入史册而留下终身的遗憾。他严于律己,恪尽职守,忠心报国,最终成为名垂千古的风流人物。

为了取得战争的胜利,岳飞继承了当初抗金名将宗泽的思想作风,团结一切可以团结的武装力量,制定出"联结河朔"的战略方针。河朔为现在的河北、河南、山西相连的一带,因为在此之前他一直转战于江淮一带,所以未能实现这一战略,但他还是想方设法与这一带的武装抗金力量取得联系。当时,活动在太行山一带,具有较大影响力的武装力量为梁兴、赵云领导的民间队伍,他们充分利用游击战,在十余年中给金军以有力的打击,杀死金军头领三百多人,令金军颇为忌惮。金军在恼怒之下杀死了梁兴的父母和赵云的父亲,又将赵云的母亲抓起来,关押在垣曲,想以此为条件换取赵云投降,被赵云拒绝。赵云派人向岳飞求救,岳飞立即派人悄悄渡过黄河,对垣曲发动突然袭击,顺利救出赵云的母亲。赵云对此感恩戴德,从此与岳飞结下了深厚的友谊。绍兴五年(1135年),梁兴又一次率领队伍与金军进行激战,大败金军,在太行山杀死金军大将耶律马五。岳飞得知消息,第一时间向梁兴表示祝贺。此后,梁兴渡过黄河,投奔岳飞，岳飞更加高兴，当即奏报朝廷，请求准予其在岳家军中任职。赵构也没有让岳飞失望，下诏表示"优转官资，以劝来者"。梁兴的遭遇，使河朔一带的武装力量看到了希望，纷纷表示要追随岳飞，共同抗金。

第二节　为母亲守孝

按照当时朝廷的部署，北伐军分为左右两翼，全部归于右丞相张浚指挥。张浚力主抗战，坚决要收复中原。张浚接到命令后，在干江府设置都督府，决心要取得北伐的胜利。

为了更好地取得胜利，绍兴六年（1136年）三月，张浚特意将韩世忠、刘光世、张俊、岳飞等长江中下游的几员大将召集到都督府，研究进攻金人的具体策略，最后决定将岳飞的帅府从鄂州转移到襄阳府，让岳飞担任湖北、京西路宣抚副使，准备随时向中原进兵；韩世忠则从承州、楚州出兵，攻取京东东路的淮阳军；张俊将元帅府由建康迁移到盱眙，策应韩世忠的进攻；刘光世将元帅府自太平州迁移到庐州，控制住伪齐刘豫的大军；杨沂中作为机动兵力随时准备增援。

在都督府议事之后，岳飞还特意朝见高宗赵构，向他提出很多关于北伐的建议，得到赵构的肯定。当时，张浚也在朝中对岳飞大加赞赏，极力肯定他的功劳和作战能力。按说，这一次北伐应该是岳飞大展宏图的好时机，可世事难料，恰恰在这个关键时刻,岳飞的家中出了一件不幸之事。

原来,岳飞的母亲姚氏于绍兴六年(1136年)三月二十六日与世长辞。

岳飞恪守孝道,对母亲一向百依百顺,无论军务多繁忙,只要他能腾出时间,便会守在母亲的身边,亲自为她煎药,对她的照顾无微不至。两年前,岳飞刚刚收复襄阳六郡,姚氏的病情就曾突然加重。当时,为了照顾母亲,岳飞向朝廷递交了一份辞呈,希望能够每日守在母亲的身边,可惜没有得到朝廷的允许。现在,母亲去世了,岳飞悲痛万分。面对几万、十几万的敌军未曾退却的岳飞,因为这件事一下子病倒了,卧床三天不吃不喝,只一个劲地哭泣,以至于刚刚痊愈的眼疾再度复发,而且比以前更加严重。

这时候,岳飞的故乡汤阴还被金兵占领着,所以姚氏无法叶落归根,岳飞深表遗憾,遂上奏朝廷,请求为母亲料理后事。赵构得知后,也十分悲痛,赐葬于江州,并赐给岳飞银一千两、绢一千匹,用于岳母的安葬事宜。

岳飞一向提倡节俭,但为了母亲却破例了一次。史载岳飞和长子岳云跣足徒步,手扶姚氏的灵柩前往江州庐山,沿途"仪卫甚盛,观者填塞,山间如市"。因为生前没能够在母亲的病榻前守孝,岳飞只能以这种形式来弥补自己的遗憾。办完了母亲的丧事后,岳飞便借住在庐山著名的古刹东林寺,开始了为母亲守孝的日子。

按照那时的规定,朝廷官员在职期间,若父母去世,儿子必须辞官归家,在墓地守制二十七个月,称为丁忧。而在国家出现重大变故或遭遇重大威胁时,朝廷可以让官员停止丁忧,重新入职,称为起复。岳飞丁忧期间,每日以泪洗面,形体消瘦。为了表达对母亲的思念,他特意在母亲坟墓的后面建了一座亭子,起名为"叠翠亭"。他每天都要坐在亭子里,为母亲守墓。

岳飞再次上奏朝廷,请求辞官丁忧,但遭到朝廷的拒绝,原因是收复中原的计划已经开始行动,赵构、赵鼎和张浚全都要求岳飞尽快复职。当时的抗金名将李纲知道岳飞是个大孝子,认为应该"早降处分",以免耽误收复中原的大计。为了劝说岳飞复职,他还特意给岳飞写了一封信,说道:"宣抚少保以天性过人,孝思罔极,衔哀抱恤",恳切地希望他千万不要以私恩而废公义,应"幡然而起,总戎就道,建不世之勋,助成中兴之业"。

赵构命宦官邓琮前往庐山东林寺传达圣旨,岳飞再三恳请邓琮向朝廷转达自己丁忧的决心,但邓琮坚决不允许,并愤而离去。为了让岳飞早日起复,赵构连下三道圣旨,岳飞都不愿起复。最后,赵构给岳飞下了最后通牒,说其"至今尚未祇受起复恩命,显是属官等并不体国敦请","如依前迁延,致再有辞免,其属官等并当远窜"。意思是岳飞若再不复职,将连同他的部属一并治罪,发配到边远之地。面对如此严厉的命令,岳飞不能再不计后果,更不能让部下受到牵连。恰在这时候,伪齐大将王威攻占了唐州,杀死团练使扈从举和团练推官张汉之。形势紧迫,已经容不得岳飞犹豫,他只好拖着虚弱的身体复职。回到鄂州后,他没有停留,而是立即带兵驻守襄汉。为了表达对母亲的哀思,他特意用木头为母亲雕像,随时带在身边,如同母亲陪伴在身旁。

早在姚氏去世之前的二月中旬,即张浚在都督府召开军事会议做出各路大军进军路线的部署之后,韩世忠便迫不及待地展开了行动。当时,岳飞还身处行在面见高宗,所以不能和韩世忠一起行动。韩世忠进攻淮阳军的宿迁,大获全胜,随即又展开了对淮阳军的猛攻。战斗进行了六天,宋军没有丝毫进展。第七天,金军前来支援,韩世忠看到敌人强大,只好放弃了进攻,下令南撤。之后,他又向张俊求援,点名要统制赵密所部,但张俊害怕赵密改投到韩世忠的麾下,因此迟迟不肯答应。左丞相赵鼎明白张俊的意思,干脆调赵密为临安府殿前司,又派杨沂中率军支援韩世忠。五月,杨沂中率兵来到泗州驻守,但却不愿接受韩世忠的统辖。韩世忠对此万分失望,不得不暂时停止了原定的计划。

这年六月,张浚眼看进攻无望,且秋天将到,便决定放弃进攻计划,改为防秋。秋天是最受北方游牧民族喜爱的季节,因为经过春夏两季的饲养,战马膘肥体壮,进攻力十分强悍,所以他们也往往利用这一时节南下侵犯,迫使中原地区加强应对,称为"防秋"。张浚无视朝廷的进攻命令,改为消极的防御,令很多主战派感到气愤。

当时,都统制王彦率领的八字军就驻扎在荆南府,名号为前护副军。可是,王彦却得了一场重病,生命垂危。张浚便和赵鼎商议，一旦王彦去世了，八字军便群龙无首，不如趁王彦还活着，将八字军派到襄阳府去，王彦可担任知府，兼京西南路安抚使，归岳飞指挥。等岳飞到了襄阳，并设置宣抚司后，八字军再正式并入岳家军。二人计议已定，便告知了王彦。

早在十年前，岳飞和王彦曾经闹过矛盾，而现在却将王彦划归岳飞，王彦自然心中不服，于是便向朝廷递交辞呈。考虑到王彦的身体有所好转，赵构和张浚为了息事宁人，遂改变主意，让王彦带领八字军前往临安府驻扎。王彦领命后，决定率领一万人马自荆南府乘船东下。岳飞得知消息，忙派人找到王彦，希望他摒弃前嫌，能够在鄂州停留叙旧。王彦点头答应。七月初，王彦启程，浩浩荡荡的船队顺江而下。岳飞亲自带领诸多部将幕僚来到江边迎接，可王彦并未作停留，自顾去临安了。岳飞受到冷遇，却不怪罪王彦，依然在部下面前对王彦赞不绝口。

张浚的防秋计划和八字军的南调，无疑加重了岳飞的负担，使岳家军成为一支孤军。即便如此，岳飞收复中原的决心没有丝毫动摇，他下令大军由襄阳府和邓州北上，挺进中原。

第三节 势如破竹

按照以往的惯例，秋天为中原朝廷防御北方侵袭的季节，而岳飞却不顾孤军深入的危险，坚持出兵北伐，目的是打金军一个措手不及。绍兴七年（1137年）七月，岳飞正式开始了他的第二次北伐。大军势如破竹，很快来到伪齐地盘栾州，栾州知县、修武郎李通当即率领五百多人开城归降。在后来的作战中，这五百人很好地充当了情报员和向导的角色。

接下来，岳飞命左军统制牛皋为先锋，首先攻打伪齐的镇汝军。牛皋领命，带了五千兵马向镇汝军发起进攻。当时，负责镇守镇汝军的是伪齐大将薛亨，此人剽悍勇猛，颇受刘豫的喜爱。在出发之前，牛皋曾向岳飞立下军令状，誓言一定活捉薛亨。大军出发后，他又下令将士们一边行军一边高声呐喊："活捉薛亨！"薛亨听到消息，气得七窍生烟，扬言一定要将牛皋碎尸万段。

宋军来到镇汝军城外高声叫阵，薛亨早就憋了一肚子火，带人出城迎战。牛皋亲自上阵，和薛亨展开激战。二人战了许久，牛皋瞅准时机拿着兵器向着薛亨的头顶砸下，薛亨急忙躲闪，不料牛皋乃是虚招，紧接着又一下打折了薛亨战马的马腿。薛亨的战马跌倒，薛亨也从战马上栽下来，被牛皋生擒。薛亨的两万部将看到主帅被俘，顿时军心涣散，再也不敢战下去，四散溃逃。牛皋出师大捷，宋军士气高涨。牛皋押着薛亨来见岳飞，岳飞又命人将薛亨转押到临安，让朝廷发落。薛亨表示愿意归降大宋，赵构释放了薛亨，并让他回到岳家军中戴罪立功。

在这一次的战斗中，岳飞采取的是声东击西的战术，他派牛皋声势浩大地佯攻，自己则率领主力部队向西北方向挺进。八月，岳家军大将王贵、董先和郝晟三位大将攻占了虢州州治卢氏县，伪齐守军被打得落花流水，十五万担军粮也归于岳家军，伪齐武义郎、监卢氏县酒税杨茂带领部下投降岳飞。之后，岳家军再接再厉，先后攻取虢略、朱阳，以及栾川三地。

岳家军连战连胜，士气高昂，王贵继续率军向西，先后攻克上洛、商洛、洛南、丰阳、上津等五县，控制了商州全境。

当初，抗金名将吴玠有一个部将名叫邵兴，曾是陕西解州神稷山抗金义军的头领，因为避高宗绍兴年号，改名邵隆。在岳飞进军之前，邵隆便向朝廷写了一道奏折，言明商州地理位置的重要性，"为要害之地"，若能取得商州，便可掌控关中。赵构便任命邵隆为商州知州，与金州（治西城）守将郭浩一起收复商州。然而，邵隆还未到达，商州便已经被岳飞收复。随后，岳飞派人通知邵隆，要他尽快上任，以减轻自己的压力。

就地理位置来说，商州、虢州两地为军事要冲，向北可扼守黄河，与北方抗金力量并肩作战；向东可以随时攻取西京河南府；向西直插关中，将伪齐所统治的地区分为两半。岳家军几战告捷，高宗赵构非常欢喜，对岳飞大加褒奖，"遂复商於之地，尽收虢略之城"，"长驱将入于三川，震响傍惊于五路"。随后，"商於"和"虢略"便成为商州和虢州的别名；"三川"指的是秦朝设立的三川郡，这里指"河、洛、伊"三川，五路指的是宋朝在陕西所设立的秦凤、泾原、环庆、鄜延、熙河五路。

伪齐不甘心就这样失败，便派兵偷袭岳家军的大后方，向德安府应山县发动攻击，又对邓州高安镇大肆掳掠，但其攻势很快被岳家军瓦解。岳飞继续率军向前挺进，进逼伪齐治下的顺州州治伊阳县。同时，岳飞手下大将杨再兴自卢氏县进攻长水县，于八月十三日遭遇伪齐的后军统制满在，双方在业阳展开激战。杨再兴一马当先，奋勇杀敌，其部下也勇往直前，最终打败敌人，取得重大胜利。次日，杨再兴率军来到孙洪涧，遭遇伪齐顺州安抚使张某所率领的两千多人。双方隔涧开战，箭矢如雨。杨再兴率领大军冲过山涧，再败伪齐。十五日，岳家军采取夜战的方式夺取县城，缴获敌人军粮两万余石，岳飞下令，将这些粮食一部分留作军用，一部分分给当地的老百姓，又一次为岳家军树立了威信，得到百姓的热烈拥护。

在这一次的战斗中，岳家军还有一个更大的收获，就是夺取了伪齐的一个马监，缴获战马一万多匹，从而扩大了岳家军的骑兵队伍。

对于这一次的胜利，文武百官都给予了极高的评价，其中李纲便向岳飞修书一封，说道："屡承移文，垂示捷音，十余年来所未曾有，良用欣快。"

在宋金两国长期的交战中，京西两路所遭受的破坏最为严重，人口大量减少，即便是幸存者，也在伪齐政权的统治下过着十分艰难的日子。有史书记载，从岳家军驻守的鄂州到襄阳一路，"经离乱之后，长涂（途）莽莽，杳无居民"，"墟落尤萧条，虎狼肆暴，虽军行结队伍，亦为所虐"。从商州、虢州到伊阳之间的六七百里地，宋朝时期本就人烟稀少，而经历了此番战役之后，荒凉更甚。

岳家军在山高林深的地带作战，粮食的供应便面临巨大的挑战。尽管在战斗中缴获了大量的敌军粮食，对于数量庞大的岳家军而言，不过是杯水车薪，况且这些粮食还要救济当地的老百姓。这时候，后方又传来不幸的消息，因为粮食供应不上，有不少士兵因饥饿而死，导致军心涣散，很多士兵中途逃跑。面对如此严峻的形势，岳飞只好下令暂停进攻，让王贵带着一部分兵力留守，其余主力向南撤退。

回望岳飞的这一次北伐，他从襄阳出发，先后收复了洛阳周边的一些州县，兵锋直逼旧都汴京。他之所以能够取得令人瞩目的成绩，其实与他联结河朔的思想是分不开的。用他自己的话来说："相州之众，尽结之矣！"①

当时，百姓只要听说岳家军到来，就会欢欣鼓舞，争相为岳家军服务，主动当向导，帮助军队刺探金军的情报，向军队提供车船，为岳家军的顺利进军提供了保障。对于这种情况，岳飞当然是万分高兴，遂向张浚请示：若形势继续向有利的方面发展，则可以考虑让牛皋和王贵合兵一处，从伊洛渡黄河北上，与太行山山寨忠义民兵配合，共同收复被金军占领的土地。

张浚当然也替岳飞高兴，并向高宗奏报说："飞措置甚大，今已至伊、洛，则太行一带山寨，必有通谋者。自梁青之来，彼意甚坚。"②

在形势对南宋越来越好的情况下，朝廷中依然有不少主和派，他们唯恐战斗这样持续下去会惹恼金军，便多次向高宗进谗

---

① 载《金佗续编》卷二十七。
② 《续资治通鉴·宋纪》，绍兴六年九月己巳条。

言,陷害岳飞。而从内心来说,高宗也乐得做个偏安皇帝,主张抗金不过是向国人做做样子罢了,因此他对岳飞也慢慢变得冷淡起来。

有一次,岳飞在撤退的路上巧遇一场大雨,他和部将们到山中一座寺庙里避雨,而数万将士则不得不在暴雨中继续行军。大军绵延数里,宛如一条长龙在山中盘旋,十分壮观。看着这样的场景,岳飞不无感慨地说:"我忽然想起我们的故都汴京,城墙的高度不逊于眼前这座小山!"凝眉沉思了片刻,他又满怀激情地大声说道,"我们坚决要杀过黄河,将贼人逐出中原!"

众人听了这话,无不拍手称好。

岳飞又豪迈地说:"等到我们攻破汴京,收复幽燕失地的那一天,我一定破例与诸君痛饮,不醉不归!"

然而,天不遂人愿,因为种种原因,岳飞不得不下令后撤,致使许多已经收复的失地再次沦陷。关于岳飞的这一次撤退,高宗曾说过这样一段话:"岳飞之捷固可喜。淮上诸将,各据要害,虽为必守计。然兵家不虑胜惟虑败尔,万一小跌,不知如何?更宜熟虑。"

当时,赵鼎就在旁边,对于赵构的这一番话甚是不解,但也没敢多问。之后不久,赵构又与张浚说起岳飞北伐中的胜利,再次说道:"岳飞之捷,兵家不无缘饰,宜通书细问。非吝赏典,欲得措置之方尔!"由此不难看出,赵构其实并不希望岳飞取胜,他心中有着自己的打算,不过是为了调整军事部署罢了。

按照高宗赵构的本意,他派岳飞北伐是想让岳飞"一窥陈蔡"，给金军制造慌乱，让他们忙于东西应对，不能直接威胁南宋，而他则根本不打算拓土陈、蔡，更别说渡河北上收复故土了。这年八月，岳飞拿下蔡州，奏报朝廷，要进取中原。高宗认为岳飞的行动已经脱离了目标，行动过于激进，遂缩减了粮草供应，致使大量的士兵得不到给养。目睹将士们的惨状，岳飞深感痛心和无奈，但又无可奈何。

九月下旬，岳飞回到了鄂州，眼疾复发，而且比之前更加严重，卧床不起，不敢见一点日光，白天也要关死门窗。这时候的岳飞已经无法主持军务，而身为提举一行事务的王贵又远在前线，宣抚司所有事务只能交给同提举一行事务的董先和参谋官薛弼，以及参议官李若虚处理。朝廷得知岳飞的状况，立即派名医皇甫知常与和尚中印赶往鄂州，为岳飞诊治。经过二人的精心治疗，岳飞的病情大有好转，他等不及痊愈便又踏上了征程。

第四节　忠于大宋的臣子

回到鄂州后的岳飞并没有因为取得的成绩而骄傲，依然每日忧心忡忡，无时无刻不在想着怎样才能收复故土，迎回被囚禁于北国的两位皇帝。对于徽、钦二帝，岳飞一直挂念在心。他每天吃饭的时候，都会面朝北方拜上三拜，对天长叹说："二位陛下，臣在这里丰衣足食，你们可能吃饱穿暖？"此时，徽宗已经去世，但因为当时交通闭塞，南宋对此并不知情。

为了早日完成自己的心愿，岳飞一刻也不闲着，坚持训练军队。每次训练，他都亲自披挂上阵，挥舞旗帜为将士们加油鼓气，将士们也因此将岳飞视为精神支柱。在多年戎马生涯中，岳飞立下赫赫战功，名声大振。为了更好地笼络他，高宗时不时对他进行赏赐，但岳飞平时的生活依然非常简朴。

除了严格要求自己外，岳飞对子女的要求也非常严格，按照他的规定，岳云和岳雷平时除了训练武艺、学习圣贤之道，还要到园圃里劳作，体验耕种的辛苦，知道粮食的来之不易，体谅老百姓。而且，他还禁止儿子喝酒，若有违反，必定受到严厉的惩罚。

岳飞无论是在民间还是在朝野，都享有非常高的声誉，这不仅因为他战无不胜的军事能力，更因为他对朝廷的忠诚，以及对下属、百姓的关心和爱护。

岳飞还有一大优点，就是性格温和，且非常谦虚，对待下属平易近人，喜欢听取别人的意见，知错就改，从不居功自傲。即便是身居要职，成为一方统帅，他依然保持着谦虚诚恳的优良作风，对于自己所犯的错误毫不掩饰，并及时改正。

岳飞虽为武将，又出身于农民家庭，但却酷爱读书。在那个战乱的年代，书是十分稀缺的东西，但岳飞无论是在早期艰难的生活中还是后来的为官生涯中，都没有忘记读书，他不断地从典籍中汲取知识和灵感，不停地进步。为了提高自己的文化素养，闲暇之时，他总会和幕僚们在一起谈古论今，有时候还邀请鄂州的书生们促膝长谈，与他们谈论历史上著名的事件、重大战役，从中汲取教训，总结经验，以鞭策自己不断进取。

二次北伐之后，岳飞得到高宗的信任和重用，或者说是依赖。高宗虽然并不想与金全面开战，但每次有棘手的战事，岳飞总能替他化解危机。所以遇到重大事件，高宗总会找他商议，他想觐见高宗也可以随时觐见。有一次，高宗问他："朕听说你每次吃饭都会面向北方叩拜，遥问两位圣上，不愧为忠君爱国的忠臣。可是，怎么没有听说过你这样对待朕呢？"言语中带着几分责备的意味。若换作别人，肯定会惶恐不安，恳求高宗饶恕，然而岳飞却神色自若地说："陛下衣食无忧，无须臣太过挂念。"

虽然是朝中重臣，享受荣华富贵，岳飞也不忘初衷，看淡功名利禄，不计个人得失，为国尽忠，这在封建社会是非常少见的。他以自己高尚的品德深深地感染着岳家军的将士们，同时也为后人树立了一个伟大的军人形象，令世人敬仰。

第五节　第三次北伐

伪齐大军在伊、洛一线遭遇沉重打击，损失惨重，伪齐皇帝刘豫害怕金国责难，为此忧心忡忡。为了挽回面子，他决定对宋施行报复，调集大军进攻淮河中下游和长江下游一带。

绍兴六年（1136年）农历九月，刘豫派儿子刘麟、侄子刘猊、大将孔彦舟分三路向南宋展开反攻。其中，刘猊统率东路军自涡口渡过淮河，进攻定远县，以夺取刘光世管辖的太平州、宣城、徽州等地；孔彦舟率领西路军自光州境内渡淮，攻取光州，目标为六安。不料，刘猊率领大军刚走到淮东，就遭遇韩世忠的阻拦，无法前进，只好在顺昌府（今安徽阜阳一带）城内驻扎。

刘麟率领中路六万军马，对外声称十多万，由淮西渡过淮河，在濠州与寿州之间驻扎下来，目标是张俊驻守的庐州。为了应对伪齐的入侵，朝廷将杨沂中划拨在张俊的麾下，命他率军由临安赶赴淮西，与张俊汇合。此后，杨沂中与刘麟的军队相遇，双方剑拔弩张，战斗一触即发。

刘豫也是一个精明的家伙，他想到南宋害怕金军，便让一部分士兵换上金兵的衣服，以增加对宋军的威慑。

刘光世和张俊果然被吓到，通过赵鼎上奏朝廷，此地有金军的援兵，希望撤退到江南，以远离金军，而张浚则极力主张高宗北移建康，以鼓舞士气。刘光世对此深感不安，忙找到赵鼎，假惺惺地说："我所有的部下都在当涂，而我却镇守在庐州，现在圣上也临近当涂，万一战斗打响，我无法亲往指挥，恐对圣上不利，不如放弃庐州，撤回当涂，以更好地保护圣上。"他名义上是为了保护高宗，其实是想逃跑。

面对如此严峻的形势，赵鼎上奏高宗，请求让岳飞带兵东下，到江州驻扎，准备迎击敌军，并填补长江中游的军事空白地带。高宗遂下令正在鄂州养病的岳飞火速带兵东移，进驻江州。岳飞接到战斗命令，立即调兵遣将，带领大军挥师东进。

右丞相张浚认为敌人强大，当以防守为上策，反对赵鼎的主动出击战略，二人因此产生嫌隙。他认为，一旦张俊放弃庐州、淮南，将会导致整个长江军事要塞防备空虚，无法抵御敌人的进攻。若淮南落入敌手，大军的运粮线路被切断，长江以南的安全也将面临严重威胁。

张浚得知岳飞被调到前线的消息后，十分生气，立即前往干江府找到高宗，陈述利害。他说，伪齐的这一次侵袭不过二十万人，且根本没有金兵，乃一群乌合之众，完全没有必要害怕。而岳飞所驻守的战略位置非常重要，不可轻易调动。况且，岳飞现在眼疾未愈，不适合鞍马劳顿，因此请求高宗撤回原来的决定，仍然让岳飞镇守鄂州。对于刘光世放弃庐州、迁移当涂的做法，张浚更加气愤，说这无异于将大好江山拱手相让，让南宋再次蒙受屈辱。

听说伪齐的军中并没有金军，赵构大大松了一口气。接着，张浚又进一步向赵构言明放弃江北，江南也终将难保。

十月，张浚带着圣旨来到刘光世的驻地，向他传达高宗的旨意。刘光世知道皇命难违，二话不说便上了战马，带领大军返回庐州去了。

刘光世大军前脚刚回到庐州城外，伪齐刘麟大军后脚便赶到了，刘光世虽然怯敌，但也只能硬着头皮迎战。经过一整天的鏖战，宋军大败伪齐，刘光世得以进城，免受高宗的处罚。刘猊率领的伪齐东路军及孔彦舟率领的西路军看到中路军被打败，士气涣散，很快便仓皇撤退。

伪齐败退的消息传到临安，高宗认为危险已经解除，岳飞也再没有调动的必要，于是又向岳飞下了一道诏书，先是对岳飞褒奖了一番，又让他停止前进，返回鄂州。此时的岳飞已经来到了江州，得知敌人已退，也大松了一口气，遂带领大军返回鄂州。回到鄂州后，岳飞视察了军营，眼疾突然加重，再也无法支撑，只好将军务暂交给部将打理，而他则上奏朝廷，请求辞职，安心疗养。

岳飞返回鄂州的消息传到刘豫的耳朵里，他认为反攻南宋的机会来了，于是不顾刚刚吃了一场败仗后士气低落的实情，再次集结兵马，并向金军求援，挥师南下。这一次，刘豫汲取之前的教训，对军队进行了详细的部署，将整个战区划分为三条战线，并让部将刘复率领一支军队作为中线攻取唐州，最终目标为襄阳；以邓州、唐县、信阳军为南线，商州、卢氏为北线，如此一字排开，齐头并进。为了达到理想的效果，他还将大军分为五路，威胁南宋。

这时候，岳飞向朝廷递交的辞呈还没有摆在高宗的御书案上，却又接到朝廷调拨的命令。同时，赵构又给岳飞写了一封亲笔信，并派御医为他治病。在信中，高宗让岳飞将琐碎的军务交给幕僚处理，而他只须掌握大局便可。最后，高宗以军务紧急为由催促岳飞尽快动身。君命如山，岳飞不敢怠慢，当即调兵遣将，带领着浩浩荡荡的大军上路了。

当时，李纲担任淮西路安抚制置大使，所管辖的区域与岳飞的战区紧紧相邻。他得知岳飞的行动消息后，立即上奏朝廷，请求派刘光世前去支援岳飞，并派重臣到九江督战。此外，他还给张浚写了一封信，说出了自己心中的担忧。然而，让他怎么也想不到的是，他的奏表和书信刚送出去，岳飞便已经在前线取得了重大胜利。虢州守将寇成打退了敌人的进攻，但却违背军令，将五百降兵全部杀掉。岳飞对此十分愤怒，当即上报朝廷予以弹劾。

伪齐第一路大军一万多人直攻商州，镇守商州的是岳飞的部将贾彦，其兵力有限，难以抵御来势汹汹的敌军。贾彦唯恐有失，急忙向岳飞求援。

伪齐的第二路大军是伪齐与金国的联军，大概有三万五千人，其中金兵一万五千人（含三千骑兵），伪齐军二万人（含二千骑兵），他们负责攻取卢氏县。镇守卢氏县的是寇成，他英勇善战，有勇有谋，面对来势汹汹的敌人，采取了诱敌深入之计，选择地势险要的横涧设下伏兵。十月二十九日，伪齐与金联军的先头部队一千多人抵达卢氏县，被寇成打败，损失一百多人，战马数十匹。次日，数千敌军再次集结进攻，再次不敌宋军，并有一首领被俘。寇成审讯后得知，金齐联军主力很快就要到来。考虑到敌众我寡，恐将不敌，寇成急忙向岳飞求援。

伪齐将领西京留守司统制施富、任安中、郭德、魏汝弼等分别率领一支队伍，作为第三路大军进攻邓州。镇守邓州的是岳家军大将张宪。张宪率领一万多人前去迎战，双方在内乡相遇。经过和郝晟、杨再兴商议，决定由郝晟和杨再兴带领一部分兵力预先设伏，张宪则带领另一部分兵力引诱敌人。第三天，双方开始交战，张宪的部队与敌人刚一交战便佯装败退，敌人上当，疯狂追赶，进入宋军预设的伏击圈内，被宋军打败，郭德、施富等一千多人成为俘虏，魏汝弼则带领残兵败将突围逃跑。另外，岳家军还缴获敌人战马五百多匹。

刘复率领第四路大军向唐州进发。刘复是刘豫的五弟，精通用兵之道，绰号"五大王"，嚣张跋扈。岳飞自蔡州撤退之后，蔡州再次沦陷。刘复在出发之前便下令部将李成率领主力悄悄进入蔡州设伏，而他自己则带领其余军队向岳家军发动佯攻，企图引诱岳家军进入蔡州，然后将其全部消灭。

这时候，岳家军大将牛皋也带领八百步兵在唐州与敌人激战，打败伪齐将赵福的部队，一直追赶到和尚寨，杀死伪齐大将马汝翼，俘敌一千三百多人，战马三百多匹，取得重大胜利。于是，岳飞便派王贵、董先、牛皋三人前去迎战刘复。董先指挥大军深入对方占领的区域，却不时遭遇规模庞大的敌骑兵攻击，董先害怕吃亏，只好下令撤退。

对此，牛皋十分不满，找到董先说："如此节节败退，岂不是助长了敌人的嚣张气焰，让他们更加轻视我们？"

但是，对于牛皋的不满，董先不以为意，也不做过多的解释，强令大军后撤百里。刘复率军在后穷追不舍，一直追了三天。董先终于下令大军停止后撤，并冲牛皋等诸将说道："真正的战斗从现在开始，大家切莫辜负了岳将军的厚望，奋勇杀敌吧！"

很快，追兵赶到，董先分别使用小旗、小鼓和小锣指挥大军向敌人发起反击。原来，他同样采取了诱敌深入之计，假装败退，每撤退到一个地方，便留下一支伏兵。当撤退到既定地点时，因为熟悉地形，所以掌握了战争的主动权。在他的指挥下，岳家军一鼓作气，打败了伪齐军队。伪齐与金联军只好向唐州界内的牛蹄、白石等地方撤退，却又遭到沿途伏兵的围追堵截，被杀得惶惶如丧家之犬，狼狈逃窜，最后仅有刘复一人逃跑。

这一次战役，岳家军大获全胜，得战马三千余匹，俘虏骑兵千余名，实力再次扩充。

伪齐还有一路骑兵部队，负责进攻信阳军。当时，岳家军的统制崔邦弼正镇守长台镇。他指挥部下英勇作战，痛击来犯之敌，敌骑兵大败而归。

说起来，这一次岳飞能够取得全胜，还要感谢部将董先的一个同乡。说起他的这个同乡，还有一个较长的故事。在开战之前，岳飞已经猜透了伪齐的作战意图，所以将大部兵力部署在唐州一线，并让董先领导牛皋、李建、傅选等，各率本部人马迅速奔赴邓州支援王贵。紧接着，岳飞也赶到邓州、蔡州一带，坐镇指挥。

十一月中旬，岳飞到达蔡州与王贵大军汇合，他听取了王贵的汇报后，得知伪齐大将刘复仓皇败退，心中感到怀疑，因为刘复的部下有十余万人，是王贵兵力的十倍还多，不可能这样不堪一击，其中必定有诈。是夜，岳飞亲自带了一支小队悄悄摸到蔡州城下探勘虚实。借着昏暗的夜色，他看到蔡州城墙高大坚实，城墙外有又深又宽的护城河，城墙上虽然没有士兵把守，却插着几面旗帜。为了摸清敌人的底细，他让将士们齐声呐喊，制造攻城的假象。果然，城墙上立即有了回应，旗帜舞动，紧跟着便有黑压压的人头出现，并向城下射箭。从敌人快速的反应中不难看出，城内埋伏着大量的军队。

随后,岳飞请求朝廷派兵支援,先期攻下蔡州,然后再挺进中原。然而,高宗不愿意招惹伪齐背后的金,以条件尚不成熟为由拒绝了。岳飞考虑到这次出征只带了十余日的军粮,且解救前线岳家军的目的已经达到,没有必要与敌人恋战,遂决定放弃攻打蔡州,撤军鄂州。他带领主力先行撤退,由董先带领一部分兵力断后。刘复在撤退之前曾下令李成、李序、商元、孔彦舟、王彦先、贾潭等部分别埋伏在蔡州附近不同的地方,伺机消灭岳家军。现在,这些人看到岳飞没有上当,而且要撤退,当然不肯就这样放岳飞走,于是紧紧追赶。

董先看到后有追兵,便让大队人马先走,他单枪匹马迎敌。等敌人接近时,董先意外地发现领头的竟然是自己的同乡。二人相见,分外惊喜,于是便放下武器叙起旧来。这位同乡告诉董先说:除了自己之外,还有十多位大将各率一万多人正从不同的方向包抄过来,目标是岳家军的大本营鄂州。他还告诉董先说,在这次作战之前,李成已经打探到岳家军只有两万人,而真正可以作战的仅一万四千人左右,且军粮有限,所以志在必得。为此,李成还准备了大量的绳子,用于将捉到的岳家军士兵全部捆起来,十个人串成一串,押往大名府请赏。最后,这人又善意地提醒董先说:"我们只是负责侦察,兵力很少,大队人马就在后面,马上就到,你们要抓紧撤退。"

根据得到的情况,董先马上改变部署,先派人火速向岳飞报告这一情况,然后下令部队就地驻扎,并带领一部分人到周围视察地形，将一大部分兵力埋伏在树林中虚张声势，自己带领一小部分人堵在桥头上，等待着李成军的到来。

很快，李成率领大军赶到，看到桥头上仅有董先和很少的兵力，虽然心中有所怀疑，但想到自己人多势众，还是狂妄地向董先大喊，要他下马束手就擒。

面对强大的敌人，董先毫不畏惧，朗声笑道："今日束手就擒的非我董先，乃是你李成也！"

李成等人听了这话，又看到董先气定神闲，再看树林内，尘土飞扬，人叫马嘶，动静非常大，更加怀疑树林中埋伏着大量的岳家军，所以不敢轻举妄动，双方就这样僵持下来。

再说岳飞接到董先的报告，不敢大意，急忙亲率大军前来支援。李成知道即便自己拥有兵力优势，可和岳飞作战还是难以抵挡，遂下令撤退。岳飞岂肯就这样轻易放过李成，下令追赶，一直追出三十多里，将李成军杀得四散溃逃，活捉伪齐军官数人，士兵数千人，大获全胜。这便是历史上著名的牛蹄山大战。

对于被俘的伪齐将士，岳飞依然采取了怀柔政策，给他们分发路费，并让他们转告家乡的父老，金人和伪齐统治者都暴虐无常，而大宋皇帝恩德无量，有朝一日必将收复中原，希望得到家乡父老的支持。被俘的伪齐将士本来以为自己会被杀掉，现在不但没有被杀，还得到了路费，都对岳飞感激涕零，千恩万谢一番各自回家去了。

随后，岳飞将战况报告高宗赵构，赵构自然十分高兴，遂传召提拔岳飞为太尉，晋升王贵为棣州防御使，牛皋升为龙神卫四厢都指挥使和建州观察使。

第三次北伐的胜利给伪齐政权以沉重的打击，使岳飞的声望大大提高，同时也鼓舞了将士们的士气，提高了他们收复中原的信心，朝野振奋。

但是，面对如此重大的胜利，性格软弱的高宗赵构依然不敢放开手脚让岳飞去用兵中原，岳飞收复故土的壮志在短时间内依然无法实现。

第十章 一腔热血卫山河

　　自古以来，功高震主者往往难善终，岳飞也难逃这样的厄运。宋高宗赵构贪恋自己的皇位，唯恐岳飞彻底打败金军，迎接钦宗归来，会威胁到自己的地位。因此，随着岳家军的实力越来越大，他的这种恐惧心理也越来越强，对岳飞的猜忌也越来越大，君臣之间逐渐出现隔阂。为了保住自己的龙椅，赵构不顾大宋的尊严，甘愿向北国屈膝下跪。对于他这种奴颜婢膝的行为，朝野上下谴责声一片，但赵构已经铁了心要议和，并为此培养了一大批像秦桧这样的奸佞之臣，以增加议和的声量。最终，他如愿以偿，与金人签署了丧权辱国的协议。

第一节 从信任到猜忌

岳飞从一个最平凡不过的农民,经过多年脚踏实地的奋斗,终于成为统兵一方的将领,深得朝廷的信任。假如他是一个深谙处世之道,又善于变通,会主动迎合的人,或许会前途无量。然而,他偏偏生性耿直,不会逢迎巴结,认准的道路就一直走下去。

他的志向就是收复旧山河,金人一日不被赶走,他就一天不甘心。每当夜深人静的时候,他经常遥望北方,幻想着金人被赶走的那一天。为了早日实现自己的愿望,他还精心制定了一个详细的作战计划:由他率领岳家军自鄂州北上,直指汴京,同时朝中其他将领从东南和西北两翼出兵配合,对伪齐和金军形成三面合围的态势,最终消灭伪齐,将金人赶出中原。并且他也做出决定,等那一天到来,他便解甲归田,告老还乡。他从来没想过篡权谋位。但是,皇帝因为权力和位置的特殊性,一般都有很强的猜忌心,高宗也一样,总害怕有一天会被人从龙椅上踹下来,因此对拥兵自重的大臣有着很强的防备心理,岳飞自然是他第一个防备的目标。恰在这时,朝中又发生了一件不愉快的事情。

原来,对于是否继续北伐,朝中也存在着两种声音,一种认为应该再接再厉,一鼓作气收复故土;一种认为应该偏安一隅,不可贸然出击。朝廷中的两大重臣赵鼎和张浚对此也出现了不小的分歧。随着他们的分歧越来越大，渐渐演变成不可调和的矛盾，每日争论不休，无法达成统一的意见。赵鼎在气怒之下干脆辞去宰相的职务，后被调往绍兴做了一名小小的知府。

赵鼎走了之后，宰相的位置出现空缺，秦桧便在这个时候登上了政治舞台。

建炎四年（1130年），秦桧回到临安，却没有得到职位，赋闲在家。但是，他是一个不甘寂寞的人，千方百计讨得了宰相张浚的欢心。当时张浚还是主战派，而秦桧又在北宋末年反对过与金议和，张浚认为两人的立场一致，因此想拉拢秦桧，一是提高主战派的声音；二是培植自己的势力，甚至希望培养一个接班人。

这时候的秦桧已经投降金国，并答应回到南宋后充当奸细。为了掩人耳目，他表现得很低调，极力克制着自己贪欲无度的心理，对张浚百依百顺，表现出极大的忠诚。

绍兴五年（1135年），宋徽宗去世，由于古代交通闭塞，信息传送非常慢，直到绍兴七年（1137年）正月，高宗赵构才得知消息，他在群臣面前假惺惺地痛哭一番，声情并茂地诉说他和先帝之间的骨肉情深，以及与金人的家仇国恨，对中原不能收复的愤怒，而他下朝之后，却是另外一副模样。岳飞也被高宗表现出来的假象所迷惑，经常与他谈论收复旧山河的雄心壮志。

这年二月，岳飞奉旨进京面圣，二人再次谈起收复故土的问题。高宗突然问道："卿有良马否？"表面上，高宗的这句话与朝政无关，其实却是在暗示岳飞，希望他能成为一匹任凭朝廷驾驭的良马，顺从朝廷的意志与金国和谈。

岳飞不明白高宗的意思，他思忖片刻，十分巧妙地回答说：

> 骥不称其力，称其德也。臣有二马，故常奇之。日啖刍豆至数斗，饮泉一斛，然非清洁，则宁饿死不受。介胄而驰，其初若不甚疾。比行百余里，始振鬣长鸣，奋迅示骏。自午至酉，犹可二百里。褫鞍甲而不息不汗，若无事然。此其为马，受大而不苟取，力裕而不求逞，致远之材也。值复襄阳，平杨么，不幸相继以死。今所乘者不然，日所受不过数升，而秣不择粟，饮不择泉，揽辔未安，踊跃疾驱。甫百里，力竭汗喘，殆欲毙然。此其为马，寡取易盈，好逞易穷，驽钝之材也。①

岳飞说良马吃得多喝得多，而且特别挑食，宁愿饿死也不吃不干净的草料，不喝脏水。这样的马起初会跑得慢，但跑一段时间会突然加速，耐力非同寻常。卸了马鞍之后也不会觉得疲劳，不会流汗，这样的马才是真正的良马。而普通的马不挑食，什么草都吃，什么水都喝，食量也小，可跑不远就会气喘吁吁，浑身流汗，甚至快要累死。

很明显，岳飞这是借良马来讽谏高宗，告诉高宗该如何让朝中大臣发挥自己最大的能力，同时也暗示高宗应该将军队的指挥

---

① 《金佗稡编》卷七《行实编年》四。

大权放心大胆地交给自己,这样才能早日驱赶金人,收复中原。另外,他还劝高宗不要被金人的强大所吓倒,也不要因为之前几次北伐效果不理想而悲观失望,应当目光长远,着眼未来。

高宗本来想用良马能负重行远来劝说岳飞,希望他能成为一匹被主人驾驭的性情温顺的良马,听从朝廷的安排,与金人和谈,不料岳飞用饥不择食、渴不择饮,来直接讽刺主张投降的大臣,用容易满足来讽喻高宗的胸无大志、苟且偷安。高宗自然听得懂话外音,因此心中非常不快,自此他与岳飞的嫌隙更大了。但正值朝中用人之际,他并没有将自己的不满表现出来,而是对岳飞说了一些安慰和鼓励的话,并拜岳飞为太尉,成为宋武臣之最,将中原大事托付给他。托付的本意其实也是求和,但生性耿直的岳飞根本没有揣摩出高宗的言外之意,认为皇帝已同意让自己以武力来收复中原。

第二节　归隐庐山

这年三月,高宗听从张浚的建议,将行在迁往建康府,岳飞奉命随行。九日,大队人马到达建康府,高宗在寝阁单独召见岳飞,将"中兴大事"托付于他,并告诉他,除韩世忠、张俊所部之外,其余兵力全部受他节制。

所谓节制,就是指挥。因为这一道命令,岳飞在朝中的地位得到很大的提升,不仅掌管了刘光世的五万两千余人的行营左护军,还掌管着受吴玠统领的六万八千人的右护军,以及杨沂中的三万殿前司军,和一万两千多人的侍卫马军司、侍卫步军司,总计在十七万人左右,远远超过了韩世忠和张俊兵力的总和。

随后,高宗手写诏书,让岳飞赴淮西接管行营左护军。这时候的岳飞大权在握,是宋朝历史上从未出现过的,也充分说明了高宗对岳飞的信任和倚重。君臣二人谈话之后,岳飞错误地认为收复故土指日可待,因此激动万分,开始全身心地投入收复中原的准备工作中。在赴淮西之前,他特意给高宗上了一道奏折,表明自己报效国家的决心。

此时岳飞的身份已经发生了重大变化,不再只是荆湖北路和京西南路的宣抚使,而是"天下诸路"宣抚使,除京东东路和南路分别归韩世忠与张俊管辖外,其余京西、陕西、河北、河东全都归岳飞管辖。岳飞掌管诸路军马,踌躇满志,提出要在两到三年内收复全部失地。但是,他唯一担心的是军粮的供应问题,因此他在奏折中特别强调此事,希望能够引起高宗的重视。高宗读了奏折,也有些热血澎湃,当即批复让岳飞便宜行事。

十四日,朝廷和都督府分别向岳飞传达命令,让他招降伪齐臣僚,并允许他进入伪齐境内后,视情况便宜行事,凡事允许先斩后奏。都督府列出了刘光世部下人马的清单,让岳飞接收,同时罢免刘光世。因为还没有正式宣布,为了防止泄密,让岳飞小心掌管,不得下发到宣抚司。岳飞接到命令,不敢在建康久留,便匆匆上路了。

淮西军为刘光世一手创立,曾经在南宋初年金军大举南犯时立下了汗马功劳。南宋政权稳定之后，刘光世突然失去了战斗的意志，作战十分消极，对淮西军的管理也松懈下来，因此遭到朝野上下的一片指责。刘光世也知道自己早晚会被高宗所弃，为了能够全身而退，他不等高宗开口，便以身体抱恙为由请求辞官，这正合赵构的本意。赵构在高兴之余，赏赐刘光世大量的金银和珍宝古玩，并给刘光世的部将王德等人写了亲笔御札，要他们务必听从岳飞的指挥。

此时伪齐刘豫政权连续作战失败，士气十分低落，毫无斗志，岳飞看到了这一点，认为正是反攻伪齐的大好时机，但苦于自己兵力太少，难以实现收复中原的壮志。现在，高宗将刘光世的几万将士划拨给他，无异于雪中送炭，他自然欣喜异常，认为自己实现宏愿的机会来了，遂多次上书高宗，希望能够挥师北上。

对于岳飞的请求，高宗在高兴之余也有一些担忧，他想到当初太祖正是因为手中权力过大，掌握了太多的军队，才得以上演陈桥兵变、黄袍加身的"大戏"。也正是因为如此，数百年来宋朝一直坚持扬文抑武的政策，对武将忌惮三分，颇为防范。精明的秦桧看透了高宗的心思，便和张浚一起以历史故事来提醒高宗，让他不要给岳飞太大的权力，以免金人未灭，新祸又起。高宗本来就心有疑虑，又加上二人的谗言，更加对岳飞不放心了。因此，他一直没有正式下诏让岳飞去接管刘光世的军队。

没有皇帝的亲笔诏书，岳飞就无法正式收编、统领淮西军，否则就是拥兵谋反。更有一些文武官员向高宗提议："既然刘光世已经请辞，就不要再任用其他将领，以免有朝一日这些武将会闹出什么事情来。"高宗听了这些言语，彻底改变主意，打消了让岳飞去接管淮西军的计划，改提拔王德为都统制，并将其划归张俊统领。之后，高宗又给岳飞写了一封信说："淮西合军，颇有曲折。前所降王德等亲笔，须得朝廷指挥，许卿节制淮西之兵，方可给付。仍具知禀奏来。"后面一句体现出高宗收回成命的急切心情。岳飞看到书信后，心中万分失望。

因为自己的出尔反尔，高宗赵构也觉得愧对岳飞，所以未再召见他，而是让张浚出面与岳飞直接对话。

张浚也觉得非常对不住昔日的老战友，有心推诿，但皇命不可违，只能硬着头皮与岳飞谈话，他佯装什么事也没发生过，开门见山问岳飞道："淮西军都非常佩服王德，愿意受他的统制，现在皇上让我去统领，让吕祉担任都督府参议，将军以为如何？"

岳飞知道，张浚这不是在征求自己的意见，而是在通知自己，接管淮西军的计划彻底成为泡影。面对这突如其来的变化，岳飞虽然心中非常气愤，但却表现得非常平静，说道："淮西军大都是叛亡盗贼，最容易生变，王德与淮西旧将郦琼又素来不和，必然出现争执。而吕尚书（吕祉）虽然才高八斗，但毕竟是一书生，不懂军事，恐难以服众。"

张浚听了这话，心中略有不快，问道："张俊如何？"

岳飞回答说："张宣抚性子太暴躁，又谋略不足，郦琼第一个会不服。"

张浚心中更加不高兴了,但仍然心平气和地问道:"杨沂中呢?"

岳飞说道:"杨沂中虽勇猛非常,但与王德情况相似,如何驾驭这支部队?"

张浚终于忍不住心中的怒气,不无嘲讽地说道:"以太尉之意,非你不可吗?"

岳飞也不由得恼怒起来,说道:"都督询问下官,下官怎敢不如实回答?"

两人最终不欢而散。回到住处,岳飞冷静下来,认为接管淮西军是目前头等大事,也是收复中原的唯一途径。于是,他再次觐见高宗,提出接管淮西军,并详细地诉说了自己的理由。高宗耐心地听了岳飞的话,冷冷地问:"若答应你的请求,何时才能收复中原?"

岳飞回答说:"两到三年。"

高宗心中非常不快,愠怒道:"朕身在建康,有赖驻守淮南的军队守护,若将刘光世的淮西军交给你,一旦情况有变,中原不但不能收复,丢失淮南,建康和临安都岌岌可危,这个责任你负得起吗?"说完愤然离去。

岳飞碰了一鼻子灰,也确定了皇帝的态度,他再也不提接管淮西军的事情,默默地退了下去。此后不久,高宗正式下诏,将淮西军分为六支军队,全部归于都督府管辖,由王德负责训练。

岳飞得知消息,在万分失望之余又陷入深深的思索之中,他想到之前收复襄阳六郡时,高宗曾明确表示,不许越界一步;

后来攻打伊、洛时，又命令不准渡过黄河。现在正是收复中原千载难逢的大好时机，又无情地分散他的兵力。若看单一事件，或许是偶然，而几件事联系在一起，则不难发现是别有用意。他越想越对高宗感到失望和愤慨，再看这朝堂上的嘴脸，忠义之人少，以公谋私、因私废公者居多。国耻未报，国难未纾，这朝廷却已变得如此混沌，他感到无力之余，渐渐产生了归隐之心。于是，他上书朝廷，以自己和张浚意见不合为由，请求解除自己的职务，借以表达对高宗的不满。

按照当时的制度，大臣提出辞呈后，须得到朝廷的批准方能离任，但盛怒之下的岳飞已经顾不上这些了，他将辞呈写好递交上去，把军中事务向部下做了交代，不等皇帝批准便私自离任，回到庐山东林寺，为母亲守孝。

岳飞此举属于擅离职守，张浚对此恼羞成怒，多次上奏弹劾岳飞，说岳飞居心叵测，企图兼并淮西军，有不可告人的目的，并以此要挟朝廷。张浚在当时也是位高权重的大臣，深得高宗的信赖，他的弹劾对岳飞具有很大的威胁。

秦桧既为金国奸细，若能铲除岳飞这样的能臣，自然是自己的大功一件，他一边听着张浚弹劾岳飞，一边观察高宗的反应，同时还思考着如何才能将岳飞彻底扳倒。

第三节 淮西军的背叛

对于岳飞的不辞而别,高宗当然十分愤怒,也因此加重了心中的猜忌。但这时候战争还在持续,朝中离不开像岳飞这样优秀的军事统领,加上文武百官纷纷为岳飞说情,他权衡利弊,最终没有追究岳飞的罪,而是派都督府参议军事张宗元代领岳家军,以稳定军心。

张宗元为张浚的心腹,对岳飞同样怀有很深的成见,岳家军对于他的到来十分戒备,纷纷担忧地说:"皇上派张宗元来统领我们,看来太尉很难回来了!"

不久,因病告假的张宪返回军中,开始主持军务,他召集众将,向大家解释朝廷派张宗元来的原因,总算是勉强稳定住了军心。张宗元在岳家军中待了一阵子,看到军队纪律严明,将士们斗志昂扬,渐渐地解除了对岳飞的成见,并从内心深处对岳飞产生了敬佩之情,不禁由衷地称赞道:"太尉果然治军有方,名不虚传啊!"从此以后,他开始精心操持军务,很快便与军中的将士们打成一片,赢得了将士们的尊敬。

多年后,当我们再回顾那段历史,不难发现,当时高宗已经不再信任岳飞。

岳飞愤而离去,高宗起初视而不见,但不久他又给岳飞写了一封信,要他继续为朝廷效力。但是,岳飞却以为母亲守孝为由婉拒了高宗。高宗不死心，又给岳飞下了第二道御札。岳飞仍然不肯复职，不过给高宗写了三道奏疏，言明自己没有丝毫的野心，只是为了收复故土，驱赶金兵，希望高宗能够理解他的一片忠心。

高宗也给岳飞回了一封信，说道："朕理解你的一片苦心，也非常感谢你对朝廷的忠诚，既然身为朝廷大臣，就当心胸宽广，不可再斤斤计较。"

岳飞不过是布衣出身的武夫，却让高宗低三下四地多次求他出山，这是严重违背君臣礼制的行为，是对皇帝的一种不敬甚至是侮辱，而心胸狭隘的高宗又怎能容忍？不过是因为当时特殊的形势，朝中暂时不能没有岳飞，所以高宗才不得不选择了隐忍。

随后，高宗又派鄂州宣抚使司的参议官李若虚和统制王贵带着御札，去庐山说服岳飞返回鄂州。二人见到岳飞后，苦苦相劝，岳飞始终不肯点头。李若虚见状，十分焦急，不由得加重了语气说："是欲反耶，此非美事。若坚执不从朝廷，岂不疑宣抚。且宣抚乃河北一农夫耳，受天子之委任，付以兵柄，宣抚谓可与朝廷相抗乎！"

最终，岳飞听从众人的劝说，同意复出。随后，他和李若虚、王贵一同回到建康，并放低了姿态，三次向高宗低头认罪。这时候，张宗元也从鄂州返回建康，将自己在岳家军中的见闻讲给高宗听，称赞岳飞治军有方，岳家军将士们个个忠勇。高宗虽然对岳飞本人不满，但听说岳飞的军队忠于朝廷，遂放下心来。

返回鄂州后，岳飞想到接管淮西军的希望已经彻底破灭，收复中原只能靠一己之力，遂再次上奏高宗，请求北伐，勉强得到高宗的同意。于是，岳飞开始整备军马，准备北伐。恰恰在这个时候，南宋发生了一件大事。

原来，王德接管淮西军之后，官职也被提升为行营左护军都统制。但此人十分骄狂，不将别人放在眼里。郦琼遂联合众将上书朝廷，状告王德无礼。朝廷知道王德和郦琼二人素来不和，为了安抚郦琼，便提升其为行营左护军副统制。此外，张浚仍然派兵部尚书吕祉做淮西军的监军，又将王德的八千部属调到建康。

一切正如岳飞所料，吕祉虽为兵部尚书，却根本不懂治军，在军营中依然奉行"扬文抑武"的政策，看不起淮西军的将领，对他们毫不尊重，呼来喝去。郦琼对朝廷感到非常失望，遂联络军中的将领们，意图谋变，被吕祉提前发现。吕祉不敢大意，急忙向高宗密报，请求罢免郦琼，另外派大将来接管郦琼的位置，不料信的内容却被他的书吏报告给了郦琼。

朝廷看到奏折后，认为此事非同小可，遂派张俊为淮西宣抚使、杨沂中为淮西制置使，准备接管淮西军。郦琼得到消息后，决定铤而走险，杀死吕祉，带领四万部属投降伪齐。这样一来，就使得宋朝前沿四大军区之一完全失去了防护的能力。消息传到临安，朝野一片震惊。

宋高宗更加感到大事不妙，急忙写信给岳飞，希望他能出面劝说郦琼重新归宋，并表示不会追究郦琼的罪过，并授予郦琼比之前更高的官职。岳飞遂给郦琼写信，苦口婆心地劝说，但郦琼知道赵构是个什么样的皇帝，完全不为所动，拒绝再回南宋。

淮西军的反叛直接导致南宋损失大量具有战斗力的军队。

从表面上看，这起事件似乎是因为右丞相张浚的刚愎自用，让不懂军事的吕祉代替岳飞接管淮西军而引起的，所以张浚当负全部责任，而追究更深层次的原因，还是源于宋太祖最初所制定的"重文轻武，以文制武"的国策，导致武官在朝中的地位极低，说话没有分量，他们纵使满怀壮志也报国无门。

绍兴七年（1137年）九月，因为对淮西兵变负有主要责任，张浚被罢除宰相职务，其都督诸路兵马的兵权也被解除，由赵鼎取代。可以看到，兵权还是交到了一个文人手中。

幸好赵鼎为主战派，极力反对议和，他掌管大权之后，开始重新启用岳飞、韩世忠等一大批爱国将领，并制定积极的防御政策，以抵抗金军的侵略。但是，他的一系列主张与以高宗和秦桧为首的投降派的思想背道而驰，所以不免产生了矛盾。

第四节　立储风波

淮西兵变的消息传到鄂州，岳飞忍不住大吃一惊，急忙向高宗奏报，为了朝廷的安全，应当允许岳家军到淮西驻守，以防备敌人偷袭。这时候，高宗对武将的戒备心理更加严重了——郦琼反叛，谁知道岳飞安的什么心呢？所以他没有同意岳飞的请求，只让他带领水军前往蕲州蕲春县蕲阳镇和江州部署防备事宜。

随后，高宗又下诏岳飞的参谋官薛弼到建康面君。薛弼自鄂州出发，途经江州，先拜见了岳飞，二人又一同前往建康。在船上，薛弼看到岳飞专心写小楷，便问写的什么。岳飞起初不肯说，后来薛弼问得多了，只好如实说自己正在写一份奏疏，建议高宗早日立储，因为事关皇室和国家的将来，所以任何人都没有告诉，即便是宣抚司负责机密文件书写的岳云也不知道，要薛弼一定要保密。

按照封建时期的规定，立储以嫡，即皇帝的嫡长子。当时赵构仅三十一岁，本来在几年前曾育有一皇子，后不幸夭折。后来，金军入侵，他仓皇逃窜，未能再有皇子。

自己没有儿子，赵构只能从旁支过继来延续香火、继承皇权。可应该选谁呢？高宗一时难以做出决断，便去找哲宗的皇后孟氏即隆祐太后征求意见。隆祐太后告诉高宗说，自己近来经常做一些奇怪的梦，梦见太祖赵匡胤要自己转告高宗，应该将皇权还给太祖的后裔。

当初，太祖赵匡胤壮年早逝，其弟赵光义继位，之后，皇位便在赵光义一脉传下来。

早在绍兴元年（1131年）六月中旬，赵构初到绍兴，上虞县丞娄寅亮曾给赵构写了一道奏折，主张从太祖赵匡胤的后人中选择一人，立为太子。奏折呈上之后，娄寅亮不免有些后怕起来，因为在奏折中他戳中了高宗最痛的心病，没有后嗣为继。出乎意料的是，高宗不但没有责怪娄寅亮，反而称赞他是为皇室解忧。因为此时朝野上下已经对此事颇有议论，为了平复这些议论，高宗便开始在太祖一脉中挑选继承人，最后选中了太祖的七世孙赵伯琮，并将其从秀州接入宫中，交给张婕妤抚养。不久，在皇后吴氏的建议下,高宗又将太祖的后裔赵伯玖收入宫中,以备将来作为太子人选。而此时的高宗依然不肯死心,继续调养身子,希望将皇位传给自己的血脉。

岳飞曾在入朝时见过赵伯琮,那时他已经改名赵瑗,岳飞看到赵瑗长得虎头虎脑,又天资聪慧,且勤奋好学,认为将来可成大业,由衷地感叹地说:"中兴基本,其在是乎!"

徽、钦二宗被押往金国的时候,同去的还有已经被册立为太子的钦宗的儿子赵谌,赵构登基的时候,并没有废去赵谌的太子称号。此时,为了更好地瓦解分裂南宋,金朝的统治者便决定利用这一事件给南宋制造大的矛盾,将赵谌送回江南,与赵构的继子争夺皇储之位。所以岳飞未雨绸缪,劝说高宗在赵谌返回之前完成册立太子之事,避免引起朝堂混乱,可这无疑是揭开了高宗的伤疤,戳中了他的心病。薛弼认为事关重大,劝岳飞一定要谨慎行事,避免惹祸上身。

岳飞到达建康后,当着高宗的面宣读奏折。他想到薛弼的提醒,心情不免紧张起来。这时又突然起风,掀动奏折,岳飞更加紧张,再读起来也有些磕磕巴巴。高宗见状,更加不满,怒道:"卿虽忠,然握重兵于外,此事非卿所当预也!"

岳飞受到高宗的责备,心情十分沮丧,闷闷不乐地转身离开。接下来,高宗又召见薛弼,向他追问奏折的事情,薛弼将岳飞的担忧如实地说了出来,算是为岳飞打了圆场。高宗这才知道岳飞并无恶意,怒气渐消,又想到朝廷正在用人之际,遂吩咐薛弼道:"太尉心情不好,你应当宽慰他。"

次日，高宗又召见赵鼎，再次谈及此事。赵鼎对岳飞的行为十分不满，说道："岳飞此人不守本分，所以干出这样的事情。"退朝之后，赵鼎又特别找到薛弼，说道："身为大将，镇守一方，万不可干预朝政，以避人嫌。岳飞乃一介武夫，不知这个道理，应该向幕僚中的秀才们请教。你回去后当告知岳飞，想要保全功名，就不要过多干预朝政。"

岳飞劝说高宗立储本来是一番好意，却不知道已经触及高宗的痛处，不仅揭了高宗没有皇子的伤疤，还有急着"换皇帝"的嫌疑。因此他遭到高宗的训斥，逐渐变成高宗最猜忌、最不放心的不安分之人，君臣之间的嫌隙也因此加深。这一切都被秦桧看在眼里，于是他抓住这一难得的机会，构陷金国的心腹大患岳飞。他每日在高宗面前说岳飞的坏话，开始设计陷害岳飞。其实，就岳飞本人来说，他根本没有干预朝政的心思，一心只想驱赶金人，收复国土。虽然接连遭遇未能收编淮西军和建议立储却遭到申饬两大挫折，岳飞回到鄂州后，很快又重新振作起来，加紧训练部队，为再次北伐做准备。可以看出，岳飞虽再三受委屈，却从不将个人得失放在心上，而是一心想着怎样才能将金人赶出中原，让大宋重现昔日的辉煌。

反观高宗，对收复故土山河毫无兴趣，他在意的只有自己的权力。在经过了一番深思熟虑之后，他制定出一个收回岳飞兵权的计划，要在一到两年的时间里，逐步削弱统兵将领的军权，然后对各大军区进行分割和缩编，进一步削弱他们的实力，防止皇权旁落。

第五节　伪齐的灭亡

高宗宣布罢免张浚的相位后,曾私下问张浚:"秦桧能否接任此职?"张浚说了一句颇耐人寻味的话:"近与共事,方知其暗。"这说明张浚已经对秦桧的阴险狡诈有所觉察,可惜为时已晚。

张浚走后,赵鼎担任左相,对于张浚之前所犯下的过错,他归结为"不量力之过",显然他对此看得太肤浅,没有追究淮西军兵变的根源。对于国家的命运,他认为是"元气不足,当安静不生事端"。高宗遂向其征询大臣们的去留,赵鼎又回答说:"秦桧当留。"秦桧因此对赵鼎感恩戴德,百般讨好。随后,二人共同策划,将高宗的行在由建康府向南迁移到临安府,以更加远离金人。

当时,在文武百官中,唯有李纲具有远见卓识,认为行在南移是皇帝怯敌而逃的行为,对于士气和民心是极大的伤害,所以极力劝阻,请求高宗要"临大难而不惧",不要"望风怯敌,遽自退屈",否则"弃前功,蹈后患,以自趋于祸败"。所谓忠言逆耳,对于李纲的苦心相劝,高宗非但不听,反而罢免了他的江西安抚制置使的职务,改任闲职。

而此时的刘豫伪齐政权日子也不好过。绍兴五年(1135年),金太宗完颜晟去世,由其孙完颜亶继承帝位,是为金熙宗。和祖父不同，完颜亶很不看好刘豫，认为刘豫不但没有给金国带来丝毫的好处，反而成为金国的累赘，使金国消耗了大量的人力物力。因此，他决定废除刘豫。

淮西兵变后，郦琼投靠伪齐，极力劝说刘豫再次进攻南宋。这时候，刘豫还不知道自己的地位已经岌岌可危，一心想着怎样拿下江南的大片土地向金人邀功请赏，所以便听取了郦琼的建议，再次派人向金朝廷请求援兵。对此，完颜亶根本不予理会。刘豫便私自向南宋发动进攻，幻想着金国前来支援。

有一天，岳家军将士在边界巡逻时，捉到了一个金军的间谍，押到岳飞的面前。岳飞心生一计，故意对着此人仔细地看了一阵子，假装认识他的样子，责问道："你不是曾经追随本部的张斌吗？怎去做了金人的间谍？"

那人果然上当，误认为岳飞认错了人，遂将错就错地承认自己就是张斌，以求逃过一劫。

岳飞见此人上当，又将其带入一间密室，屏退左右，再次责备道："我本来与刘豫约好共同铲除金国大将完颜宗弼，所以才派你去伪齐联络，可你一走就是几个月，丝毫没有消息，让我等得好苦，正想着你是不是被刘豫识破了，果不其然，你投敌变节，竟然又甘做伪齐的奸细来刺探我岳家军的情报。想当初你在岳家军时，本帅待你不薄，而你却辜负了我，是何道理？"

那人被岳飞训斥了一顿，磕头如捣蒜，请求岳飞看在以前的情分上能饶过自己。岳飞犹豫再三，终于点头答应，要求那人将功赎罪。之后，岳飞命人取来笔墨，写了一封信给刘豫，大意是说，去年的那一次北伐，岳家军假戏真做，尽全力攻击伪齐，金人不会产生怀疑。现在，刘豫应该寻找时机除掉完颜宗弼，实现当初的约定，宋、齐可以不计前嫌，结为兄弟盟国。

信写好之后，岳飞用蜡密封交给那人。为了让那人能够知道信的内容，岳飞故意没有封得太严，并对其再三交代，一定要将信送到刘豫的手中。那人果然上当，直接将信交到了完颜宗弼的手中。因为岳飞将戏演得太逼真，完颜宗弼看信后没有丝毫的怀疑，认为刘豫已经背叛了金国，遂将此事马上向金国皇帝完颜亶汇报。完颜亶本就对刘豫不满，得知此事更加震怒，决定除掉刘豫。刘豫在金国唯一的靠山是粘罕，而此时粘罕已死，再也没有人能够保护他。

绍兴七年（1137年），完颜亶下令在太原、河间设立元帅府，将伪齐军队划归元帅府节制，又在河南屯下重兵，以监视伪齐军的动向。布置好了这一切，完颜亶便派挞懒、完颜宗弼以配合伪齐侵袭南宋为名，率领大队人马前往汴京。快到汴京时，完颜宗弼传令刘豫，要他派左丞相刘麟渡河到武城商议军计。刘麟没有丝毫的怀疑，遂带着两百骑兵赶往武城，刚进入城内便被完颜宗弼下令擒拿。紧接着，完颜宗弼和挞懒率军飞奔汴京。刘豫还不知道刘麟被捉的事情，毫无戒备之心，开门迎接金军入城。完颜宗弼带着三个部将径直进入宫中，挟持了刘豫，将其囚禁于金明池，伪齐宣告灭亡。至此，由金人一手扶持起来的短命政权又被金人亲手毁掉。

消灭了刘豫的伪齐政权，原来伪齐治下的河洛之地便由金人直接统治，当地百姓自古以来都接受中原皇帝的统治，对金人有着极大的排斥心理，无不希望南宋军队早日将金人赶跑。岳飞再次上书朝廷，表示愿意带领大军渡江北上，趁金人立足未稳之际，收复国土。但是，高宗此时不再信任岳飞，只求偏安一隅，一心与金人议和，对岳飞的请求置之不理。

岳飞不愿意眼看着千载难逢的大好时机白白失去，多次上书，但无一例外都遭到高宗的拒绝。为了让岳飞死心，高宗还限制岳飞的兵力，削减岳飞的辖区。岳飞一腔热血报国无门，对高宗失望至极，心情也低落到了极点。

第六节　和与战的争论

当时，在金国也存在着两种声音，即是战是和，其中以完颜宗弼为首的将领强烈要求武力攻取南宋，而以完颜昌为首的主和派则希望对南宋兵不血刃，逐步分化瓦解。最终，主和派的声音占据上风。因此，废黜刘豫之后，完颜亶又放出风声，有意将被关押在金国的宋钦宗送回宋的故都汴京，意在将其扶持为傀儡皇帝。

此时，宋徽宗已经去世，金人告知南宋可将徽宗梓宫（棺材）接回。于是，高宗派大臣王伦到北方与完颜昌接洽此事，完颜昌按照完颜亶指定的"以和议佐攻战"的政策，以归还宋徽宗的棺椁和高宗的生母韦皇后为条件，对王伦说道："好报江南（即南宋，此时金人已不承认宋国），既道途无壅，和议自此平达。"

绍兴七年（1137年）十二月，王伦回到临安，将金人的意思转告高宗，高宗闻后欣喜若狂。为了这一天，他整整盼了十一年，现在自己的愿望终于要实现了，他也顾不得什么羞耻和国家仇恨，马上着手和谈的事情。不过，为了掩饰自己奴颜婢膝的本性，他还假惺惺地装出非常悲伤忧虑的样子说："太上皇梓宫及皇太后和渊圣皇帝（宋钦宗）异国漂游，朕心中深感不安，若金人能够将他们平安送还，其余一切皆可谈。"

对于高宗冠冕堂皇的话语和不便明言的本意，文武百官心知肚明，但却没有人敢站出来反对，全都保持沉默。

而岳飞听说刘豫被废、伪齐倒台的消息后，又一次认为自己实现宏愿的机会到了，他急忙上书，请求高宗趁刘豫被废，江北防备松懈之际，让自己率军北伐，收复中原，但高宗没有理睬他的奏章。绍兴八年（1138年）二月，岳飞从江州返回鄂州，再次上书，请求朝廷给自己增兵备战。高宗回复道："上流地分诚阔远，宁与减地分，不可添兵。今日诸将之兵，已患难于分合。末大必折，尾大不掉，古人所戒。今之事势虽未至此，然与其添与大将，不若别置数项军马，庶几缓急之际，易为分合也。"他用担心军队尾大不掉的理由，冠冕堂皇地拒绝了岳飞增兵的请求。

为了防止夜长梦多，高宗还派人到金国请求议和。岳飞听到消息后，心中大失所望。然而，到了三月，枢密院又给岳飞下了一道札子，要他制定北伐的计划。岳飞以为高宗改变主意，慨然道："陛下慨然英断，将欲兴王师，举大事，以雪积年之耻。"他立即派人前往临安，商谈具体事宜。然而，被派去的人很快又返回来，说圣上根本没有打算出兵，岳飞更加失望了。

其实，就当时的局势来说，对南宋还是非常有利的。南宋军队在岳飞的率领下，已经打出了一定的名气。自刘豫被废后，很多金军中的汉人，以及原伪齐官兵都看透了金人反复无常的本性，纷纷归降南宋。岳飞又趁势做了大量的劝说工作，更是取得了非常不错的效果。早在绍兴七年（1137年）三月，伪齐大将李清便带领部下投奔岳飞；绍兴八年（1138年）正月，蔡州知州刘永寿、提辖白安时也带领大批军民杀死金将兀鲁孛堇，南下投奔岳飞；八月份，又有金镇汝军知军、马军统制胡清率领一千多人投奔南宋。金军统制王镇、统领崔庆、将官李觐、华旺、孟皋等多人也相继率领部众投奔岳飞。甚至还有许多伪齐将领起兵反金。这一切都验证了岳飞之前的判断：江北中原军心不稳，民心不服，正是北伐的大好时机。然而，高宗铁了心要议和，将岳飞牢牢地钉死在他的防区内，岳飞纵使有三头六臂也无从施展。

四月，新上任的枢密副使王庶奉命视察江、淮之地，恰巧岳飞的参议官李若虚被调入京城任军器监丞。因为之前王庶与岳飞有交往，此时便邀请李若虚一同进京，并准备举荐他为枢密行府咨议参军。岳飞当即给王庶写信，表示朝廷若在今年不发兵北伐，他便要辞职回家享清闲，从此不问军政事，还表达了自己对在形势大好的情况下选择议和的强烈不满。不久，他和王庶见面,再次强调说:"若失今日之机,他日劳师费财,决无补于事功。"

王庶对高宗的软弱妥协既气愤又无奈,又被岳飞、韩世忠等将领一心为国,不惧生死的气概所折服,表示进京后一定将岳飞的话转达给高宗。途中,他给高宗写了一份奏折,劝说高宗放弃屈辱的议和:

> 先帝北征而不复,天地鬼神为之愤怒。陛下与贼有不共戴天之仇,忍复见其使乎?其将何以为心,其将何以为容,其将何以为说?
>
> 且彼之议和割地,不过画淮、画河二者而已。若曰画淮为界,则我之固有,安用和为?若曰画河为界,则东西数千里荆榛无人之地,倘我欲宿兵守之,财赋无所从出,彼必厚索岁帛以重困我矣。不若拘其使而怒之。①

之后,王庶又写了一道奏章,力执前议,甚至责问高宗道:

> 何苦不念父母之仇,不思宗庙之耻,不痛宫闱之辱,不恤百姓之冤,逆天违人,以事夷狄乎!

除了王庶之外,宰相赵鼎也被岳飞的执着所感动,多次上书

---

① 邓广铭.岳飞传[M].生活·读书·新知三联书店,2017.

替岳飞说话:"现在中原人民对金人恨之入骨,都期盼着重回大宋的统治,这正是我们出兵的大好时机,收复中原指日可待。但是,如果我们对此视若无睹,坐失良机,任凭金人发展力量,早晚会成为金人的奴隶。"

然而,作为最高决策者的高宗一心只想着议和,对于赵鼎的劝说表现得很不耐烦,斥责道:"难道你想让太上皇的梓宫、皇太后、渊圣皇帝永远留在金国吗?!"

其实,作为右丞相的赵鼎这时候也主张议和,不过他主张的议和就是停战,不做无条件的退让。而左丞相秦桧则是十足的投降派,毫无廉耻。高宗知道他与挞懒关系密切,便将其视为一个与金朝的联络渠道,对其提拔重用。秦桧也正是看透了高宗的心思,所以越发表现得肆无忌惮,极力怂恿高宗议和。

早在刘豫被废后,完颜亶曾派乌陵思谋到临安传递议和的意愿,高宗便派王伦与乌陵思谋一同前往金国,商谈议和之事。完颜亶又派张通古和萧哲两人跟随王伦返回临安,准备签署条约。几个人还没有到达临安,消息就已经传了过来,马上引起文武大臣们的激烈争吵。

当时,主张投降的秦桧虽然为宰相,但在朝中的威信却非常低,根本起不到主导作用,反倒是兵部侍郎王庶等主战派的声音占据上风。王庶精通军事,他在第一次上书失败后并不死心,再次上书道:

……今彼所行皆上策,至为得计,吾方信之不疑,堕其

术中，惟恐不如所欲。臣不敢效子胥出不祥之言，杀身以立后世之名，于国何补？惟陛下深思之，速断之，无使后之视今，亦犹今之视昔，天下幸甚。

后来，王庶甚至不惜以辞官来劝谏高宗停止议和，高宗已经铁了心要求和，一怒之下罢免了王庶的枢密副使之职。王庶之后，朝中仍然有不少主战派，比如岳飞、韩世忠、李纲等，他们坚决反对议和，对金人恨之入骨，对中原百姓遭受金人的蹂躏忧心如焚，无时无刻不想早日渡江北伐，将金人驱赶回金国，收复中原大好河山。

高宗的种种行为不但遭到大多数武将的反对，也同样被有气节的文官所反对，其中吏部侍郎晏敦复上书道：

一事既屈，则又以他事来屈我矣；小事既屈，则必有大事来屈我矣。且以目前可见者言之：今所遣使以"诏谕"为名，倘欲陛下易服而拜受，还可从乎？又欲与陛下分庭而抗礼，还可从乎？设或如此等事从其一二，则与彼上下之分已大定矣，自此之后可以号令我矣。

另外，馆职官胡珵、张扩、凌景夏、朱松、常同、范如圭等人也联名上书劝谏高宗。反对议和的奏折像雪片一样飞到高宗的御书案上，堆积如山，举国上下都是抗金保国的声音。这些消息也传到了金国，金朝廷急于结束战争，唯恐夜长梦多，因此再三派人催促,如此一来,高宗不顾大臣们的反对、军民的呼声,坚持议和。他再次提拔秦桧为尚书右仆射、宰相兼枢密使,全权负责宋金议和的大事。他之所以让秦桧担任这一职务,就是为了向金国表明议和的决心。尽管如此,他也不得不考虑岳飞、韩世忠等武将的态度,毕竟他们掌管着军权,若联合起来与朝廷对抗,他的龙椅恐怕也是坐不得了。于是,他便召岳飞、韩世忠、张俊三人到临安府议事,意欲拉拢他们。

此时的岳飞已经对高宗不抱任何希望,多次上书请求辞官,所以也不愿再与高宗见面,但碍于圣命难违,只得勉强启程。一路上,他多次上书,请求归隐山林,从此不再过问政事,但高宗却不批准。到了临安后,君臣相见,岳飞坦率地表达了自己对议和的看法:

> 夷狄不可信,和好不可恃,相臣谋国不臧,恐贻后世讥议。

岳飞所说的"相臣"除了指秦桧之外,还包括赵鼎。

几天后,岳飞再次上奏:

> 不可与和,缘虏人羊犬之性,国事隙深,何日可忘!臣乞整兵复三京陵寝,事毕,然后谋河朔,复取旧疆,臣之愿也。

面对岳飞的提醒和主动请缨,高宗无话可说,但议和的决心没有丝毫动摇。

当时，朝中抗金最坚决的除了岳飞之外，就数韩世忠。韩世忠对于高宗决心议和早已窝了一肚子火，并且多次上书请求北伐，都得不到高宗的回应。这一次，他直面高宗，再次表达了自己的抗战主张，态度坚决，言辞激烈。在经过一阵激烈的辩驳之后，他看到高宗没有丝毫回心转意的迹象，更加悲愤。回到自己的住处，他又连写十几道奏折，表达了自己坚决反对议和，主张北伐，收复中原的意愿，并直言说，如果朝廷同意，自己将亲率大军，踏平金营。

他在奏折中这样写道：

窃详金人与本朝结怨至深，又金人事力炽盛，贼情窥伺已逾十年，朝夕谋画，意在吞并。今遣使讲和，及传闻许还关陕诸路，谓是惧我兵威？谓复是曾遭毒杀，事不得已，故来讲和？臣深思熟虑，但恐以交割诸路为名，先要山东、河北等路军民，或先要应北来归朝投附女真、契丹、渤海、汉儿签军等，出此声势，摇动人情。或假此讲和割地，或以兵势逼胁，有无厌难从须索，蠹耗国用，使陛下先失天下人心，坐致困弊，方为大举。

今国家避地东南，目前军势贼尚提防，虽谋吞并，未敢轻易深入，故用此谋，诈许交还陕西，意望移兵就据，分我兵势。其贼必别有谋画，志在一举，决要倾危（本朝），绝彼后患。况陕西诸路，出兵产马，用武根本之地，岂肯真实交割,资助我用?显是巧伪甘言以相诳赚。切恐使人暗赢陛下礼数,轻赐许诺,传播四方,人心离散,士气凋沮。事系安危,在此一决,委非细事。①

在奏折中,韩世忠细致地分析了宋金两国的军事力量,判断出金人在议和的背后肯定还有一个更大的阴谋,极力劝阻高宗不可上当,却依然遭到高宗的无视。

当时朝中掌管重兵的主要有三人,即韩世忠、岳飞和张俊。相比于岳飞和韩世忠,张俊的态度暧昧了许多,甚至可以说是与二人截然相反。张俊虽是武将,但却胆小怕事,在政治上也毫无主见。当初淮西兵变时,他因为害怕而仓皇逃到了盱眙,事后又害怕高宗治罪,所以总想千方百计地讨好高宗。现在,他终于抓住了机会,对议和之事大加赞赏,并很快与岳飞、韩世忠划清界限。果然,高宗对于张俊的举动非常满意,夸其识时务,并对他日益宠信起来。

当初,韩世忠、张俊和刘光世担任节度使时,岳飞不过是一个低级军官,职位卑微。可是,短短的几年内,他凭借卓越的功绩不断被提拔重用,很快便成为一位高级将领,位列"中兴四将"之首,也是宋朝的五大元帅中资历最浅、年纪最小的一位。正因为如此,韩世忠和张俊都对他心存芥蒂,甚至在朝中排挤他。好在岳飞心胸宽广,不与他们一般见识。为了与他们搞好关系,

---

① 邓广铭. 岳飞传[M]. 生活·读书·新知三联书店, 2017。

岳飞多次给他们写信，言语之中对他们充满了敬意。然而，韩世忠与张俊对岳飞却十分冷淡，甚至一个字也不回。后来，岳飞成功镇压洞庭湖杨幺起义，将缴获的车船送给韩世忠，韩世忠终于被岳飞的真诚所感动，主动与岳飞握手言和，二人把酒言欢，共同商议抗金大计，从此成为最忠诚的战友。在议和与战争的问题上，他们坚定地站在同一立场上。

第七节　众怒难犯

绍兴八年（1138年），因为遭到秦桧陷害，赵鼎被罢除宰相职位，到泉州任职，后又被贬到兴华军，再转漳州、潮州，最后移居吉阳军。在转往吉阳军之前，赵鼎再次上书，表示"白首何归，怅余生之无几；丹心未泯，誓九死而不移"，以此表示自己和岳飞一样，驱除外敌、收复故土的壮志永远不会改变。

当时，和赵鼎一同被罢免的还有刘大中和王庶二人，高宗遂又提拔秦桧为相。秦桧之前因主和而被罢免，他害怕重蹈覆辙，便单独觐见高宗，说道："陛下如果真心想要议和，就请排除一切干扰，所有关于议和的事只与臣一人商议，不要让其他大臣参与进来，议和一定能够成功。否则，一切都是徒劳。"

一心想要议和的高宗毫不犹豫地答应了秦桧的要求。秦桧害怕高宗反悔，要高宗"精加思虑三日"。三天期限一到，秦桧请高宗"更思虑三日"。这样连续六天，高宗都没有反悔的迹象，秦桧知道高宗议和之心不会改变，于是便将自己精心设计的议和计划全盘托出，并提出由自己全权负责，任何人不得插手，得到了高宗的默许。从此，秦桧开始掌握朝堂大权，也开始实施自己的"议和"计划。

秦桧的卖国行为震惊朝野，举国上下骂声一片，让他始料不及又难以招架。为了增加议和的声音，以便有足够的力量来对抗主战派，他便开始大力培植自己的势力。

当时，有一个名叫勾龙如渊的中书舍人，没什么别的本事，最善于见风使舵，他看到秦桧得宠，便开始对其逢迎巴结起来。有一天夜里，他来到秦桧的家中，向秦桧建议说："相公为天下大计，而如今邪说横起，何不安排心腹到御史台，则相公之事遂矣。"宋朝的御史台负责纠察、弹劾官员，肃正纲纪，而御史台多正直之士，对秦桧的专权是个威胁。

秦桧认为勾龙如渊的建议非常不错，于是上奏高宗，任命勾龙如渊为御史中丞，高宗准奏。如此一来，御史台谏官逐渐成为秦桧议和的舆论工具，高宗身边反对议和的声音也逐渐变小了。

压制住了国内反对议和的声音之后，高宗和秦桧便开始有步骤地实施他们的议和计划。首先，他派王伦作为使者前往金国，并再三叮嘱使者，无论金国提出什么样的条件，都可以答应，以表现议和的诚意。

金国对于高宗的态度和秦桧的安排非常满意，遂于十一月派张通古作为江南使，携带金熙宗的诏书，随同王伦前往南宋的行在临安，签署和平协议。见到高宗后，张通古称南宋为"江南"，写给高宗的书信称为"诏谕"，按照金国的礼仪，高宗甚至还要面向北方下跪磕头，恭恭敬敬地接过金朝的诏书。这简直是奇耻大辱，让堂堂一国之君情何以堪，又把宋的颜面、尊严置于何地？但是，在秦桧的"安慰"和劝解下，一心求和的高宗已经完全不顾这些了，对于金朝提出的条件准备全部接受。

面对如此屈辱，但凡有些血性的文武官员都无法忍受，赋闲在家的李纲、被罢免的张浚，以及高宗的心腹大臣、主管殿前司的杨沂中等等，都纷纷上书，坚决反对议和。因为议和的具体策划者是秦桧，杨沂中便又联合主管侍卫马军司公事解潜、主管侍卫步军司公事韩世良等，当面对秦桧说："闻官家受敌书，必欲行屈己之礼，万一军民汹汹，即某等弹压不得。"此外，三人还警告秦桧，若高宗真的对金行跪拜之礼，则将惹怒岳飞、韩世忠等武将，恐将无法收场。

另外，秘书省校书郎范如圭也与人联名上奏，还单独写信指责秦桧。严州桐庐县主簿贾廷佐冒着杀头的危险上书，指责高宗的行为是"无天可戴，无地可覆，虽生不如生之为"，又提醒高宗，"陛下二三将，如岳飞、韩世忠，皆忠义，可使师之曲直"，"王庶忠勇有谋，将士无不服其威名"。虽然反对的声音占据了绝大多数，但眼看和谈将成，高宗又怎么肯放弃千辛万苦盼来的成果，他听不进去任何忠言劝谏，坚持与金人议和。

按照金朝廷的诏书，须由金"册封"高宗为大宋皇帝，之后才能具体谈议和的事情。高宗必须向金朝磕头跪拜，承认自己是金的臣子。这一屈辱的要求不但遭到文武百官的强烈反对，就连当时临安府、常州、镇江、绍兴等处的百姓也愤怒异常。高宗和秦桧看到众怒难犯，便又想出了一计，高宗明面上昭告天下："朕嗣守太祖、太宗基业，岂可受金人册封？"并将王伦狠狠地斥责一番，以安抚人心。暗地里却派秦桧出面，向金人解释说高宗正在"谅阴（守丧）三年"之内，不方便受诏，特意委派秦桧为冢宰，代高宗跪拜受诏。

枢密院编修官胡铨闻听消息，怒不可遏，上书责问高宗："堂堂大国，相率而拜犬豕，曾童孺之所羞，而陛下忍为之邪？"接着又以接近斥骂的语言说，"陛下尚不觉悟，竭民膏血而不恤，忘国大仇而不报，含垢忍耻，举天下而臣之甘心焉？"他坚决要求将秦桧、王伦和孙近这几个投降分子斩首，以儆效尤。这份奏折不知道怎样宣扬了出去，并很快被刻版印刷出来，在民间广为流传，赢得百姓的一片呼声。直至传到金国，金熙宗看后也极为震惊。

一时间，整个临安城群情沸腾，百姓无不愤慨，大街上甚至出现了"秦桧为细作"的榜帖，更有武将们放出风声来，不惜发动政变，斩首秦桧逼迫朝廷放弃议和。秦桧听到这些消息，惊吓非常，夜不能寐，为了保命，他不得不与孙近一块找到高宗，"上表待罪"，当初的嚣张气焰荡然无存。

高宗雷霆震怒，下令将胡铨遣送到昭州，永不录用。本来依着高宗的性子，要将胡铨斩首，怎奈宋太祖赵匡胤时曾立下规矩，宋朝不得杀言事官。此后，高宗又对群臣下诏，不准任何人利用"浮言"来阻挡议和的顺利进行。

十二月二十八日，按照和秦桧商量好的计划，高宗以为父亲徽宗守丧为由，让宰相秦桧代替自己向金国使者张通古行跪拜之礼，接受金国"诏书"。鉴于当前的紧张形势，张通古也不再强求，顺从了高宗的意愿，宋金两方经过频繁的使者往来交涉，于绍兴九年（1139年）正式签署议和协议，主要内容有四项：

一、宋向金朝称臣；

二、金将刘豫时期所占领的河南、陕西等地归还南宋；

三、金人将宋徽宗的灵柩和韦太后送回南宋；

四、宋每年必须向金进贡银二十五万两、绢二十五万匹。

另外，在双方的谈判过程中，金朝曾表示可以送还徽宗夫妇灵柩，并将钦宗与韦太后一块送到江南。但是，因为担心自己的龙椅坐不稳，高宗直接回避了这一问题，直到两年后，宋金再次商议，高宗便只说要韦太后南归，丝毫未提兄长钦宗之事。

经过了几番周折，和议在高宗赵构的高压下总算达成了，他高兴得忘乎所以，遂宣布大赦天下，并在宫中大摆筵席予以庆祝，制造出国泰民安、普天同庆的假象。为了体现自己与民同欢的情怀，他还下令百官进献贺表，对于之前反对议和的官员加官晋爵，以安抚他们，缓解矛盾，这又激起那些坚决要求抗战的官员的极大愤慨，明确表示拒绝进献贺表。

正月十二日，高宗的赦书传达到鄂州，岳飞义愤填膺，立即命幕僚张节夫起草了一道谢表。张节夫为相州安阳人，生性耿直，讲究气节，文笔犀利。他提笔疾书，将对敌人的愤恨、对故土的眷恋，以及对议和的愤懑全都流露于笔端，一篇气势恢宏、悲壮激越的《谢讲和赦表》横空出世：

> 今月十二日准进奏院递到赦书一道，臣已即躬率统制、统领、将佐、官属等望阙宣读讫。
>
> 观时制变，仰圣哲之宏规；善胜不争，实帝王之妙算，念此艰难之久，姑从和好之宜，睿泽诞敷，舆情胥悦。臣飞诚欢诚忭，顿首顿首。
>
> 窃以娄敬献言于汉帝，魏绛发策于晋公，皆盟墨未干，歃血犹湿，俄驱南牧之马，旋兴北伐之师。盖夷虏不情，而犬羊无信，莫守金石之约，难充谿壑之求。图暂安而解倒垂，犹之可也。顾长虑而尊中国，岂其然乎？
>
> 恭惟皇帝陛下，大德有容，神武不杀，体乾之健行，行巽之权，务和众以安民，乃讲信而修睦。已渐还于境土，想喜见于威仪。
>
> 臣幸遇明时，获观盛事。身居将阃，功无补于涓埃；口诵诏书，面有惭于军旅。尚作聪明而过虑，徒怀犹豫以致疑：谓无事而请和者谋，恐卑词而益币者进。
>
> 臣愿定谋于全胜，期收地于两河。唾手燕云，终欲复仇而报国；誓心天地，当令稽颡以称藩。①

可以看到，文章开头以反讽的笔法，"歌颂"了高宗出卖

---

① 邓广铭. 岳飞传 [M]. 生活·读书·新知三联书店，2017。

国家的"丰功伟绩":您观察时势,善于应变,真是一位杰出的帝王。现在举国欢庆,恭喜恭喜。接下来,岳飞以近乎斥责的语气,告诉皇帝,轻信毫无信义的敌人,怎会获得长治久安?求和恐怕只是一厢情愿罢了。

此表一出,短短几百字,充分表达了南宋人民坚决反对议和、一致要求抗击金国的呼声,被全国人民争相传诵。韩世忠为了表达不满,甚至准备率军截击张通古率领的金国使团,但消息被走漏,无功而返。

对于岳飞、韩世忠等主战派公然违背自己的意愿,发表反对议和的言论,扩大抗金的舆论,高宗十分气愤,甚至说是痛恨。但是他也担心金军铁蹄朝发夕至,自己的皇帝位子朝不保夕,只好选择了隐忍。为了安抚岳飞,高宗还特意爵赏岳飞开府仪同三司(从一品),食邑由一千四百户增加到一千七百户,并特下制书,称岳飞沉勇多算、机智若神,"信义足以威三军,威名足以折千里",以表示对岳飞的特别嘉奖。

对于朝廷给的这些赏赐,岳飞并不领情,连上几次奏折,请求高宗收回对自己的加封和嘉奖,又遭到高宗的拒绝。高宗依然称赞岳飞,说之所以和谈成功,离不开他的功劳,正是因为他带兵有方,使国家日渐强盛,让金人害怕,所以才主动提出和议。岳飞非但没有一点荣耀之感,反而觉得是一种巨大的耻辱。

他在写给高宗的奏折中,不止一次地指出议和是整个大宋的耻辱。这种耻辱他将永远铭记在心,厉兵秣马,时刻准备与金人作战。他这种壮志报国、看淡功名的大义,与高宗形成了非常鲜明的对比。身为一方统帅，岳飞此时已拥兵十多万，在很多官员都沉浸在"天下太平"的喜悦中时，他依然壮志不灭，牢记国耻，一心收复大好河山。

当时，高宗对"中兴四将"都有加封，韩世忠、张俊和刘光世三人都选择了接受，唯有岳飞坚辞不受，并十分沉痛地说："今日之事，可危而不可安，可忧而不可贺，可以训兵饬士，谨备不虞，而不可行赏论功，取笑夷狄。"他之所以不受封赏，并非故意显示自己与旁人不同，而是在向高宗敲响警钟，金国并未放弃南下，议和只是其手段。然而，高宗特别下诏，不许岳飞拒绝自己的封赏，岳飞只好勉强接受。

岳飞这种大无畏的爱国精神，对于广大的南宋人民来说无疑是一种巨大的鼓舞，而对于奸细秦桧等人则是一把利刃，随时都有可能砍掉他们的头颅。因此，他们将岳飞视为眼中钉、肉中刺，无时无刻不在想着怎样才能除掉他，这样就使主战派和主和派之间的矛盾更加尖锐了。

事实正如岳飞预料的一样，金人与宋议和不过是一种障眼法，缓兵之计，是为了麻痹南宋。就在议和后的第二年，金就悍然撕毁和约，再一次集结重兵对南宋发动大规模的侵袭。好在岳飞有先见之明，没有被暂时的平静蒙蔽双眼，他每日都在操练兵马，为即将到来的战争做准备。

金人将陕西和黄河以南大片国土都还给了南宋之后，负责镇守边疆的吴玠、岳飞、张俊和韩世忠四人本应将防线向北推进，接管这些地区。可是，高宗又害怕这四人不遵守命令，私自向金军发动攻击,所以让他们原地不动,而另外派人带着少量的部队接管这些地区,美其名曰:"不可移东南之财力,虚内以事外。"

秦桧也从中添油加醋,欲撤武备,尽夺诸将兵权,遭到参知政事李光的坚决反对:"戎狄狼子野心,和不可恃,备不可撤。"秦桧的阴谋没有得逞。

第八节 中原祭扫

中华民族一向讲究孝道,有"百善孝为先"之说,宋高宗更是将自己树立为孝德的榜样。河南府归还南宋后,在范如圭的提醒下,高宗决定派宗室、同判大宗正事赵士儴偕同兵部侍郎张焘渡江北上,前往西京河南府祭奠、修葺皇陵,路费及皇陵修复所有费用均由朝廷支付。

赵士儴和张焘从临安出发,前往鄂州与岳飞相见,传达高宗的旨意。因为十二年前赵构逃难江南时,岳飞曾奉命守卫皇陵,他上表说:"自刘豫盗据以来,祖宗陵寝久废严奉","欲乞量带官兵,躬诣洒扫"。高宗批准了岳飞的请求,让他与赵士儴、张焘一块前往河南府皇陵。而岳飞要求北上,除了祭奠皇陵之外,还有一个目的,就是到前沿看看敌人的虚实,以便将来发生战争时及时应对。为此,他还给高宗上了一份奏折:

> 北房自靖康以来，以和啖我者十余年矣，不悟其奸，受
> 祸至此。今复无事请和，此殆必有肘腋之虞，未能攻犯边境。
> 又刘豫初废，藩篱空虚，故诡为此耳。名以地归我，然实寄
> 之也！臣请量带轻骑，随二使祇谒陵寝，因以往观敌衅。

刚实现和议的高宗看到奏折，才知道岳飞的真实目的，他大惊失色，急忙找来秦桧商议，最后决定不许岳飞前往皇陵，只命他派一两个将官，带着一定数量的匠人、军马（一千人）陪同赵士㒟和张焘即可。高宗的意思很明确，不但岳飞不能去，就连岳家军中的统制和统制官都不能去，只能选一级将官同去。

很快，赵士㒟和张焘二人来到鄂州，岳飞亲自出城迎接，热情招待，三人相谈甚欢。席间，岳飞不忘提醒二人说："金人反复无常，并不是真心要与宋朝议和，而是在拖延时机。你们这一次去关乎大宋的江山社稷，途中一定要小心再小心。"为了保证二人路上的安全，岳飞不顾朝廷的命令，派自己最为得力的部将前军统制张宪一路护送。赵士㒟和张焘二人对岳飞非常感激，也深深地理解岳飞的一片忠心。

这年五月，赵士㒟和张焘一行来到河南府，当地百姓空巷而出，纷纷流着泪说："想不到这辈子还能成为大宋的子民，纵死无憾！"

实际上，陕西与河南府重归南宋之后，这里的百姓生活并没有得到改善，宋朝派来接任的官员贪欲无度，到处搜刮民财，给百姓造成了不小的伤害。即便如此，人们仍然希望重回大宋的怀

抱。赵士儇和张焘二人来到皇陵时，眼前的一幕让他们不敢相信，几座陵墓早已被破坏得面目全非。中国人自古以来十分看重祖陵，而皇陵遭到破坏，无论是对皇室还是对整个大宋，都是无法忍受的奇耻大辱，也被看成是不祥的预兆。二人安排工匠将陵墓重新修葺，然后便返回临安，向高宗复命。张焘愤怒地说："金人之祸，上及山陵，虽殄灭之，未足以雪此耻，复此仇也！"

高宗又追问道："陵寝如何？"

张焘没有直接回答，而是说了句："万世不可忘此贼！"

高宗一时不知该如何应对，低头沉默不语。

岳飞被授予开府仪同三司之后再次上书，请求"解罢兵务，退处林泉"，秦桧做梦都想解除岳飞的兵权，现在岳飞主动提出辞职还乡，更是他求之不得的好事，于是他极力怂恿高宗同意岳飞的请求。但是，高宗也知道以眼下的形势根本离不开岳飞，而且同意岳飞还乡，朝野上下必然又引起轩然大波，已经疲于应对的高宗便没有接受秦桧的建议。岳飞多次辞职都未得到允许，只好每日刻苦练兵，以便将来应对不测。

绍兴十年（1140年）正月初一，岳飞给高宗写了一份《御书屯田三事跋》：

> 臣闻先正司马光有言："德胜才，谓之君子；才胜德，谓之小人。"论人者，能审于才德之分，则无失人矣。曹操募百姓屯田许下，所在积粟。诸葛亮分兵屯田，

而百姓安堵。羊祜怀远近，得江、汉之心，亦以垦田获利。若三子者，知重本务农，使兵无艰食。其谋猷术略，皆不在人下，才有足称者。

然操酷虐变诈，揽申商之法术，虽号超世之杰，岂正直中和者所为乎？许劭谓"清平之奸贼，乱世之英雄"，其德有贬云。亮开诚心，布公道，邦域之内，畏而爱之。祜增修德言，以怀柔初附，则德过于操远矣。观亮素志，欲龙骧虎视，包括四海，以兴汉室。天不假以年，遂有渭南之恨。祜辅晋武，慨然有并吞之心，后平吴，身不及见。二子有意于功名，而志弗克伸，惜哉。

臣庸德薄才，诚不敢妄论古人。伏蒙陛下亲洒宸翰，铺述二三子，屯田足食之事，俯以赐臣。臣敢不策驽砺钝，仰副圣意万一。

夫服田力穑，乃亦有秋，农夫职尔。用屯田以足兵食，诚不为难。臣不揆愿迟之岁月，敢以奉诏，要使忠信以进德，不为君子之弃，则臣将勉其所不逮焉。若夫鞭挞四夷，尊强中国，扶宗社于再安，辅明天子以享万世无疆之休。臣窃有区区之志，不知得伸欤否也。①

南宋朝廷冗官、冗军的现象严重，国库空虚，难以支持。为了解决对百姓和军队都十分重要的粮食问题，岳飞自绍兴四年

---

① 郑仲兵，孟繁华，周士元. 中国古代赋税史料辑要 [M]. 中国税务出版社，2004。

（1134年）开始，就在襄汉一带号召军民开垦屯田，他表明自己的观点，拥护朝廷的屯田政策，感谢皇帝的信任。但依然强调，屯田并不代表向金人屈服，而是韬光养晦，为将来反攻打基础。他利用发问的方式，再次申明了自己的立场，并劝谏高宗一定要提高警惕，不要对金人抱有幻想。

第九节　重燃抗金烽火

事态的发展正如岳飞等人所料，金朝廷之所以慷慨地将陕西和黄河以南两地拱手还给南宋，里面隐藏着一个巨大的阴谋。两国交战多年，南宋以长江为天堑抗击金军，使金军蒙受重大损失，无法再向南逾越。金人汲取教训，决定以己之长搏敌之短。金人善于骑射，最利于在广袤的大平原作战，而南宋多水兵和步兵，在骑兵面前不堪一击。于是，金便以归还黄河以南平原之地为名，企图将宋的大量步军吸引过去，再聚而歼之，消灭宋军有生力量。为此，他们将"黄河船尽拘北岸"，并故意保留陕西同州连接金人所占据的河中府的黄河桥，以便往来自若。

岳飞早已看透了金人的反复无常，而高宗却对金人深信不疑。为了防止岳飞等人在金人面前"惹是生非"，高宗特意下诏岳飞不得容留河北、河东、燕云等地的豪杰，凡是从金朝投奔而来的英雄好汉，必须送回金朝。另外，岳飞派遣到黄河以北刺探军情的兵士也要全部撤回。

对于朝廷的命令，岳飞表面上答应，暗中仍然采取积极的行动，为即将到来的战争做准备。当时，太行山上聚集着很多抗金勇士，他们与岳飞取得联系，截断河东路许多通道，其中高岘与魏浩更是率领部属攻占了怀州河内县的万善镇，王忠植率领他的部属转战于河东路，攻克了一些州军，并联系上了陕西的宋军。

岳飞也配合中原百姓的行动，派部将李宝到京东路开辟抗金根据地。李宝为兴仁府乘氏县人，惯使双刀，勇猛非常。起初，他曾带领三十多人潜入濮州，想要杀死金人知州，可惜失败，逃跑后来到临安，希望觐见高宗。然而，此时的高宗正一心求和，对他置之不理。绍兴九年（1139年）九月，岳飞也来到临安觐见高宗。李宝得知消息，便求见岳飞，岳飞听了他的故事后，大加赞赏，将其收留在军中。归属岳家军之后，李宝更加热切期盼打回江北，对朝廷不予北上的政策十分不满，遂暗中集结了四十多人，想要悄悄地渡江北上。不料此事被岳飞知道，李宝挺身而出，揽下责任："这件事完全是我组织的，与别人无关。"岳飞对李宝勇于担当的精神倍加赏识，遂授其"统领忠义军马"之职，让其渡江北上。不久，李宝回到京东路，又团结孙彦、曹洋等人，组成抗金义勇军，与金人展开游击战。

除了李宝之外，还有一些与岳飞根本没有联系的中原抗金武装，也打着岳飞的旗号到处袭击金军。比如绍兴九年（1139年），有一支号称"岳家军"的队伍突袭了东平府，东平府金人守将完颜尹被迫带领部下出城作战，经过数日的对峙，"岳家军"才从水路撤退。之后不久，在淮阳军（金称为邳州）同样出现一支"岳家军"攻打城池，因为金人救援及时，"岳家军"不得已撤退。

另外，还有张青也拉起一支队伍，打着宋军的旗号，渡海攻打辽东，受到沿途百姓的支持，队伍迅速扩大。面对此起彼伏的抗金武装力量，金朝统治者也感到了巨大的恐慌，有不少官员想要放弃所侵占的宋朝领土，退回老家去。

种种迹象都表明，南宋抗击金军、收复中原，形势一片大好，岳家军第四次北伐的条件日趋成熟。

第十一章 中原大败金兀术

绍兴九年（1139年）八月，以完颜宗弼为代表的主战派发动政变，取代了主和派的挞懒。次年，金撕毁和议，由完颜宗弼为统帅，发动了对南宋第二次大规模的侵略，意在彻底灭亡南宋。面对破碎的山河，岳飞主动请缨，率领岳家军义无反顾地奔赴战场，在中原与完颜宗弼进行殊死拼杀，最终将其打得丢盔卸甲，惶惶如丧家之犬。

第一节　千古绝唱《小重山》

绍兴八年（1138年），宋金议和，岳飞极力反对，多次上书请求出兵，马踏金营，但却遭到高宗的拒绝，并下令不许他调动一兵一卒。随后，他又要求陪同张焘一同前往河南府祭扫八陵,也不被高宗允许。这时候,岳飞纵使壮志凌云,却无处施展,心情郁闷到了极点,一气之下便想辞去所有的职务,退隐山林。在临走之前,他再次上书高宗道:

> 臣窃谓事君以能致其身为忠,居官以知止不殆为义。伏念臣受性愚戆,起家寒微,顾在身官爵之崇,皆陛下识拔之赐。苟非木石,宁不自知!每誓粉骨糜身以图报称。然臣叨冒已逾十载,而所施设未效寸长。不惟旷职之可羞,况乃微躯之负病。盖自从事军旅,疲耗精神,旧患目昏,新加脚弱。虽不辞于黾勉,恐有误于使令。愿乞身稍遂于退休,庶养疴渐获于平愈。
>
> 比者修盟漠北,割地河南,既不复于用兵,且无嫌于避事。伏望陛下俯照诚悃,曲赐矜从,令臣解罢兵务,退处林泉,以歌咏陛下圣德,为太平之散民,臣不胜幸甚。他日未填沟壑,复效犬马之报,亦未为晚。臣无任激切战惧俟命之至。取进止。

岳飞告诉皇帝,既然没有与敌人作战的决心,不如放自己归隐山林,若他日需要,可再效力。高宗看了岳飞的上书,心中虽然也有愧疚之感,但仍决意议和,所以对岳飞的上书置之不理。岳飞等不到高宗的回复,万分失望之下,又写了一篇《乞解军务第二札子》:

> 臣顷以多病易衰，仰渎宸听，乞退处丘垅，以便养疴。伏蒙陛下未忍弃去，尚阙俞音。不免控沥肺肝，再虑悃幅。
>
> 今贤能辈出，才智骈臻，干城腹心之士，可付以军旅者类不乏人。则臣之所请，无邀君之嫌。
>
> 今讲和已定，两宫天眷不日可还，偃武休兵可期岁月。则臣之所请，无避事之谤。
>
> 臣不揆庸愚，幸免此二事。止以疾病余生，恐误任使。久享厚禄，坐费太仓，蚤夜以思，身不遑处。所以不避斧钺，至于再而不自已。伏望陛下垂溥照之明，回盖高之听，曲加仁恻，洞照愚衷，使一夫之微终遂其欲，特许退休，就营医药，臣不胜感戴圣德愿望之至。取进止。

他本来想以这两道奏折，改变高宗的看法，不料高宗根本不将他的劝说当成一回事，并且十分厌恶，令他只许做好自己的本职工作，不许节外生枝。岳飞无奈，只得老老实实地待在鄂州，犹如飞鸟困于笼中，不能翱翔长空。

岳飞不仅是著名的战略家、军事家，同样也是一位伟大的文学家。在文学方面，尤以诗词见长。他曾奋笔疾书，写下千古名篇《满江红》。时隔两年后，面对坚决议和的高宗，他恨自己无用，因此食不知味，彻夜难眠，整日郁郁寡欢，遂又写出了千古绝唱《小重山》：

> 昨夜寒蛩不住鸣。惊回千里梦，已三更。起来独自绕阶

行。人悄悄，窗外月胧明。

　　白首为功名。旧山松竹老，阻归程。欲将心事付瑶琴。知音少，弦断有谁听？

　　因为时间不同，创作的背景不同，写出的格调也大不相同。《满江红》格调激昂，充满了斗志，而《小重山》则低沉忧郁，抒发了岳飞当时郁郁不得志的苦闷心情。

　　先看这首词的上阕，大意为：昨天夜深人静的时候，寒风嗖嗖，田野里的小虫不住地鸣叫着，分外凄凉。我做了一个赴千里之外杀敌的梦，心情分外激动，不料突然惊醒，发现已经是三更天。辗转反侧，再也无法入睡，索性披衣下床，围绕着台阶走了一圈又一圈。四周静悄悄，除了自己之外再也听不到其他声音，只有窗外的月亮高高地挂在天空中，月光如水，在宇宙间缓缓流淌。

　　词的前三句将岳飞的凌云壮志流露笔端，他梦见自己率领部队征战千里，收复故土，终于实现了他"还我河山"的愿望。正高兴时，却忽然被虫叫声惊醒，这才知道是南柯一梦。后面三句写出了岳飞失意和落寞的心情。梦醒之后，回到现实世界，想到故园还在遭受金人的蹂躏，纵使满腔怒火，却又无可奈何，只有望着窗外明亮的月光发出一声长长的叹息。这里利用景物的描写烘托出岳飞当时孤独无助的心情和壮志未酬的忧愤。与前面三句连接起来，很好地反映出了现实与理想的矛盾，委婉曲折，荡气回肠。

下阕主要写岳飞壮志难酬，无人理解的苦闷。为了收复故土，完成祖国统一的大业，他驰骋沙场多年，从一个乌发少年变成白发老人。现在，家乡山上的松竹也老了，而回家的道路依然受阻。心中有千言万语，遗憾的是自己知音又太少，找不到一个可以倾诉的人，只有将满腹苦衷通过瑶琴诉说出来，可纵使他拨断琴弦，又有谁能够听得懂？

下阕更是充满了伤怀情结，第一句便感叹人生短暂，岁月易逝，白头老翁仍然在为建功立业而奔波劳碌。接下来是怀旧，旧山松竹其实暗指家乡的父老乡亲，他们都已经老了，自己渡江南下的时间也长了，想要重回家乡，却遇到层层阻力。阻力来自哪里？是高宗、秦桧等投降派。最后借用俞伯牙和钟子期的典故，寄托词人满腔的愤懑和无法言喻的沉痛心情。

岳飞自小凌云壮志，从军后更是将匡扶宋室、收复山河作为自己的人生奋斗目标。为了实现自己的宏愿，他驰骋疆场，血染征袍，无怨无悔，却不被高宗所认可，北伐的道路曲折而又艰难。当时，投降派的声音占据上风，而朝中真正要求抗战的大将少之又少，因此岳飞才寻觅不到知音。

其实，当时阻挠岳飞抗金的除了高宗、秦桧之外，还有领兵元帅张俊、杨沂中、刘光世等。岳飞每行走一步都会受到掣肘，朝野上下找不到几个可以倾诉衷肠的知音，所以他才夜夜苦闷。

第二节 金兵再犯中原

绍兴九年（1139年）八月，金国主战派完颜宗弼与领三省事完颜宗干突然发动政变，杀死领三省事完颜宗磐、完颜宗隽与鲁国王挞懒等主和派，掌握了金国政权。完颜宗弼升任都元帅，领行台尚书省事，揽军政大权于一身。之后，金人悍然撕毁和约，扬言要用武力重新夺回陕西、河南等地，彻底灭亡南宋。

绍兴十年（1140年）五月，完颜宗弼又被提升为越国王，以大阅兵为借口，将各路军马都调往祁州，一改往年秋冬两季发兵的惯例，于夏季向南宋发起突然进攻。金兵分四路南侵：元帅右监军完颜杲率领一路自同州出发，向陕西发动进攻；李成率领一路攻取西京河南府；聂黎孛堇率领一路攻打京东路；完颜宗弼率领主力军负责攻取东京开封府。因为宋军疏于防备，致使金军如入无人之境，转眼间便失去了很多州县，当地的官员要么望风而降，要么弃城逃跑，只有少数有血性的官员拼死抵抗。

其实，对于金朝的反复无常，不仅岳飞早已料到，就连高宗和秦桧也事先得到了情报。早在前一年的三月，王伦奉命出使金朝，来到开封府与完颜宗弼办理地界的交接事宜，有几个金朝的小吏曾在王伦属下当差，他们悄悄地告诉王伦说，完颜宗弼准备发动政变，杀死主和派的挞懒，进攻南宋。王伦不敢怠慢，当即写了一封密报送给高宗,请求立即派张俊带兵驻守开封府、韩世忠驻守南京应天府、岳飞驻守西京河南府、吴玠镇守京兆府,并请求让张浚重新设置都督府,指挥各大将领,以防敌人发动突然袭击。然而,高宗和秦桧却完全不放在心上,仍然让王伦按原计划前往金国。这年六月,王伦渡过黄河来到中山府,却被金人扣押,只让副使蓝公佐回到临安,向宋廷传达金廷的命令:"岁贡"按原来数目缴纳,另外,宋朝必须去除自己的年号,使用金朝的年号,明摆着挑衅宋朝。

韩世忠得知金朝发生政变的消息,又看到他们将淮阳军的戍兵和屯田兵撤走,知道金军要动手了,于是上奏朝廷,请求先发制人,却遭到高宗的拒绝,并斥责韩世忠为武夫粗人,不识大体:"若乘乱幸灾,异时何以使狄夷守信义。"对自己的文武百官毫无信义的高宗,却对有着杀父之仇、亡国之恨的金人讲求信义。战争中,不是你死就是我亡,错失战机无异于坐以待毙。

当初曾信誓旦旦保证金人不会翻脸无情的秦桧,按说此时必然会遭到文武百官的弹劾,或者引咎辞职。但是,从他担任宰相推行议和到议和成功的这两年多的时间里,大部分的主战派都遭他迫害,被贬出京城,那些空出来的职位则由他培植的党羽接任,尤其是御史台,更是掌握在秦桧的手心里。因此他无须担心被弹劾的事情。但是,这也并不是说秦桧可以高枕无忧,流言是挡不住的,百姓的呼声是压不下去的,而他效命的是喜怒无常的高宗。高宗身为一国之君,握有生杀大权,一旦他想要推卸责任,完全可以将秦桧当作替罪羊,因为在此之前,秦桧已经两次被罢相。为了自保，他找来党羽御史中丞王次翁，经过一番商议，由王次翁向高宗进言说："事情刚有变化，便要换朝廷大臣，恐怕会使社稷动荡。"

高宗认为王次翁的话很有道理，所以并不打算追究秦桧的责任。但秦桧仍然不放心，又派心腹给事中冯檝试探高宗，假装提出重新启用张浚为相的建议。结果，高宗十分生气地说："朕宁愿亡国，坚决不用张浚！"秦桧得了这话，心才彻底放下来。

金军南下，长驱直入，似乎不灭赵宋不罢休，南宋面临前所未有的威胁。这时候，宋朝不得不再次竖起抗金的大旗。在此之前，秦桧一心投降金国，此时，他却摇身一变，成为坚定的主战派，假惺惺地向高宗请愿说："愿先至江上，谕诸路帅同力招讨。"此外，他还请求高宗当以汉高祖为榜样，"以马上治天下"。这样一来，无论是他昔日的主和，还是今天的主战，都变成了他的美德。

这时候的宋高宗也彻底慌乱起来，昭告天下，凡擒杀完颜宗弼者，可以加封节度使，并赏赐银五万两、绢五万匹、田地一百顷、府邸一座。之后，他又先后向韩世忠、张俊、岳飞等下达命令，整军备战，提拔岳飞为河南兼北诸路招讨使，并让他派遣部下支援在顺昌抗金的宋军。

金人虽长驱直入，但南宋的抗击力量也不逊色。

这一场战争主要分为三个战场，即东部战场、西部战场和中部战场。东部战场由京东、淮东路宣抚处置使韩世忠指挥，他命统制王胜主动出击，南下海州；他亲自率领一部分兵力在淮阳军附近的迦口镇、潭城、千秋湖陵等地打败金军，可是在攻打淮阳城时遇阻，迟迟不能攻克。

在西部，当时四川宣抚使吴玠已经病逝，其所率领的行营右护军由文臣、川陕宣抚副使胡世将具体指挥，主要有行营右护军都统制吴璘、川陕宣抚司都统制杨政、枢密院都统制郭浩等三大主力。其中吴璘是吴玠的弟弟，与杨政并称吴玠的左膀右臂，骁勇善战。当完颜杲率领大军攻占了陕西大部后，遭遇吴璘等三大主力的顽强抵抗，双方陷入胶着状态，互有胜负。

当时的主战场还是在中部。完颜宗弼亲率大军，在李成的帮助下对河南发起迅猛攻击，遭到由岳飞率领的岳家军和张俊率领的行营中护军，以及刘锜率领的"八字军"的顽强抵抗。

战争开始之前，刘锜被任命为东京副留守，统领两万兵马以及大量的军人家属进入开封，用以应对金人突袭而北上。就距离而言，岳家军最近，但高宗坚持不用，舍近求远，让刘锜军拖家带口、扶老携幼进入开封，其主要目的还是为了议和。

绍兴十年（1140年）五月，刘锜率军抵达京西路顺昌府治所汝阴时，便有大量的金军先头部队源源不断地进入顺昌，不下三万人。二十九日，金军将顺昌团团包围，刘锜打开城门，从城上城下放箭射击，又实施大刀突袭，金军不敌，死伤惨重。经过多次交战，金军想尽了办法，仍无法突入城内，甚至还动用了引以为自豪的铁甲骑兵，也对宋军奈何不得。

不久，完颜宗弼亲自率领十万大军前来支援，金军几倍于刘锜军。刘锜所统率的"八字军"原来归王彦指挥，英勇善战，王彦去世后才由刘锜接管。刘锜非常明白自己的处境，只能进不能退，进有可能胜利，退则必死无疑。于是，他鼓励将士们奋勇杀敌，宋军采取破釜沉舟的战术，凿沉船只，修筑工事，誓与城池共存亡。为了向部将表示决心，刘锜命人在家门前堆上柴草，若战局不利，便自焚家园，绝对不让家眷落入金人之手，遭受玷污。随后，他加强各城门的守卫，派人出外侦察敌情，并招募百姓站岗放哨，"男子备战守，妇女砺刀剑"。将士们相互激励道："我辈自此出阵，未曾立功，今才至此，便遇大敌，须是出力报答国家！"

完颜宗弼看到顺昌防守力量十分薄弱，城墙低矮，猖狂地说："顺昌城壁如此，可以靴尖踢倒！"随后下令对顺昌展开总攻。

然而，刘锜采取以静制动、以逸待劳的战术，抓住敌人不适应酷暑的时机，趁敌疲惫时对敌人展开反击，致使金军伤一万多人，死五千多人，战马损失三千多匹。金军再次遭遇惨败，狼狈地撤回开封府。

此战也成为宋军继和尚原与仙人关两大战役之后的又一次重大胜利，也是"八字军"创造的在平原地区大破金军的奇迹。战后，金人感慨地说："自入中原十五年，尝一败于吴玠，以失地利而败；今败于刘锜，真以战而败"，"十五年间，无如此战"。

宋军挫败了金人的凌厉攻势，随后便展开了大反攻。这时候，被金国扣押多年的宋使洪浩向高宗写了一份密报说，金人被顺昌战役吓破了胆,将燕山府的珍宝席卷一空,准备放弃燕、云以南大片土地向北撤退。由此可见,此时金人已经对战争完全丧失了信心。

第三节 抗命出征

当金军毁约南侵的消息传到鄂州,岳飞既怒又喜,怒的是金人反复无常,不讲信用;喜的是渴盼已久的收复中原的机会又一次降临。于是,他命令自己防区内的各驻守部队,以最快的速度做好出征的准备。

岳家军虽已经在鄂州闲了三年,但从来没有停止过训练,随时准备着追随岳飞报效国家。当初,岳家军的参谋官薛弼被调走后,朝廷又特意派朱芾顶替薛弼的职务。高宗和秦桧派朱芾搭档岳飞的目的是让他监视岳飞,既充当朝廷的耳目,又能对岳飞起到掣肘的作用。然而,朱芾到任不久,便被岳飞无畏的英雄气概和高超的军事能力深深折服,二人遂成挚友。他积极地参与岳家军的各种军事行动,帮助岳飞出谋划策,成为岳飞又一个得力的助手。

另外,还有一个大将赵秉渊,原本为岳飞的旧部,因为不服岳飞的管制,被岳飞酒后重击,差点毙命,因此对岳飞心生恐惧,一直不敢再回岳家军,这一次他也被调拨给岳飞管制。大敌当前,岳飞不计前嫌,主动放下身段向赵秉渊道歉,并鼓励他上阵杀敌，将功补过。

岳飞将一切布置就绪，即将挥师北征，当时的士人、百姓都对岳飞寄予重望，认为除岳飞外，再无人可以光复中原。但是，岳飞有自己的打算，他将大军分为三部分，即奇兵、正兵和守兵，作战目标仍然是中原地带。

奇兵共三支，其中，李宝和孙彦指挥京东路一支，梁兴、赵云和李进统领第二支，董荣、牛显、张峪统领第三支，负责突袭敌人战略要点，以达到先发制人的目的。

正兵也就是正规军，是部队的主要力量，分为轻兵和重兵两部分。其中，轻兵由武赳率领郝义等将领，首先攻克虢州，与活动在陕州一带的忠义军首领吴琦、商州知州邵隆等军联手，将完颜宗弼和完颜杲分割开来，护卫岳飞率领主力向前挺进。岳飞亲率重兵组成的正军，出击京西路广大的平原地区。他命同提举一行事务、前军统制张宪为先锋，会合游奕军统制姚政所部，负责驰援刘锜部。

守兵则由水军组成。当时，岳家军中的水军除了鄂州之外，还接管了直到江南西路江州与江南东路池州一线的防务，利用长江天堑，担负着湖北、江西乃至江东等地的安全。

一切布置就绪，大军即将出征，将士们纷纷与家眷告别，相约等赶走了金人，收复故土之后再回家团圆。对于这一次战争，大家都充满了必胜的信心。

出征之前，为了防止金人利用宋钦宗进行军事讹诈，岳飞再次上书高宗，言明利害，建议早立皇储。高宗尽管对于岳飞的提议有着极大的反感,但战争在即,他假惺惺地对岳飞褒奖一番,并将其官阶晋升为正一品。

尽管位居高官,但富贵于岳飞如浮云,与战士们并肩作战,才是他最向往的事情。岳飞自小受到儒家思想的影响,胸怀报国壮志,一心要收复国土,看淡功名利禄,现在,他终于看到成功在望!他仍然保持着谦逊诚恳的态度,上奏高宗说:"臣闻忠臣之事君,计功而受赏,量力而受官,不为苟得,以贪爵禄。况师旅方兴,事功未著,臣方同士卒之甘苦,明将佐以恩威,冀成尺寸之功,仰报君父之德。"并表示"候将来功绩有成,臣将拜手稽首,祗承休命矣"。

当金兵与刘锜在顺昌交战时,高宗唯恐刘锜不敌,急忙命岳飞多派精锐人马,火速前去救援,不得顷刻停滞。在以后的半个月里,岳飞接连收到高宗的六封诏书,催促他前往救援。但是,高宗又害怕岳飞会趁机北伐,所以又规定岳飞只准到达光州和蔡州,至于黄河以南的中原腹地,包括东京开封府、西京河南府、南京应天府全部都准备弃之不顾,更别说黄河以北的大片国土。高宗的志向仅仅是一个蔡州,不过是为自己两年前的屈膝议和争来一块遮羞布而已。

六月下旬,司农少卿李若虚奉命来到鄂州,不料岳飞已经挥师北上。李若虚急忙追赶,在德安府与岳飞相遇。李若虚曾为岳家军参议官,旧友重逢,本来应该是一件高兴的事儿,但李若虚却给踌躇满志的岳飞泼了一盆凉水,告诉他说,高宗有旨:"兵不可轻动,宜且班师。"为了北伐,岳飞已经等待了三年,现在机会来了，他怎么肯轻易放弃，于是他坚决拒绝了高宗的命令。李若虚也对金人恨之入骨，他的弟弟李若水就死于金人之手，他本就对高宗一味妥协求和不满，如今被岳飞的大义凛然所感动，再看岳家军个个精神抖擞，斗志满满，他便替岳飞揽下了"矫诏之罪"，允许岳家军北上，以自己的性命来支持岳飞的行动。

岳家军排着整齐的队伍向北进发，李若虚登高望远，眼看着队伍渐渐消失在视线中，心中突然生出一种强烈的感伤。他想到自己的故乡洺州，此时还在遭受金人铁蹄的蹂躏，现在岳家军北过黄河，收复国土，报私仇国恨的机会终于来了！

第四节 最后的北伐

完颜宗弼在顺昌被刘锜打败后，便命汉将韩常率军驻守颍昌府，翟将军守淮宁府，三路都统完颜阿鲁补守应天府，而他则与龙虎大王完颜突合速撤退到开封府。这样的布置，是将颍昌、淮宁、应天作为开封府的前卫，开封府作为前三地的后盾，与宋军对峙。

岳飞在侦知敌人的军事布置后，将目标直接对准了完颜宗弼所在的开封府。但是，在进军开封之前，必须扫清外围的敌人。

早在六月上旬，金兵围攻顺昌的时候，岳飞便派张宪、姚政率领前军和游奕军先拿下光州，然后解救顺昌府。途中，张宪得知进攻顺昌府的敌人被打败，便又率军转向西北攻取蔡州。之后，岳飞命部将马羽镇守蔡州。

与此同时，牛皋率领岳家军左军于十三日在京西路打败了金军，挥师指向汝州。接着，他又攻下了自己的家乡鲁山，再向东与主力会合。

二十三日，统领孙显又在蔡州与淮宁府之间遭遇金朝军队，并将其打得大败，为下一步进攻淮宁府进行战略性侦察。

闰六月，岳家军在经过了短暂的休整后，开始发起新一轮的攻击。

十九日，岳飞命前军统制张宪率领傅选等将领来到距离颍昌府四十里的地方，与金军韩常交战。宋军刚出征便取得了几场重大胜利，士气高涨，一个个如下山猛虎。反观韩常军，在顺昌就被刘锜打得溃不成军，士气低落，现在又对阵更加勇猛的岳家军，心中更是恐慌。双方刚一交战，韩常军便被杀得溃不成军，损失惨重。张宪指挥大军对敌人穷追不舍，顺利拿下颍昌府。

岳家军来不及休整，张宪便派董先率领的踏白军与姚政率领的游奕军镇守颍昌府，而他则带领其余兵力与牛皋、徐庆等合兵一处，开始进攻淮宁府。二十四日中午，岳家军来到淮宁府城外四十五里处，遭遇金三千多骑兵的阻击，双方展开激战。结果金军不敌，分多路逃跑，张宪也分兵多路进行追击。金人翟将军听说友军被打败，带领自己的部下，与从开封府发来的援兵一起截击岳家军。面对强大的敌人，张宪一马当先冲入敌阵，指挥大军对金军分进合击，经过苦战，成功打败敌人，并一鼓作气拿下淮宁府，俘获金将王太保，另缴获大批战马。这是岳家军北征以来第一次大规模与金军对阵，又一次取得重大胜利。

二十五日，镇守颍昌府的董先得知金军正从本府的长葛县而来，想要夺回颍昌府，遂带领踏白军与姚政的游奕军出城迎敌，双方在城北的七里店遭遇，金韩常与邪也孛堇等率领的共六千余骑兵摆开阵势。韩常在丢失颍昌府后，补充了开封府发来的救兵，对颍昌府志在必得。双方展开激战，董先与姚政对敌人分头突击，直击敌人要害。经过一个多时辰的激战，金军不敌，开始败退。岳家军穷追不舍，一直将金军赶出三十里开外方才罢休。

接连拿下颍昌府和淮宁府，使敌人拱卫开封府的三个城市仅剩一个应天府。应天府原本属于京东西路，为开战之前新设的军事重地，由张俊在这一带领兵作战。

战争进行到这一地步，开封府的门户已经被打开，为了尽早拿下开封府，岳飞继续指挥大军清除外围的敌人，并期待着张俊和刘锜两支军队北上，与岳家军合兵一处，展开对完颜宗弼的大兵团作战。

张宪所部进展十分顺利，几乎收复了开封府以南所有失地。与此同时，中军统制王贵也率领另外一支岳家军向开封府以西的地方进军。二十五日，王贵命大将杨成率军西进郑州，金军万夫长漫独化率领的五千骑兵出城应战。杨成沉着指挥，以少胜多，将敌人打得大败而逃，岳家军又顺利拿下郑州。二十九日，宋军一部悄悄摸进开封府中牟县，利用夜色的掩护对漫独化发起突然袭击，杀敌无数，缴获战马三百五十多匹，骡子一百多头，以及大量的衣物武器，主将漫独化生死不明。

岳家军中军副统制郝晸也率领一部分军马向西京挺进,来到河南府城外六十里处安营扎寨。镇守河南府的是金将李成,他麾下有七千多"番人"和三千多"食粮军",以及战马五千多匹。七月一日,李成派出几千骑兵向岳家军率先发起进攻,遭到岳家军大将张应和韩清的迎头痛击。金军不敌,被岳家军追到城下,郝晸也率军前来支援。李成见状,惊恐万分,连夜弃城逃跑。次日,岳家军进驻西京河南府。

当初,翟兴手下有一员部将李兴,曾在商州一带积极抗金。绍兴三年(1133年),翟琮军撤退到长江以南,伪齐随即占领襄汉一带,李兴未来得及撤退,不得已投降伪齐。宋金议和后,金归还黄河以南的土地,李兴也重新回到南宋的怀抱,担任西京河南府兵马钤辖。在这一次金军大举进犯之初,宋西京留守李利用和副总管孙晖同时弃城而逃,承信郎李靓却率军英勇抵抗,打败敌人,并俘虏翟将军。随后,敌人集中优势兵力对西京河南府展开猛攻,李靓慷慨就义,李兴依然顽强作战,带领七名骑兵且战且退,从天津桥退到定鼎门。结果,李兴因受伤严重,倒地昏迷。夜半时分,李兴苏醒,只身回到伊阳,仍然坚持作战,先后在伊阳、福昌、永宁三地招募两千多勇士,组成抗金武装。岳飞得知消息,立即派中军统领苏坚率兵前往支援,二人联手,先后攻占西京河南府的其他五个县,接着在河清县再次大败金军,又攻克汝州县城。之后,他们与郝晸汇合,李兴和苏坚又奉岳飞之命镇守西京河南府。

岳家军自出征以来,在短短不到半个月的时间里连续取得多场胜利，消灭金军大量有生力量，挫败了金军的攻势，扫清了开封府外围的所有障碍，接下来就要直接对阵金军主帅完颜宗弼。形势一片大好，宋军士气振奋，收复中原指日可待。

第五节　智破骑兵阵

　　随着岳家军的节节胜利，其战线也拉得越来越长，每拿下一城都要派兵镇守，又没有朝廷的支援，致使岳家军的力量越来越分散，渐渐地便成了孤军深入的态势。眼看着汴京已经触手可及，但岳家军可以用来攻城的兵力却十分有限了。在这种情况下，岳飞不得不下令收缩防区，以便集中兵力攻取汴京。其实，在攻取洛阳之后，岳家军便改变了全面推进的策略，大队人马开始向汴京靠拢。完颜宗弼从岳家军的部署中似乎看到了契机，便召集部下，日夜商讨应对之策。恰在此时，金军元帅完木陀赤和完木陀泽奉命率领连环甲马前来支援，这对于金军来说无异于雪中送炭。完颜宗弼非常高兴，立即召见二人，说道："连环甲马为我大金精锐，无人可敌，这下岳飞该要束手就擒了！"

　　随后，完颜宗弼派人出去打探消息，得知岳飞亲自坐镇郾城，心中大喜，认为自己报仇雪恨的机会来了。岳飞将重兵都派到了颍昌，部将们又大多在外作战，岳飞身边的兵力十分有限。如能集中优势兵力，以迅雷不及掩耳之势攻下郾城，活捉岳飞，宋军必士气大跌，不战而溃。于是，他当即挑选了一万五千多名骑兵，披挂重甲，走小路，以最快的速度赶往郾城，准备擒贼先擒王。

七月八日，岳飞听侦察兵报告："完颜宗弼正率领龙虎大王完颜突合速、盖天大王完颜宗贤、昭武大将军韩常等精锐骑兵，急速向郾城赶来，现在距离郾城仅有二十里路。"

面对来势凶猛的敌人，岳飞并不惊慌，他坚信凭借岳家军顽强的战斗力一定能够打败敌人。他让儿子岳云率领背嵬军和游奕马军率先迎敌。在出城之前，他口气严厉地对儿子说道："此战非常重要，务必求胜，若贪生怕死，先将你正法！"

岳云踌躇满志，向父亲立下军令状，便带兵出城，与敌人展开激战。他一马当先，挥舞着兵器向敌人冲过去。在以前的数次战斗中，岳家军缴获了大量的战马，组成了一支强悍的骑兵队伍，战斗力非凡，完全不输于金人的骑兵。平原骑兵作战本来是金人的优势，岳家军在没有山险可依托、没有城垣可阻挡的情况下，与敌人骑兵对骑兵进行大规模作战尚属首次，这也正是郾城之战与顺昌府、仙人关、和尚原之战完全不同的地方。

经过一个回合的战斗，金人骑兵竟然占据下风。完颜宗弼见状，指挥更多的骑兵前来增援，双方随之再次战在一起。如此几轮下来，战争局面发展为岳云所率宋军对阵完颜宗弼所有大军的地步。金军十万重骑源源不断地进入战场，岳云年龄虽小，却毫不怯惧，沉着应战。

战斗越来越激烈，战场上喊杀声震天动地，尘土飞扬，遮天蔽日。正在城头观战的岳飞担心儿子的安全，也率领四十骑来到阵前助战。部将霍坚急忙上前拉住岳飞的马缰劝阻说:"岳将军乃一军主帅,怎可轻易出动?请速速回城!"

情急之下,岳飞用马鞭在霍坚的手上抽了一下,喝道:"非尔所知!"说完,打马向着敌人冲过去。他一边冲击一边射箭,左右开弓,箭无虚发。其余将士看到主帅登场,顿时士气大振,以排山倒海之势向着敌人冲过去。岳家军虽然不及金军人多,但个个气势如虹。在他们的眼里,金军接连吃败仗,早已没有了刚出兵时的锐气,现在正是擒拿完颜宗弼的大好时机。

金人虽精于骑射,但宋军因为生产能力更胜一筹,制造的弓箭射程更远、穿透力更强。经过十几个回合的交战,金人丝毫没有占到便宜,反而损失了不少的兵力。完颜宗弼求胜心切,便指挥大军利用左右两翼骑兵对岳家军从侧翼包围。宋人将金的两翼骑兵称为"拐子马",这些骑兵主要用来对敌军迂回包抄,而后突击,由于其机动性极强和规模庞大,一直是宋军的梦魇。岳飞早有准备,也立即调整部署,来破解敌人的"拐子马","或角其前,或掎其侧,用能使敌人之强,不得逞志于我"。

完颜宗弼看到自己的军队节节败退,心中更加焦急,便拿出金人最后的撒手锏,即披挂重甲的"铁浮图"军。"铁浮图"军又称铁塔兵,军中每三匹马用皮索相连。他们护甲厚重、攻坚能力强,犹如现代战争中的坦克,为完颜宗弼精心训练的亲军,装备精良,战斗力十分强悍,被金人视为天下无敌。

随着一声震天动地的炮声响起,金营的营门大开,立即便有一队人马从里面冲出来,总数不低于三千人。只见那些战马完全不同于平时的战马，马身上都披着盔甲，马头上用铁钩铁环连锁着，每三匹马站成一排，被皮索连接起来，形似一道厚重的墙，马背上的士兵也都身穿生牛皮盔甲，脸也用牛皮做成的面具蒙着，只露出两只眼睛来。他们分别拿着弓弩、长枪，排列整齐地冲出来，齐头并进，压迫感十足。

完颜宗弼寄希望于"铁浮图"军来战胜岳家军，却不料岳飞早有准备，他下令骑兵后退，让手持麻扎刀、提刀、大斧等利器的步兵上前，专门对准"铁浮图"军的马腿进行攻击。"铁浮图"军虽然战斗力强，但是十分笨重，只要砍倒其中一匹马，另外两匹马便不能前进。如此一来，被金人誉为战无不胜的"铁浮图"军顿时大乱起来。岳家军步兵瞬间占据优势，对着敌人的骑兵又是一阵砍杀。战斗一直持续到黄昏时分，敌人损失惨重，尸横遍野。杨再兴打算活捉完颜宗弼，遂不顾劝阻，单骑突入金兵阵地，杀死金兵一百多人，他自己也多处受伤。傍晚时，完颜宗弼为了避免更大的损失，不得不鸣金收兵。这一仗，岳家军又一次大获全胜，并缴获战马二百多匹。

遭遇如此惨败，完颜宗弼很不甘心，决定对岳家军进行反扑。十日下午，负责巡逻的军士向岳飞报告说，有一千多金军骑兵向着郾城而来，已经到达城北的五里店。这支队伍的后面烟尘滚滚，遮天蔽日，肯定跟着敌人的大部队。岳飞不敢大意，急忙率军出城备战。他首先派将官王刚率领由背嵬使臣五十多人组成的精锐骑兵到五里店侦察敌情。

王刚等人到达五里店的时候，看到敌人已经列好了阵，其中有一个身穿紫袍的金将站在队伍前排的中间，看上去很是狂傲。他料定此人应该是这支队伍的头领，于是一马当先直冲过去。其他人也不甘落后，挥舞着刀枪紧紧跟随，眨眼间便冲到了金军面前。由于王刚等人的动作太快，金骑兵还没有反应过来，主将就被斩于马下。之后，王刚又分别冲向其他金兵，金兵们早已被吓得魂飞魄散，一下也没抵抗便作鸟兽散了。王刚一直将敌人追赶出二十多里方才罢休。回到原来的地方，他命人从被杀死的金将尸体和战马上分别摘下两个红漆牌，见上面写着"阿里朵孛堇"，这一金军悍将就此陨落。

郾城之战为岳飞抗金的又一次大捷，迫于舆论的压力，高宗不得不对岳飞进行褒奖：

> 自羯胡入寇，今十五年。我师临阵何啻百万，曾未闻远以孤军，当兹巨孽，抗犬羊并集之众，于平原旷野之中，如今日之用命者也。盖卿忠义贯于神明，威惠孚于士卒；暨尔在行之旅，咸怀克敌之心，陷阵摧坚，计不反顾，鏖斗屡合，丑类败奔。念兹锋镝之交，重有伤夷之苦。俾尔至此，时予之辜！惟虏势之已穷，而吾军之方振，尚效功名之志，亟闻殄灭之期。载想忠勤，弥深嘉叹。降关子钱二十万贯，犒赏战士。故兹奖谕，想宜知悉。

尽管被岳飞打得落花流水，完颜宗弼仍然不甘心失败，妄图垂死挣扎。不过，他再也不敢进犯郾城，而是将目标对准了郾城与颍昌府中间的临颍县，打算切断岳飞与部将王贵之间的联系。

这时候，岳飞手中的兵力已经不多了，无法与金军展开大规模作战。仔细分析敌情后，他判断出完颜宗弼很可能会转头攻打颍昌府，于是便命岳云率领一支背嵬军疾驰颍昌府，支援王贵。另外，他又向驻守在顺昌府的刘锜写信求援，希望能够共同御敌。

张宪等统制也分别从不同的地方赶来支援岳飞。十三日，大军陆续进入临颍县城内，有背嵬军、游奕军、前军及其他一些军种。临颍县的岳家军实力大增，开始寻找机会与金军展开对决。

当天，杨再兴、王兰、高林、罗彦、姚侑、李德等将率领三百骑兵作为先头部队侦察敌人的动静，却在小商桥遭遇金军，金军对杨再兴等进行包围。面对强大的敌人，杨再兴等人毫不怯战，奋力拼杀，杀死敌人两千多人，及万夫长等将领一百多人。不过，岳家军三百人全部壮烈牺牲，无一幸免。杨再兴被乱箭穿身而亡，其状惨不忍睹。当夜大雨滂沱，鲜血随着雨水注满附近的沟沟壑壑。

正如岳飞所料，完颜宗弼在临颍县遭遇重大损失，再也不敢与张宪交战，留下八千人继续在临颍与岳家军对峙，自己则率领主力转向颍昌府。

十四日，天刚亮，张宪便率军对驻守临颍县的金军展开迅猛攻击，金军不敌，狼狈而逃。张宪对其穷追不舍，一直追出三十多里，金兵有的逃往颍昌府方向，有的逃往开封尉氏县方向。

岳家军收兵后，在阵地上找到杨再兴的尸体，进行火化，最后得到箭镞两升还多。岳飞得知杨再兴等人殉国的消息，悲痛万分，立即上奏朝廷，请求追封杨再兴、王兰、高林等人七品或六品官职。

十四日这天上午，在张宪与金军作战的同时，完颜宗弼也在颍昌府与岳家军展开激战。在完颜宗弼的指挥下，金军镇国大王、韩常等率领四万金兵，其中骑兵三万多人在城西列阵备战。接着，又有龙虎大王完颜突合速、盖天大王完颜宗贤率领的十万金兵步军也到达阵地，在舞阳桥南摆开阵势，绵延十几里，锣鼓震天，气势恢宏。

当时，驻守颍昌府的岳家军名义上有五个军，其实除了踏白军之外，其他四个军建制都不全，其中，中军统领苏坚驻守在西京河南府，选锋军统制李道在其他地方镇守，背嵬军和游奕军又各抽出一部分分别镇守郾城和临颍。面对强敌压境，王贵命统制董先率领踏白军，副统制胡清率领选锋军负责守城，他和姚政、岳云率领中军、游奕军、背嵬军出城迎战。不用说，面对数倍于己的敌人，岳家军又要打一场硬仗。

岳云胯下战马飞驰，向着敌人横冲直闯过去，八百名背嵬军骑兵紧随其后。紧跟着，步兵也呈作战队形向两翼的"拐子马"军发起进攻。这时候，双方势均力敌，但岳家军因为连战连胜，士气高昂，越战越勇。岳云在敌军中出出进进十几次，身上受伤百十处，鲜血染红了战袍。经过几十个回合，双方不分胜负，也都出现了很大的伤亡，无论步兵还是骑兵都"人为人血，马为马血"。王贵是岳家军中资格最老的将领之一，眼见这样的阵势，也不免有些胆怯起来，甚至产生了撤退的念头。关键时刻，岳云劝说他不可功亏一篑，即便战至最后一人，也要与金军作战到底。王贵受到鼓舞，重新振作起来，带领将士们奋勇杀敌，全军"无一人肯回顾者"。

战斗一直持续到中午，城内的董先、胡清看到岳家军情况危急，忙率领踏白军和选锋军前来支援，很快扭转战局，将金军打败。

颍昌之战，岳家军可谓战果辉煌，杀死金兵五千多人，斩杀、俘虏诸多金军将领，缴获战马三千多匹，另有不计其数的金、鼓、枪、器甲等。

郾城、颍昌大捷是岳家军第四次北伐中最重要的两次战役。岳家军孤军深入，又来不及调整兵力部署，在如此艰难的环境下，凭借自身强大的战斗力和为报效国家不惧生死的精神，英勇出击，顽强作战，创造了一个又一个辉煌的战绩，令敌人闻风丧胆。

自绍兴元年（1131年）开始入侵南宋以来，完颜宗弼先后经历了和尚原、仙人关、顺昌、郾城、颍昌等五次惨败，尤其是郾城和颍昌的两次战斗，金军本来占有极大的优势，却依然难逃败局，使他威名扫地。颍昌战后，他率领残兵败将回到开封府，龟缩不敢出城，已经完全丧失了斗志，对于能不能抵抗接下来岳家军的进攻，他心中没有一点把握。在此之前，金军虽然也与岳家军进行了几场战斗，但都不是大规模的，而后来的这几次较量，金军才真正知道岳家军的实力。从此以后，在金军中开始流传一句话：

撼山易，撼岳家军难！

面对强大的岳家军，完颜宗弼不得不承认，自己当初低估了宋军的实力，以至于出现当下的败局。

第六节　朱仙镇轻松取胜

在北方民间抗金武装的密切配合下，岳家军一路势如破竹，将金军打得落花流水。金军接连遭遇失败，士气低落，人心思归。但是，都元帅完颜宗弼不甘心就这样失败，仍然抱着一丝侥幸的心理，企图扭转败局，无奈再也征不到兵役，遂仰天长叹："我起北方以来，未有如今日屡见挫衄。"

在岳家军的强大攻势下，金军中许多大将纷纷向南宋投降。其中有龙虎大王完颜突合速的亲信纥石烈千夫长，以及汉将张仔、杨进等。纥石烈千夫长还将自己的名字改成了高勇。另外，汉将韩常素以勇武著称，为金军昭武大将军，因为在顺昌战役遭遇惨败，被完颜宗弼用柳条猛抽了九十下。不料几天后的颍昌战役中，完颜宗弼的女婿战死，他更加害怕受到责罚，所以不敢回开封府，而是在颍昌府北的长葛县驻扎。他也派人找到岳飞，想要投降，得到岳飞的允许。

这时候，宋朝战局一片大好，岳飞无限豪迈地对将士们说道：

直抵黄龙府，与诸君痛饮尔！①

对于岳飞的这句话，还有不少争论。传统的说法认为，岳飞以"黄龙府"泛指金国大本营，表示收复失地的决心；宋史专家邓广铭先生则认为，岳飞误认"燕京"（今北京）为"黄龙"。因黄龙府是南宋人心中金国安置异国俘虏的地方，所以还有另一种推测，黄龙府可能是囚禁徽、钦二帝的地方。还有学者认为，岳飞认为"黄龙府是金人的发祥地"，"直抵黄龙府"是要"灭了金朝"。

哪种说法最为可信，我们不做探究，但是可以看到，此时战事的进展完全出乎岳飞的预料。现在他信心大增，已如胜券在握，发誓要犁庭扫穴，收复旧山河。

在经过了三天的休整之后，岳家军再次踏上征程。七月十八日，驻扎在临颍的张宪、徐庆、李山、傅选、寇成等诸统制，率领岳家军主力向位于临颍东北的开封府进发，途中与金军六千骑兵相遇。张宪一声令下，诸统制各自率领马军向着敌人冲击过去。金军不敌，狼狈逃窜，宋军一直追出十五里，杀死金兵无数，缴获战马一百多匹。

---

① 脱脱著.宋史[M].中华书局，1985年版。

与此同时，王贵也率领大军从颍昌府出发，直逼开封。牛皋老当益壮，率领的左军在途中遭遇敌人，双方交战，金军败退，牛皋再立新功。

朱仙镇位于开封西南四十五里的地方，这里驻扎着完颜宗弼的十万金军。他得知岳家军北上的消息，便开始布置军马，准备迎战，企图扭转战局。不日，岳家军来到距离开封府四十五里的尉氏县安营扎寨，一切井然有序："南有南营，北有北营，东有小寨，西有大营。"一切安排妥当，张宪派五百背嵬军铁骑作为前哨，先期抵达朱仙镇。金军看到岳家军只有五百人，遂采取先发制人的战术，对岳家军的前哨发起攻击。但是，他们没有想到，这一小股的岳家军战斗力十分强悍，双方刚一交战，金军便被冲散，刚刚提振起来的士气也一下子消失殆尽，争相逃命。

完颜宗弼看到自己的十万大军竟然抵挡不住岳家军区区五百人，看来这次出征真的大势已去，败局无法挽回，于是准备放弃开封府，渡河逃回金国。后来，被扣押在金营中的宋使洪皓在给家人写的一封信中这样说道：

"顺昌之战，岳帅之来，此间震恐。"

在北伐之前，高宗曾给岳飞写过一道诏书，担忧秋高马肥，不利于宋军。而岳飞却用他的实际行动证明，秋高马肥之时的金人也并不是不可战胜的。战争的胜败，完全取决于天时、地利、人和，而人和才是最为关键的一点。

金军自宣和七年（金天会三年，1125年）南下侵宋以来，十余年间从未遭遇如此惨败，远在北国的女真贵族和统治者得知消息，吃惊万分。他们终于清醒过来，南宋表面看上去不堪一击，但有岳飞这样的悍将在，也不是可以用武力轻易征服的。但是，他们又不甘心放弃嘴边的这块肥肉，决定改变策略，催促秦桧加紧迫害岳飞，让南宋自毁长城。

岳飞骑马来到朱仙镇，目睹战争后的状况，不由得想起十多年前自己被迫跟随杜充撤退江南的情景。还有那时候宗泽"过河，过河"的呐喊，依然清晰地回响在他耳边。现在，他率领自己一手组建的岳家军又打了回来，十多年的耻辱终于被洗刷了！现在，将士们高举庆功的美酒，以慰藉英雄在天之灵。他抬起头来，举目远眺，开封高大的城垣、雄伟的皇宫宝殿，甚至繁华的闹市和纵横交织的街道就在眼前。

然而，让岳飞无论如何也想不到的是，就在他准备扩大战果，围攻开封府，彻底消灭金军的时候，突然接到了高宗要他班师回朝的手谕。

第十二章 受皇命功亏一篑

就在岳飞连奏凯歌、金军难以抵挡时，完颜宗弼想到了被安插在宋朝的奸细秦桧。秦桧为了讨好金人，极尽所能地在高宗面前进谗言陷害岳飞。高宗本性软弱，又加上贪恋皇位的私心，二人一拍即合，以"莫须有"的罪名处置了岳飞。岳飞戎马倥偬，没有死在战场上，却死在了小人手中，就这样带着没有完成的宏愿离开了人间。

第一节 不得已的班师

朱仙镇大败使金国统治者完全丧失了入侵南宋的信心，更令统兵元帅完颜宗弼万念俱灰，计划放弃开封，撤退到黄河岸边，准备渡河回金国去。此时，中原百姓全部都沉浸在胜利的喜悦之中。乡亲们纷纷牵牛挽车，运送干粮、粟谷资助抗金大军，又站在大路上翘首远望，期盼岳家军早日到来。对此，完颜宗弼仰天长叹道："想我大金进入中原以来，战无不胜，所向披靡，宋军无不望风而逃。然今日遇见岳飞，六十万大金精英却只剩下五千人马，我有何脸面回到金国！"

这时，完颜宗弼身边的谋士向他提出建议说："将军可延缓撤退，事情怕会有转机。"

完颜宗弼不解地问："何以见得？"

谋士回答说："自古未有权臣在内，而大将能立功于外者。以愚观之，岳少保祸且不免，况欲成功乎！"[①] 完颜宗弼皱眉思索了一阵子，认为他的话不无道理，遂改变了北撤的主意，暂时按兵不动。事情正如这位谋士所料，就在两天后，完颜宗弼打算下令撤退的时候，事情便出现了转机，岳飞接到了高宗让他撤退的手谕。

谋士之所以有料事如神的本领，其实是他准确地掌握了宋高宗急于求和的心理。

首先，对于当时的高宗来说，在经历了靖康之耻，及应天府、扬州、明州等一路失败逃难之后，他骨子里已经刻下了严重的恐金心理，即便是经过多年的发展，也一直认为自己实力薄弱，不是金的对手。在他的思想中，岳飞、韩世忠等人抗金取得的胜利不过是偶然性的，是一时的、短暂的，如果有一天，金军重夺

---

① 《金佗稡编》卷八《行实编年》五。

胜利，那么对于南宋来说将会是一场灭顶之灾。因此，不如收缩力量，做好防御工作，再向金国乞怜，只要能让他苟延残喘，偏安一隅就满足了。

其次，因为当初宋太祖赵匡胤所制定的扬文抑武的政策，宋朝的皇帝们一向猜忌和轻视武将，高宗也不例外，尤其是在经历了一系列的重大变故之后，他更加看到了武将掌握军权的严重性，因此非常害怕岳飞、韩世忠等统兵人物随着北伐战果的不断扩大，威望和权力不断增加，待二者达到一定的程度便会出现拥兵自重、不听皇命甚至是起兵谋反，进而威胁皇权的可怕局面，那么他来之不易的皇位也终将难保。因此，他绝不能任由岳飞像脱缰的野马一样失去控制，必须时刻加以控制。对赵构来说，即便是放弃大片的国土也在所不惜。

当时李若虚奉命前去宣诏，却因感动于岳飞的忠义，同意岳家军出师，其中体现的人心向背，更加让高宗明显地感到岳飞对皇权的潜在威胁。他或许在想，一旦岳飞真的收复中原，其在中原人民乃至全国人民心中的威望必然会达到空前的高度，实力也会极大增强，对自己取而代之也不是不可能。但是，他同样害怕金军渡过江南，对南宋发动大规模的侵袭，一旦宋军抵挡不住，南宋就会亡国，而他也难逃徽、钦二宗那样的下场，成为金人的阶下囚。他这一次诏谕岳飞北伐，其实根本没有收复故土的打算，只不过是希望岳家军能在陈、蔡两地取得一些象征性的胜利，为和谈增加一些筹码罢了。既然目的已经达到，也该是"见好就收"的时候了。

另外，还有一个非常重要的因素，就是高宗贪恋皇位，唯恐自己的龙椅不保。岳飞曾一再向他表示，要渡过黄河，打败金军，收复所有故土，还要迎接二圣回朝。现在，他的父皇徽宗虽然不在了，但还有兄长钦宗尚被囚禁在金国，若兄长真的回到了南宋，大量的北宋遗臣如果拥立兄长复位，自己又该如何应对？

当然，高宗之所以会诏谕岳飞停止军事行动、班师回朝，秦桧也起到了推波助澜的作用。

秦桧城府极深，最善于察言观色，投机取巧，他极尽逢迎巴结之能事，一步步登上权力的巅峰，此时在朝中一手遮天。这时候，他作为金国奸细的丑恶嘴脸充分地暴露了出来。他知道，高宗惧怕金人，一心只求相安无事，即便是金人反复无常地撕毁合约，高宗依然寄希望于金人能放自己一马，苟且偷安。秦桧本来就是靠主和而得宠、身居高位的，一旦和议变得不再可能，那么他在朝中也就再无立足之地，主战派也必将对他秋后算账。现在捷报频传，议和的条件正逐渐被收复故土的声音所代替，这让他感到了一种巨大的恐惧。因此，他必须尽快改变这种局面，让和谈重新变成可能。而在众多主战的将领们中，岳飞是最让他头痛的人物，岳飞不但抗金态度坚决，而且掌握着全国超过半数的军队，具有超高的军事能力。现在，岳家军已经渡过长江，纵横中原，若不及时阻止岳飞的行动，等他攻下开封府，再北渡黄河，剑指燕云，对于秦桧来说，后果将不堪设想。因此，他必须想尽一切办法阻止岳飞继续北上，让其班师回朝。还有一点非常重要，当初他可是带着不可告人的目的从金回到宋的，助金灭宋才是他的"本职工作",若岳飞真的实现了收复中原的目的,他又该如何向金国主子交代?

到了七月上旬,秦桧逐步掌握了各大战场的态势:在东部和西部战场,宋金两军处于拉锯状态,没有太大的进展;在中部,张俊已经撤军,而岳家军在失去后援的情况下依然高歌猛进,锐不可当。很显然,岳家军是这一次战争中胜败的最关键因素。为了完成主子交给自己的任务,秦桧在看透高宗的心思之后,多次与高宗提及当年淮西兵变之事,又不失时机地向高宗提出让岳飞班师的建议,理由是"孤军不可留"。为了更好地达到目的,他还唆使阿附他的官员向高宗进谗言说:

兵微将少,民困国乏,岳飞若深入,岂不危也?

对于高宗来说,班师议和,才是他最满意的结果,遂于七月八日向岳飞下发第一道班师诏。

岳飞此时已向朝廷奏报了战况,本来盼着高宗看到自己的奏折,会派兵支援,助自己一举拿下中原。然而,奏折送出去之后却如石沉大海,毫无音讯。郾城、颍昌之战结束,朝廷的圣旨到了,岳飞高兴非常,激动地打开,怎么也想不到高宗竟然让他班师回朝。这时候,岳家军已经在战场上取得了决定性的胜利,临颍之战也正在激烈地进行着,岳飞当然不愿看到胜利的果实就这样被白白丢弃,所以不愿意下达停止进军开封的命令,而是满怀激愤地写了一道奏折,恳请高宗收回成命:

  契勘金虏，重兵尽聚东京，屡经败衄，锐气沮丧，内外震骇。闻之谍者，虏欲弃其辎重，疾走渡河。况今豪杰向风，士卒用命，天时人事，强弱已见，功及垂成，时不再来，机难轻失。臣日夜料之熟矣，惟陛下图之。①

  奏折送出去后，岳家军继续向开封进发，于三日后到达朱仙镇，不费吹灰之力便打败了敌人。正当岳飞举杯庆祝胜利的时候，宋高宗的十二道金字牌送到军中，下发的班师诏于一日之内送到岳飞的中军帐中，催促岳飞尽快撤军，凸显高宗的焦急惶恐和不容违抗的态度，要岳飞刻不容缓地将大军撤回鄂州，岳飞本人立即前往行在临安面君。

  这是岳飞一生中遭受的最大的打击。他走出帐外，手中拿着皇帝的金牌诏谕，抬头遥望远处的开封府，想到自己十年之功即将废于一旦，自己一生的追求和理想付诸东流，禁不住悲从中来，痛苦的眼泪不自觉地溢出了眼眶。他知道，高宗之所以做出这样的决定，奸臣秦桧自然在背后起着非常重要的作用。气怒之下，他面朝东南方向，对着临安拜了三拜说：

  臣十年之力，废于一旦！非臣不称职，权臣秦桧实误陛下也。

---

① 王运熙主编. 中国古代散文精粹类编 [M]. 上海文艺出版社，1997.

岳飞再无理由抗争，只能听从朝廷的安排，下令大军后撤。

当初出征时，岳家军将士们曾在家属面前发下誓言，不打败金军绝不回还。而现在胜利在望，大军却放弃进攻，撤回原地，岂不是功败垂成？又如何面对江南父老？因此，岳家军的士气受到极大的打击，军心涣散，怨言四起。眼见将士们一个个垂头丧气、无精打采的样子，再想起出征时那生龙活虎、朝气蓬勃的状态，岳飞心如刀割，禁不住仰天长叹："岂非天乎！"

傍晚时分，大军宿营，岳飞等将领面对面坐在一座荒废的寺庙里，大家全都沉默不语，气氛非常压抑。

突然，岳飞开口问道："天下事竟如何？"

众人面面相觑，都不知该如何回答。大家又是一阵沉默。许久，张宪回答道："在相公处置耳。"他的意思非常明确，劝岳飞改变主意，继续完成未竟的事业，哪怕反抗朝廷，甚至举兵反宋，岳家军也誓死追随。

岳飞低头俯视地面，久久不语。最终，他还是决定服从皇帝的命令，在形势大好之时班师回京。或许是迫于朝堂的压力，或许是岳飞考虑到战场的形势，或许是多年征战，一心报国的岳飞看到皇帝的手谕之后，真的感到累了。他不是身体上的疲惫，而是精神上的，赵构的懦弱、出尔反尔，已经让他不再看好这场战争。

百姓们对岳飞收复中原本来充满了希望和信心，却不料岳家军突然撤退了，人们在失望之余，又不甘心就这样眼看着岳家军离去，纷纷走上街头，拦住岳飞的马头，痛哭流涕说："我们冒着生命的危险为大军送粮草、酒肉，金人对此早已知晓，现在将军说走就走了，金军回来后又会怎样对待我们？"

岳飞心中更加悲伤，眼含热泪自怀中掏出朝廷的诏书，哽咽道："朝廷诏书在此，岳飞不敢不遵守命令。"当岳家军回撤到蔡州时，百姓空巷而出，堵住了行进的道路，一个书生带领大家齐刷刷跪在岳飞的马前说："我们被金国统治已超过十二年，听说岳将军要率军出征，无不欢欣鼓舞，日夜期盼。如今金人退却，形势大好，怎忍心班师而回呢？"

岳飞再次取出高宗的圣旨向大家说明情况，众人得知真相，无不掩面而泣。为了表示对乡亲们的歉疚，同时也安抚民心，岳飞下令大军停留五日，直到乡亲们都迁移到襄汉，才重新上路。

不日，岳家军回到大本营鄂州，岳飞不敢停留，带着两千骑兵，取道顺昌府，渡过淮河飞驰临安，面见高宗。

第二节 再次沦陷的河南

岳飞撤军的消息很快传到了金营，完颜宗弼欣喜若狂。他立即下令整备军马，重回开封府。同时，完颜宗弼命孔彦舟为先锋，率军先打回开封。

岳家军虽然南撤，但在一些占领区仍然部署了一部分兵力，以掩护大部队行动及河南百姓南迁。但是，这些兵力都很薄弱，加上士气低迷，根本无法抵挡金军的进攻。金军先锋孔彦舟攻打郑州时，曾在中牟县夜袭金营的岳家军准备将刘政被俘。紧接着，驻扎在西京河南府登封县的孟邦杰，镇守汝州的郭清、郭远等也先后被金军打败。

八月上旬，一部分金军开始围攻淮宁府，新任知州赵秉渊本来胆小怯战，而这一次却表现得异常勇猛，他率领城内军民与敌人顽强地作战，毫不退缩。岳飞得知消息，急忙派李山和王贵率军前去支援。同时，刘锜也派部将韩直带兵驰援，三方联手，内外夹击，终于将金军打退。在这一次战斗中，岳家军同样发扬了昔日敢打敢战的大无畏精神，其中一个小军官杨兴带领几十人在淮宁府沿河对阵金军数百人，毫无惧色，身中数箭，箭头入骨，仍奋战不止。双方从上午一直打到下午，金军最终撇下几十具尸体败退。淮宁之战成为岳家军第四次北伐的最后一战，以胜利而结束。

岳家军的撤退改变了整个北方的战局，正在攻打淮阳军的韩世忠得知岳家军后撤的消息，顿时失去斗志，刚好这时候朝廷要他撤退的命令到了，他没有犹豫，当即率军撤退。

当初郾城大捷后，岳飞曾派人飞驰临安报喜，不料却等来要他撤军的命令。七月十八日，他特意向朝廷递交反对撤军的奏折。这时候，高宗又产生了短暂的后悔心理。七月二十五日，岳飞已经率军撤退，高宗又命杨沂中率领殿前司军从临安府开赴淮南西路，之后再传诏令，让岳飞"且留京西，伺贼意向，为牵制之势"。可惜他后悔得有些晚了。

八月下旬，杨沂中率领大军来到宿州驻扎。当夜，他派出五千骑兵突袭临涣县的柳子镇,却不料扑了个空,连金军的影子都没见到。正欲撤退时,忽然有消息传来,说大量金军已经在他们回去的路上布好了口袋,就等着他们往里钻。杨沂中顿时惊慌失措,急忙向其他方向逃跑,金军随即占领宿州。因为当地的百姓曾经为宋军提供粮草资助,金军入城后即开始对百姓大肆屠杀,以泄私愤。

岳飞第四次北伐,凭借天时地利人和的优势重挫金军,但因为高宗和秦桧的投降政策,致使数以万计的将士们用鲜血换来的胜利果实化为灰烬。

当岳飞接到高宗命他"且留西京"的手谕时,他已经骑马奔驰在通往行在临安的道路上了,且已经行走了大半路程。此后,他又接连不断地接到高宗的手谕,以及秦桧以枢密院名义发来的省札。无论是高宗的手谕还是枢密院的省札,都是前后矛盾、改来改去,但最终的命令还是让他疾驰入觐,面圣奏事。与此同时,中原地区再度沦陷的消息也不断地传入他的耳中,他悲愤异常,绝望地说道:

  所得诸郡,一旦都休!社稷江山,难以中兴!乾坤世界,无由再复!

八月,岳飞来到临安,因为对收复中原已经不再抱什么希望,所以他也不愿多谈政治,而是上书请求解除所有军务,以及新加封的少保官衔。他义愤填膺地说道:"比者羌胡败盟,再犯河南之地,肆为残忍,人神共愤!""今则虏骑寇边,未见殄灭,区区之志,未效一二。臣复以身为谋,惟贪爵禄","万诛何赎!"

尽管这时候的高宗已经不打算重用岳飞,但因为时局还不明朗,所以也不敢轻易放他退隐。

岳飞辞职不成,只好悻悻地返回鄂州。在他看来,即便是宋金交战持续下去,也不过是今天在这儿打个胜仗,占领一个城池,说不定明天也就放弃了,至于什么驱除外辱、收复旧山河的志向,不过是他的一厢情愿罢了。

其实,在南宋正规军撤退之后,北方依然活动着许多民间抗金武装力量。

当初李宝率军在开德府与金将徐文交战,结果兵败,不得已向南撤退,却又在广济军袭击了金人的船队,缴获大量的银、绢、粮等重要物资。之后,他们沿运河乘船南下,到达徐州,又遇到一支前去增援的金军。李宝接受曹洋的建议,对敌人发起突袭,大获全胜,活捉敌人七十多人,杀死者不计其数。不久,李宝率领五千人来到韩世忠的防地楚州。他将七十多名俘虏交给韩世忠,韩世忠大摆筵席予以招待,并希望李宝留下。李宝却断发明誓,坚决要求回到岳家军的队伍中去。韩世忠无奈,只好写信给岳飞,征求他的意见。很快,岳飞回信给李宝说:"既然是为国家效力,不必分彼此。"李宝这才答应留在韩世忠的军中。

西京河南府的守将李兴多次与金军交战,均获胜利。金军将领李成向完颜宗弼请求援兵,李兴因寡不敌众,于绍兴十年

（1140年）九月被迫放弃河南府城，撤退到永宁县白马山寨。这年冬天，李成又率大军将山寨包围，李兴率兵利用夜色的掩护火烧敌营，金军大败，一直被追赶出八十多里到福昌县的三乡镇，又经过几次厮杀，李成均不敌，仓皇逃回河南府内。

还有梁兴、赵云都是岳家军中的猛将，在北伐中没有与岳飞一块作战，当他们得知岳飞被迫撤退的消息后，无论如何也不肯撤退，坚持留在大河以北同敌人作战。二人率部转战于大名府、开德府一带，多次偷袭金军，缴获大量的金银、帛绢，以及河北路的马纲。第二年初，二人九死一生，终于率领部队回到鄂州。

在河南抗金烽火遍地燃烧的同时，河北也有不少抗金义勇军，而且取得了相当辉煌的战绩。可惜，岳家军撤退之后，他们所占领的地盘也相继失守。

其中，王忠植曾奉川陕宣抚司之命率领一支抗金义勇军转战陕西，支援被围困在庆阳府的友军，途经延安府时，由于军中出现叛徒，他不幸成为赵惟清的俘虏，被送往金营。金军又将其押到庆阳城下，对其恩威并施，王忠植完全不为所动，大声向城上的宋军将士们喊道："我乃河东步佛山忠义人也，不幸被金人所俘，现在，金人要我劝降我的部下，希望将士们不要辜负朝廷，坚守城池，忠植虽死无憾！"金朝元帅右监军完颜杲气急败坏，威胁要杀死王忠植。王忠植毫不畏惧，高喊道："快快动手！"金人手起刀落，王忠植当场殒命。

此后，北方将士们都将王忠植所说的"不辜负朝廷"作为勉励自己的座右铭，奋勇杀敌。然而，面对前线将士们的生死，高宗却表现得十分冷漠。最终，北方义勇军因为得不到朝廷的有力支援，在与金军的交战中逐渐被消灭，北方军民抗金的热情也逐渐熄灭了。

第三节 淮西告急

由于高宗错误的决定，岳飞不得不率军撤回江南，这让金军白捡了个大便宜，以风卷残云之势重新占领被岳家军收复的郑州、登封、汝州、淮宁、颍昌、郾城等多个地区，收复中原的大好形势就这样被白白葬送了。

绍兴十一年（1141年）春，完颜宗弼又统率重兵向淮西路发动猛攻。因为在之前跟岳家军交战中损失了不少兵马，所以这一次入侵淮西，他所统领的军队战力并不强悍。

当时，南宋在淮西路派驻了三支队伍，分别是淮西宣抚使张俊率领的八万大军、淮北宣抚使杨沂中率领的三万人，以及淮北宣抚判官刘琦统领的两万人，共计十三万人，远远超过了金军的人数，完全可以抵御金军的入侵。然而，三位主将的能力和眼光却远不及岳飞。因此，当高宗得知金军发兵淮西的消息后，又第一时间想到了岳飞，遂连发多道金牌令星夜传到鄂州的湖北、京西路宣抚司。在诏令中，高宗又开始对岳飞"甜言蜜语"，说什么"卿忠智冠世"，"朕素以社稷之计，倚重于卿"，"破敌成功，非卿不可"，等等，准备让岳飞出兵。

在高宗的诏书下达之前，岳飞便已经得知金人入侵淮西的消息，只是不敢确定真假。那一刻，他的心中再次燃起了对金人的仇恨，遂主动上奏朝廷："令臣提兵前去，汇合诸帅，同共掩击，兵力既合，必成大功。"二月四日，他又接连写了两道奏折，提出一个大胆的建议："虏既举国来寇，巢穴必虚，若长驱京、洛……势必得利。"岳飞想要突袭金国后方，让其阵脚大乱，这在中国古代的兵法中叫围魏救赵，也是解救淮西非常不错的计策。

当时，金将李成率领一万五千人镇守蔡州，岳飞根本不将他放在眼里。不过，岳飞考虑到高宗胆小，不会同意自己的冒险方案，遂又于第二天再向其献上一个相对保守的计策："虏知荆、鄂宿师必自九江进援"，"乞且亲至蕲、黄，相度形势利害，以议攻却"，"贵不得拘，使敌罔测"。按照岳飞的设计，岳家军改为从蕲州、黄州一带渡江北上，给敌人来个出其不意，或许可以达到让敌人腹背受敌，以解淮西之难的效果。

事情正如岳飞所料，当高宗看到他提出的第一个作战方案，当即便否定了，说道：

> 备悉卿意，然事有轻重，今江、浙驻跸，贼马近在淮西，势所当先。

不过，他看到岳飞的第二套作战计划后，认为可行，遂批准。

当时的通信非常缓慢,岳飞的奏折与高宗的诏书同时在路上传递。二月九日,岳飞在鄂州接到高宗于正月二十九日下发的诏书,要他立即整备军马,务必在十一日出发,前往蕲州、黄州、舒州等地。

这时候,岳飞正感染风寒,咳嗽不止。他不顾自己有病在身,在紧张的筹备之后,于十一日自鄂州出发,踏上了第三次支援淮西的征程。高宗得知消息,特意下诏表示嘉奖:"得卿九日奏,已择定十一日起发,往蕲、黄、舒州界。闻卿见(现)苦寒嗽,乃能勉为朕行,国尔(而)忘身,谁如卿者?"①

从鄂州到舒州不下一千里路程,岳家军晓行夜宿,用了不到十天的时间。十八日,他们还没有达到战场,前方便传来了宋、金两军在无为军巢县西北的柘皋镇交战的消息。在这一次的战斗中,金军统帅完颜宗弼和宋军统帅张俊都没有参加,而是由张俊部将王德对阵完颜宗弼帐下元帅左监军、龙虎大王完颜突合速与五太子邢王完颜阿鲁补。具体指挥者为完颜阿鲁补与韩常,完颜突合速没有参战。

张俊虽然名义上是主将,其实和杨沂中、刘锜互不统率,各自成军。不过,他可以决定各军的进退。王德为张俊部下的一个都统,因为张俊贪生怕死,不敢亲临前线,所以让王德负责冲锋陷阵。其实,也正是他的退出,才使宋军在这一次的战斗中取得了重大胜利。

---

① 《金佗稡编》卷三《高宗皇帝宸翰》,绍兴十一年《援淮西一十五诏》。

当时，双方的力量对比为，宋方的杨沂中、刘锜两军，加上王德的行营中护军，大概十万，而金军则为六七万人。战斗开始后，金军依旧采取左右两翼拐子马的阵势向宋军发起进攻，而宋军对这样的阵势早有破解之方，利用步兵挥舞着长柄大斧对敌人一阵砍杀，最终打败敌人。

张俊名义上是一方统帅，其实军事能力十分平庸，且嫉妒贤能，追求功名利禄。他极力拉拢高宗深为欣赏的爱将、殿前都指挥使杨沂中，希望得到高宗的更多宠爱。而对于后起之秀刘锜则极力排斥打压。战斗结束后，他将战功全归于他自己和杨沂中两人，对于刘锜的功劳则只字不提，又强令刘锜率领"八字军"撤回太平州，而他则与杨沂中一块前往濠州（安徽凤阳附近），准备在那里显摆一番，然后班师。

当岳飞来到庐州时，接到张俊写来的书信，说敌人已经败退，并告诉他军队缺乏粮食，不可再向前。岳飞当然心知肚明，张俊这是害怕自己争他的功，所以想打发自己回去。他也不跟张俊争辩，而是让队伍在舒州驻扎，然后上奏朝廷，等待下一步的命令。

让张俊做梦也想不到的是，三月二日刘锜班师，三月四日濠州突然传来金军入侵的消息。张俊惊恐万分，急忙命人召回刘锜，与杨沂中共同北上支援濠州。当他们行进到离濠州六十里的黄连埠时，得知濠州已经被金军拿下。

金军攻入濠州城后，大肆烧杀抢掠一番，然后大摇大摆地撤退出去。张俊正不知进退时，得知敌人已经撤出濠州，为了掩饰自己救援不力的罪行,他又下令向濠州进军。不过,他只让杨沂中和部将王德率领六万人前往,而刘锜再次被命令撤回太平州。四更时分,杨沂中和王德由黄连埠启程,于中午时分赶到了濠州城西。正当他们让将士们稍事休息的时候,突然从濠州城头冒起浓烈的烟雾。紧接着,无数的金军从四周冲出来,霎时,尘土飞扬,喊声震天。原来,金军早已在这里设下埋伏,只等宋军的到来。杨沂中见状,顿时惊慌失措,忙指挥大军仓促作战,又哪里是早有准备的金军的对手。这一仗,宋军损失惨重,大部分将士战死沙场,唯有杨沂中和王德侥幸逃脱。停留在黄连埠的张俊得知消息,吓得魂飞魄散,急忙下令大军南撤。

韩世忠同样接到朝廷的命令,要他疾驰濠州救援,但他到达濠州时,战斗已经结束。金军又企图截断他的后路,以便将其全歼。他指挥大军且战且退,最终安全返回。

这时候,岳飞还在舒州待命。高宗得知淮西战局的变化,便于三月一日向其传达手谕,令他前往支援。接到命令后,岳飞毫不迟疑,立即率兵北上,途中得到张俊败北的消息,悲愤之情无以言表,怒斥高宗道:"国家了不得也,官家又不修德!"之后他得到韩世忠安全撤退的消息,心中稍有宽慰。

十二日,岳家军来到濠州南的定远县,金军得知消息,不敢停留,急忙向淮北一带逃跑了。

支援淮西是岳飞最后一次带兵打仗,当年壮志凌云的青年,此时也已步入中年,面对破碎的山河,更多的只是无奈。

第四节 最终的和谈

　　高宗早已对金人畏之如虎，又加上他的私心，所以要迫不及待地与金人和谈。绍兴八年（1138年），经过双方的"努力"，和谈终于成功，秦桧也完成了他的任务。然而，短短的一年之后，局势却又出现了变化。原来，议和不过是金人的缓兵之计，为下一步更大的军事行动做准备。金人突然撕毁盟约，再次对南宋发动袭击，不料在顺昌被刘锜打败，秦桧看到情势不妙，立即诏刘锜班师。紧接着，岳飞又在郾城取得大捷，高宗又急忙下令让他不要轻举妄动，以免破坏来之不易的和平局面。可岳飞不是刘锜，他志在收复中原，也完全有信心打败金军，所以违诏出兵，孤军深入，将完颜宗弼打得落花流水。完颜宗弼被打怕了，便再一次想起议和来。当然，他所希望的议和是以金人的利益为主的，他所提出的条件南宋只能被动接受，没有讨价还价的余地。这对南宋来说，无疑是奇耻大辱，但对高宗个人来说，却是划算的。因为在高宗看来，若战争一直持续下去，无论宋、金哪一方取胜，对他都是有百害而无一利。若金人取胜，他必定会被从龙椅上赶下来；若南宋取胜，所谓功高震主，岳飞、韩世忠等功劳卓著的武将们拥兵自重，难保不会重演一次"挟天子以令诸侯"或者"黄袍加身"的大戏。所以，最好的结果还是和谈，丢失财宝、土地，弯下膝盖又能算什么呢？

其实，关于议和的问题，金人比南宋朝廷显得更加急迫。完颜宗弼发动政变，撕毁合约，率领百万雄兵南下，志在必得，却遭遇惨败。他知道，再打下去或许会全军覆没，收兵回营又无法向金国交代，如此一来就陷入了进退维谷的尴尬局面。若逼迫南宋议和成功，为金争取大批的物资，也算是不枉此行。为了早日达到这一目的，他多次派人联络秦桧，向其施压，敦促他推进和谈——准确地说是让宋向金投降。并修书一封，让赵构、秦桧自行提出一个投降方案。

于是，秦桧便开始在高宗面前极力宣扬和谈的好处，夸大金人的力量，污蔑南宋武将的能力。高宗早已鬼迷心窍，再加上秦桧的哄骗、恐吓，就更没有主张了。这时候，尽管岳家军在前线取得一场又一场的胜利，也无法改变他议和的决心。绍兴十一年（1141年）十月中旬，赵构、秦桧派遣魏良臣和王公亮二人，以"禀议使"的名义前往金营谈判。这两人在朝中地位较高，可以代表南宋朝廷的立场。谈判的结果是，所有的条款全部由金人提出，高宗出具答书。内容如下：

> 刘光远、曹勋等回，特承惠示书翰，不胜欣感。窃自念昨蒙上国皇帝割赐河南之地，德厚恩深，莫可伦拟；而愚识浅虑，处事乖错，自贻罪戾，虽悔何及。
>
> 今者太保、左丞相、侍中、都元帅、领省国公奉命征讨，敝邑恐惧，不知所图，乃蒙仁慈先遣莫将、韩恕明以见告；今又按甲顿兵，发回刘光远、曹勋，惠书之外，将以

币帛。仰念宽贷未忍弃绝之意，益深惭荷。今再遣左正议大夫、尚书吏部侍郎、文安郡开国侯、食邑一千户魏良臣，保信军承宣使、知阁门事、兼客省四方馆事、武功县开国伯、食邑七百户王公亮充禀议使、副。

伏蒙训谕，令"敷陈画一"，窃惟上令下从，乃分之常，岂敢辄有指述，重蹈僭越之罪！专令良臣等听取钧诲，顾力可遵禀者，敢不罄竭以答再造！仰祈钧慈特赐教奏：乞先敛士兵，许敝邑遣使拜表阙下，恭听圣训。

这份答书可谓是恬不知耻。作为战争的受害者，向发起者认错赔罪。而且答书的意思很明确，只要金国不再对宋用兵，一切条件都可以谈，所有的事务全部听从金国的安排，南宋愿意做金国的附属国，绝不讨价还价。除了以书面的形式，高宗、秦桧还让魏良臣、王公亮二人口头上向完颜宗弼转达朝廷的投降条款：以淮水为宋、金两国的分界线；每年向金朝缴纳岁贡纳银二十五万两、绢二十五万匹；等等。之所以不把这些条款写在书面上，是害怕不能满足金人的欲望，以方便修改。果然，当二人将这些条款讲给完颜宗弼听后，完颜宗弼十分不满，尤其是在以划淮水为界这一条款上，坚持淮水以南再划给金国大片土地。魏良臣为了不丢失更多的土地，不顾尊严，对着完颜宗弼下跪磕头，苦苦哀求，最终让完颜宗弼改变了主意。

十一月初七日，完颜宗弼给高宗写了一封回信：

近魏良臣至，伏辱惠书，语意殷勤，自讼前失。今则唯命是听，良见高怀。昨离阙时，亲奉圣训，许以便宜从事，故可与阁下成就此计也。

　　本拟上自襄江，下至于海以为界，重念江南凋敝日久，如不得淮南相为表里之资，恐不能国。兼来使再三叩头，哀求甚切，于情可怜，遂以淮水为界。西有唐、邓二州，以地势观之亦是淮北，不在所割之数。来使云岁贡银绢二十五万匹两，既能尽以小事大之礼，货利又何足道，止以所乞为定。

　　淮北、京西、陕西、河东、河北自来流寓在南者，愿归则听之。理虽未安，亦从所乞。外有燕以北逋逃，及因兵火隔绝之人，并请早为起发。今遣昭武大将军、行台尚书户部兼工部侍郎、兼左司郎中、上轻车都尉、兰陵县开国伯、食邑七百户萧毅，中宪大夫、充翰林待制同知制诰、兼右谏议大夫、河间县开国子、食邑五百户邢具瞻等奉使江南，审定可否。其间有不可尽言者，一一口授，惟阁下详之。

　　既盟之后，即当闻于朝廷。其如封建大赐，又何疑焉。

高宗收到这封回信之后，欣喜若狂。完颜宗弼派遣萧毅、邢具瞻带着信出使南宋，商议具体的条款事项。高宗对金使者热情招待。

现在，金国和秦桧的目的终于达到了，议和成功了，淮水以北的土地全部都划给金国，可如何将谈判的结果昭告天下却成了高宗和秦桧最为头痛的问题。

早在两年之前，金国议和的声音占据上风，由女真军事贵族挞懒一手推动，将河南、陕西之地还给南宋。随后，南宋王朝发布的《曲赦新复州县》中的《赦文》说：

> 上穹开悔祸之期，大金报许和之约。割河南之境土，归我舆图，戢宇内之干戈，用全民命。

金国的许多军事统领看到后，十分不满，认为南宋朝廷故意贬低他们。所以，在这一次的议和中，宋廷接受了教训，充分考虑如何博得女真贵族们的欢心，而将百姓的感受弃之不顾。为了让金人满意，秦桧特意让自己的儿子秦嬉和党羽程克俊撰写了一篇文告：

> 上穹悔祸，副生灵愿治之心；大国行仁，遂子道事亲之孝。可谓非常之盛事，敢忘莫报之深恩。①

对于这一篇文告，金人十分满意，但遭到南宋许多爱国人士的强烈反对。他们认为，宋廷出卖尊严向金人乞降的行为是不可接受的。尤其是以岳飞为代表的坚定的抗金将领们，他们见证了数以万计的将士们流血牺牲，如今换来的却是朝廷向金人屈膝投降，这种行为简直不可理喻。于是，岳飞奋笔疾书，向高宗表

---

① 邓广铭著. 邓广铭全集 [M]. 河北教育出版社，2005。

达自己的抗议和重返战场的决心。消息传到金人的耳朵里，他们马上变得恐慌起来，因为一旦高宗改变主意，重新启用岳飞，无疑又是金人的噩梦的开始。于是，一个卑鄙无耻的计划便开始产生：在议和之前，一定要将岳飞除掉。

岳飞虽然是一方元帅，但此时却受秦桧的节制，因此，这个任务自然而然地落在了秦桧的肩膀上。

第五节　解除兵权

对于秦桧来说，岳飞一直是一个让他倍感头痛的人物。手握兵权不说，关键是岳飞刚直不阿，为了抗金可以不顾一切，甚至献出自己的财产和性命，与秦桧和高宗的投降议和理念是格格不入的。尤其是秦桧，让宋廷投降是他的任务，现在虽然说任务完成了，可他的心还没有放进肚子里，因为万一高宗难以承受舆论压力，重新启用岳飞，若岳飞北伐金国成功，即使金人不透露自己的奸细身份，朝堂上的唾沫也足够把他淹没。因此，只要岳飞在，就没有秦桧安宁的日子，除掉岳飞也就成了他和金人共同的目标。

可是，又该怎样除掉岳飞呢？秦桧的心腹范同献计说："岳飞、韩世忠和张俊三路宣抚使都手握重兵，难以驾驭，不如将他们都调入朝廷，以论功行赏的名义提拔他们为枢密使和副使，这样他们看起来是升职了，其实是解除了他们的兵权。没有了兵权,他们就无法兴风作浪了,到时候除掉他们,便是手到擒来之事。"

秦桧认为这个主意非常不错,刚好迎合宋高宗担心武将兵权压主的心理,遂决定采取借刀杀人的方式,将此事向高宗上奏,请求解除在外镇守的将领们的兵权。不过,秦桧认为张俊与岳飞、韩世忠截然不同,后两人宁折不弯,而前者"能屈能伸",且贪图功名,是可以拉拢利用的,遂千方百计收买他,最终张俊与秦桧串通一气,一唱一和,导演了一场削除韩、岳兵权的精彩大戏。

首先,秦桧找到高宗,说道:"不知陛下发现没有,天下各路兵马只知其主帅,而不知圣上,韩家军、岳家军的名称便是证明,若不及早谋划,恐将后患无穷。"

可谓一句话点中了高宗的死穴,于是高宗同意了秦桧的谋划,削除岳飞等将领的兵权。秦桧等的就是皇帝点头,遂以三省枢密院的名义召韩世忠、张俊、岳飞速到临安朝见皇上。可是,省札下发后,秦桧又不免担心起来,万一三人看穿了他的计谋,拒绝交出兵权,直接与朝廷反目,自己又该如何应对呢?参与此次谋划的还有王次翁、范同等人,也都和秦桧一样整日惴惴不安。

因为韩世忠的防地距离比较近,所以很快便遵旨来到临安。而岳飞所在的鄂州距离临安一千多里,古时候主要以马为交通工具,交通缓慢,所以岳飞接到圣旨比较晚,启程当然也晚,这就更增加了秦桧的担忧,总害怕他会抗旨不遵。结果,一周之后他终于舒了一口气,岳飞也来到了临安。

得知岳飞即将抵达的消息,秦桧心中的一块石头终于落地了。他亲自出城迎接,并大摆筵席为岳飞接风洗尘。四月十一日,宋高宗又在皇宫内设宴,热情招待三位功劳卓著的将领,以表示对他们的宠爱。酒宴散罢,三人各自回去休息,而高宗和秦桧却连夜起草诏书,决定任命韩世忠和张俊为枢密使,岳飞为枢密副使,留朝任职。这是典型的明升暗降,也是继宋太祖之后宋朝的又一次"杯酒释兵权"事件。

为了安抚三人,高宗又假惺惺地对他们说:"你们都是国家的栋梁之材,朕所倚重的重臣,宣抚使的职位太低,现在让你们掌管枢密府,是为了更好地发挥你们的能力,也是朕对你们的信任。"随后,又向三人原来任职的宣抚司部属传达诏书,安抚将士们的情绪,以防引起将士们的不满而出现兵变事件。

因为张俊提前跟秦桧约定"尽罢诸将,独以兵权归俊",因此,在这一次解除兵权的行动中,张俊表现得最为积极,率先交出了兵权。从此以后,这个能力不大、野心不小的小人开始与秦桧沆瀣一气,对岳飞百般迫害,最终将其杀害。

此时的韩世忠已经年过五旬,看透世事,在经历了这一事件之后,开始变得心灰意懒起来,对政治完全失去了兴趣。他每天不理军务,还献上积蓄的军储钱一百万贯、米九十万石及酒库十五座,以求自保。

岳飞交出兵权后,仍然保留少保的官衔,但两镇节度使的虚衔和宣抚使、招讨使、营田大使的实职一并撤销。岳飞早就有辞职的打算，但却没有想到朝廷会用这种卑劣的方式来解除自己的兵权。他上奏高宗，请求将自己带来的亲兵遣回鄂州，只留下少量人马。对此，高宗很爽快地答应下来，并让他与张俊一块重返军营，然后共同去楚州视察韩世忠的军队，如果可能的话，便将韩世忠的军队划归他们的帐下。

岳飞离开鄂州后，由王贵接管岳家军，为鄂州驻扎御前诸军都统制，张宪任副都统制。因为他们都是岳飞的老部下，高宗特别不放心，又特意派秦桧的党羽林大声担任军队的总领，以便随时监控和掌管军队。

另外，刘锜也被迫交出兵权，出任荆南知府。岳飞认为刘锜有能力，便上奏请让他继续掌管兵马，遭到高宗的拒绝。

解除了岳飞的兵权，算是完成了除掉岳飞的第一步，接下来，秦桧又开始谋划杀害岳飞的具体计划。

第六节　阴谋诡计

在经历了几次惨败后，完颜宗弼不得不承认，金国不是南宋的对手，准确地说他不是岳飞的对手，岳飞不除，金国不胜。因此，这年的秋天，他曾给奸细秦桧写了一封信：

尔朝夕以和请，而岳飞方为河北图，且杀吾婿，不可以报。必杀岳飞，而后和可成也。

意思非常明确，不杀岳飞，别指望和谈。对于主子的命令，秦桧没有丝毫违抗的余地，但还要看高宗对于处死岳飞作为讲和条件的态度。岳飞既是一方统帅，甚至是军中的精神领袖，又是朝中官员，怎能说杀就杀？

殊不知，高宗为了达到与金媾和的目的，已经到了丧心病狂的地步，加之他对岳飞的忌惮，早有除掉岳飞的心思。因此，当秦桧将完颜宗弼的信交给高宗的时候，二人一拍即合。

除了岳飞，秦桧同样憎恨韩世忠。早在绍兴八年（1138年），宋金第一次议和的时候，韩世忠便极力反对，并派人在途中袭杀议和使者，因事不机密而失败，和秦桧结下仇怨。因此，秦桧决定利用这次机会，一不做二不休，将岳飞连同韩世忠一块除掉，彻底清理议和的绊脚石。

绍兴十一年（1141年）五月中旬，即岳飞三人被解除兵权不足半个月的时间，依照与秦桧商定的计划，高宗命岳飞与张俊一同前往淮东，让张俊接管韩世忠的部队。为了瓦解韩家军，秦桧又密令胡纺诬告韩世忠的亲信大将耿著，说耿著曾经说过，张俊、岳飞来淮东的目的是肢解韩家军。随后，秦桧下令将耿著抓捕入狱，严刑拷打，逼迫他交代韩世忠的罪行。

张俊妒贤嫉能，从内心排斥岳飞，岳飞对怯战的张俊也没有好感，二人是面和心不和。岳飞得知耿著被捕的消息后，当即表示："吾与世忠同王事，而使之以不辜被罪，吾为负世忠。"随后，他向韩世忠写信说明情况。韩世忠见信大吃一惊，忙求见高宗，请求皇帝明察开恩。当初在苗刘兵变中，韩世忠曾救驾有功,高宗不忍杀他,便找到秦桧,要他不许株连韩世忠。秦桧于是将耿著"杖击"后"刺配",韩世忠得以幸免。

到达楚州后,张俊看到楚州的城墙有些破败,便提议抓紧修补,对此,岳飞心中不同意,却什么也没说。张俊不死心,连问三遍,岳飞变得不耐烦起来,没好气地回答说:"吾曹蒙国家厚恩,当相与勠力复中原,若今为退保计,何以激励将士?"一句话道出了张俊心中的秘密,修筑城墙不过是为了将来逃跑做准备。

张俊顿时面色通红,但他还不敢怪罪岳飞,只好将身边的两个士兵当作替罪羊,强加给他们一个小小的罪名,将其斩首。岳飞见状,急忙劝阻,但张俊为了杀鸡儆猴,硬是将那两个士兵杀了。随后,张俊又提出按照高宗的意思,将韩家军一分为二,由他们二人分别接管,但遭到岳飞的拒绝。

在楚州期间,张俊不顾岳飞的反对,坚持拆除位于淮北的海州城,强迫百姓迁移到镇江府,准备将此地割让给金国。军队同样后撤,韩世忠的精锐部队背嵬军则奉命调往临安。

不久,二人返回临安,张俊开始添油加醋地到处宣扬岳飞的话,并歪曲事实,诬陷岳飞在楚州当着将士们的面说楚州根本守不住,修筑城墙没有用,大家还是做好向南逃跑的准备。秦桧大喜,遂利用这件事大做文章,授命右谏议大夫万俟卨上书弹劾岳飞说:"(岳飞)爵高禄厚,志满意得,平昔功名之念,日以颓惰","沮丧士气,动摇民心,远近闻之,无不失望",强烈要求免去岳飞的枢密副使一职。

高宗正愁找不到进一步打击岳飞的借口,因此,他看了奏折后，根本不做调查，便对秦桧说："岳飞现在如此颓废，毫无进取之心，留在朝中已经没有什么用处了，任他去吧。"

八月九日，高宗下诏，解除岳飞枢密副使的职务，不过仍然保留"少保"的虚衔，另外又授予其原来的武胜、定国军两镇节度使，充万寿观使等闲职。同时，也保留岳云武大夫、忠州防御使的官衔，改任提举醴泉观。随后，岳飞在无兵无权的情况下，与儿子一块离开临安，回到江州。

解除职务只是完成了迫害岳飞的第一步，高宗和秦桧最终的目的是要他的命。为了达到这一目的，秦桧授意张俊瓦解分化岳家军内部，以寻找进一步迫害岳飞的证据。经过筛选，张俊选中了岳飞最为喜爱的牛皋和董先两员大将。他提拔牛皋为"兼提举一行事务"，董先为"承枢密行府差同提举一行事务"，以达到削弱及分解都统王贵和副都统张宪权力的目的。随后，张俊打听到王贵曾经在颍昌大战中出现怯战退缩的行为，岳飞有意对其按军法斩首，但因众将求情而放了王贵一马。还有一次，百姓家里失火，王贵的部下趁机偷走了百姓家的芦筏，岳飞知道后，将这名士兵斩首，对王贵责罚了一百军棍。张俊决定以此为突破口，达到陷害岳飞的目的。他利用诸统制官"各以职次高下，轮替入见"的规定，让鄂州驻扎御前诸军都统制王贵首先来镇江府枢密行府参见，然后用以上两件事威逼利诱王贵。然而，王贵不为所动，义正词严地说："相公为大将，宁免以赏罚用人，苟以为怨，将不胜其怨矣！"但是，张俊并不罢休，又以王贵的家人性命做威胁，王贵为了保全一家老小，只好答应。

当时，张宪部下有一个副统制名叫王俊，平时游手好闲，最好花天酒地，常做些坑害朋友的事情。绍兴五年（1135年），王俊被编入岳家军，从未立功，也从未升职，反倒因为触犯军纪而受到张宪的惩罚，因此对张宪恨之入骨。秦桧派党羽林大声到鄂州担任湖广总领，暗中物色陷害岳飞的人选，便相中了王俊。之后又利用王俊成功拉拢岳飞另外三个得力大将姚政、傅选和庞荣。

八月二十三日，王贵自镇江府返回鄂州。九月初一，张宪奉命前往镇江府参见张俊。九月初八，王俊向已经变节的王贵以检举揭发的方式写了一份《告首状》，说张宪得知岳飞被罢官后，主动找到王俊，企图率领鄂州大军前往襄阳府，逼迫高宗将军权交还给岳飞。状词漏洞百出，但王贵却十分配合地"信以为真"，忙将状纸递交总领林大声，林大声又派人火速送往镇江府张俊处。

因为经过了周密的策划，递送状纸的人在中途不敢耽搁，而张宪却是昼行夜宿，走得相对缓慢，所以在张宪到达镇江之前，状纸便到了张俊的手里，这样一来，张宪无异于自投罗网。他刚到达镇江府，便被张俊下令逮捕，严刑审讯。按照当时的法律，枢密院无权审讯推勘罪人，所以枢密院小吏严师孟和令史刘洪仁以"恐坏乱祖宗之制"为由拒绝推勘，张俊又命亲信王应求对张宪严刑拷打。张宪被打得气息奄奄，受尽了折磨，但却拒绝认罪。张俊不死心，命人以张宪的口气编造供词，送交秦桧。秦桧欣喜若狂，忙奏请高宗，将张宪、岳云一块押到大理寺进行审讯，并下令岳飞前往大理寺应询。

这时候，岳飞刚从临安回到江州不久，突然接到要他到临安大理寺接受调查的诏书，心中便有一种强烈的不祥预感。他知道，这必是朝中发生了什么大事，而秦桧在朝中又一手遮天，必是由他主导，此去自己必定凶多吉少。但是，他转而又想，自己对国家作出那么大的贡献，曾经深受高宗信任，或许高宗会还他一个公道。于是，他收拾行装，带着岳雷前往临安。途中，他们在一家客栈留宿，在他们到来之前，这里已经入住一位巡检官，此人得知是岳飞到来，急忙搬出客房让给岳飞。岳飞让他们住在门房中。当夜，大家都不能入睡，相对而坐，随从人员小心地劝说岳飞返回鄂州，岳飞却坚定地回答说："只得前迈。"后来，巡检官才得知岳飞此行的目的，万分感慨敬佩。

第七节　壮志未酬身便死

不日，岳飞一行到达临安，鄂州大军进奏官王处仁冒险将王俊诬告的事情讲给岳飞听，要岳飞效仿韩世忠，在高宗面前为自己辩解。但岳飞生性耿直，认为高宗贵为国君，自然明白其中的是非曲直，不需要过多的辩解。

十月十三日，杨沂中奉命来见秦桧，商谈拘捕岳飞的事情，但秦桧并没有见他，而是派人转交给他一份公文，要"活底岳飞来"，可见秦桧不仅想要岳飞的命，还想要以他的命进一步为自己向宋、金两国邀功。

岳飞随杨沂中来到大理寺，却见四面都被垂帘遮挡，里面空无一人。岳飞正要找地方坐下，忽然有几个狱吏从门帘内走出，冲岳飞说道："此地非相公的坐处，后面中丞有请，相公须照对数事。"岳飞不无感慨地说："吾与国家宣力，而今至此，何也？"

岳飞随同狱吏来到后面，吃惊地发现儿子岳云与张宪都已经被捕，脱去衣冠，赤裸着身子，脖子上戴着枷锁，遍体鳞伤，口中呻吟不止。直到这时候，他才终于明白了一个事实，自己早已不是当初那个叱咤风云、拥兵十万的军事统帅，什么壮志报国、鞠躬尽瘁都成为笑谈，如今自己恐怕再难走出这里一步，遂仰天长叹道："吾为江山社稷，为何遭此陷害？！"

这时候，一个胥吏拿着预先写好的口供走过来，要岳飞在上面签字画押，岳飞对此不屑一顾，也不答话。

因为岳飞的案情重大，高宗特意为他设立了审讯的公堂，公示朝野，并钦定御史中丞何铸与大理寺卿周三畏为正、副主审官。当岳飞被带到二人面前时，他再也抑制不住自己满腔的愤怒，当众撕下自己的衣服，让在场的人瞧看自己的脊背。何铸细目看去，只见岳飞的背上深嵌着"尽忠报国"四个字，顿时为之动容，同时对自己的无知和软骨头感到惭愧。

何铸也是受到秦桧的收买，曾于两个多月前在高宗面前弹劾岳飞。直到见到岳飞，他的良心强烈不安，立即停止了审讯，并找到秦桧，为岳飞辩解。秦桧被问得张口结舌，只好嫁祸给高宗，说道："此上意也。"何铸仍然替岳飞据理力争，说道："铸岂区区为一岳飞者，强敌未灭，无故戮一大将，失士卒心，非社稷之长计。"秦桧无言应对，但仍不肯放过岳飞。于是奏请高宗，改任万俟卨为御史中丞，主审岳飞的案件。

万俟卨曾经担任荆湖北路转运判官和提点刑狱，与岳飞曾经相识。岳飞知道他阴险狡诈，所以对他十分反感，万俟卨因此痛恨岳飞。后来，万俟卨投靠在秦桧的门下，便顺从秦桧的意愿，在高宗面前说尽岳飞的坏话，被留在朝中任职，提拔重用。他接到秦桧的通知，认为自己公报私仇、大显身手的机会来了，遂立即上任，与周三畏一块再次提审岳飞。

公堂上，万俟卨命人将王俊等诬告岳飞的状纸摆在堂案上，喝问道："国家有何亏负，汝三人却要反背？"

岳飞回答说："对天盟誓，吾不负于国家，汝等既掌正法，且不可损陷忠臣。吾到冥府，与汝等面对不休！"

万俟卨冷笑一声："相公既不反，可还记得游天竺日，壁上题词曰'寒门何日得载富贵'乎？"

其他人也都纷纷跟着说："既然题这样的词，不是要反吗？"

看着面前一张张丑恶嘴脸，岳飞深知不必再替自己辩解，忍不住悲愤地仰天长叹道："吾方知既落国贼秦桧之手，使吾为国忠心，一旦都休。"随后便一言不发。

万俟卨看到岳飞不肯认罪，便下令对其使用重刑，片刻间，岳飞被打得皮开肉绽。他始终咬紧牙关，一声不吭。审讯整整持续了一天,岳飞依然拒绝招供,万俟卨等人无奈,只好将岳飞收押入监。岳飞不愿意再遭受肉体和精神上的折磨,只求以死解脱,因此在狱中不吃不喝。然而,秦桧和万俟卨不愿意放过岳飞,又将岳飞年幼的儿子岳雷抓起来投入狱中。

当时,看管监狱的狱卒中有一个叫隗顺的人,心地善良,非常同情岳飞的遭遇,对其精心照顾。岳飞自被投入监狱,才认识到高宗是何等的无耻、冷血,他不再对高宗抱有任何幻想,也终于明白自己一生壮志难酬的原因,遂长叹一声,再不肯言语。

岳飞惨遭诬陷而坐监的消息不胫而走,朝野震惊,许多正直的文武大臣不惜冒着杀头的危险纷纷上书,为岳飞申冤。高宗的皇叔齐安郡王赵士㒟在朝中德高望重,对岳飞十分敬佩,便找到高宗,替岳飞求情说:"中原未靖,祸及忠义,是忘二圣,不欲复中原也。臣以百口保飞无他。"

另外,还有文士智浹、布衣刘允升、南剑州布衣范澄等也纷纷上书为岳飞鸣不平,其中范澄更是言辞激烈地批判皇帝的决策和以秦桧为首的奸臣,希望高宗能够引以为戒。

参加审讯或结案的官员中,大理寺左断刑少卿薛仁辅、大理寺丞何彦猷、李若朴(李若虚的弟弟)等人也纷纷找到高宗,为岳飞辩解。

韩世忠自被罢免以后,再也不问政事,整日闭门谢客,以避免再遭秦桧的陷害。但是,为了救岳飞,他不顾自身的危险,找到秦桧,质问岳飞所犯何罪。秦桧冷漠地回答说:

> 飞子云与张宪书虽不明,其事体莫须有。

"莫须有"一词由此而来,即"岂不须有"的意思。韩世忠对此气愤至极,怒喝道:

> "莫须有"三字,何以服天下乎!

万俟卨挖空心思也想不出应该给岳飞罗织什么样的罪名,便询问周三畏。周三畏明知道岳飞是被冤枉的,但因为害怕秦桧和万俟卨,所以不敢替岳飞说半句公道话,唯唯诺诺。万俟卨又找到大理评事元龟年,命令他必须给岳飞定可以杀头的罪。最后,元龟年给岳飞罗织了三条罪状:

一、岳飞、岳云分别写书信给王贵与张宪,串通他们谋反。其中,岳飞的书信为其幕僚于鹏、孙革代写。

二、淮西之战,"拥重兵"而"逗留不进""不得时发""坐观胜负"。

三、在得知张俊、韩世忠被金军打败后,曾妄言"官家又不修德"。

另外,岳飞曾经说过:"我三十二岁上建节,自古少有。"这时候也被万俟卨等人篡改为:"自言与太祖俱以三十岁为节度使。"因此又被定了一个"指斥乘舆"的重罪。

关于第一条罪状,纯属子虚乌有,因为找不到证据,万俟卨干脆又给张宪和王贵加了个将书信"当时焚烧了当"的罪名。

第二条罪状也是诬陷之词，为了要岳飞的命，元龟年完全不顾事实，颠倒黑白，说岳飞在淮西之战时统兵不善，支援不及时，又强行将拥兵自重的罪名加在他的头上。

　　第三条罪状完全是捕风捉影，将岳飞无心说出的话作为罪证，很有可能是凭空捏造。为了证明岳飞说过这样的话，万俟卨还找来岳飞的旧部董先来作证。董先到了大理寺，直言岳飞并没有说过与太祖相攀比的话。

　　万俟卨等将写有岳飞罪状的奏折递交到高宗的御书案上，高宗和秦桧明明知道这些罪名都是站不住脚的，也选择睁一只眼闭一只眼。但是，按照宋朝的律例，"国朝著令，劾轻罪，因得重罪。原之，盖不欲求情于事外也"。① 按照宋朝开国君主的初衷，对大臣量刑应从轻，而岳飞因为秦桧、万俟卨的原因，身为功臣却被定为重罪，而且不允许有人替他求情，这是坚决要他的性命。

　　于是，万俟卨等人在原来并不成立的罪名的基础上又继续罗织新的罪名，一直到腊月二十九日，岳飞在狱中已经度过了三个月的时间，正式的罪名还没有定下来。秦桧等人对此一筹莫展。这天晚上，秦桧与妻子王氏在家中饮酒，忽然接到一封密信，说一个叫刘允升的百姓，已经将岳飞父子被冤屈的事情写成传单，挨家挨户地分发，号召大家同一天到朝堂之外为岳飞请愿。看完传单，秦桧心中开始慌乱起来，唯恐高宗顶不住压力将岳飞释

---

① 《金佗续编》卷二十一《鄂王传》。

放,多日的努力就会功亏一篑,忙问王氏该如何才好。

王氏虽然是一女流之辈,但心毒如蛇蝎,其残忍的手段完全不输于丈夫秦桧。她思忖片刻,便向秦桧献了一计,要他写一封密信给万俟卨,给他下个"最后通牒",必须在除夕夜将岳飞杀死。秦桧当即采纳,遂派人通知万俟卨。于是,就在这天,万俟卨等人匆忙向高宗递了一个奏折,请求将岳飞定为斩首,张宪定为绞刑,岳云定为徒刑,"今奉旨根勘,合取裁断"。高宗也怕夜长梦多,耽误了与金国的和议,当即批复下诏说:

"岳飞特赐死。张宪、岳云并依军法实行。"

为了防范岳飞的部将和百姓生出什么事来,他还心虚地指出:"多差兵将防护。"

其实,按照宋时的法律,岳飞并未有什么大的罪名,罪不至死,最多也不过停职罚俸,然后贬到边远地区。但是,高宗坚决要对岳飞加重处罚,判为死刑。除了岳飞之外,凡是与该案件有牵连的,全部都加重处罚。面对递来的供词,岳飞向狱卒要来笔墨,只写下了八个字:

天日昭昭!天日昭昭!

据说为了让岳飞认罪,秦桧还派人对岳飞实行了"披麻拷"的酷刑:把鱼鳔和生丝熬化成热胶,用麻布条蘸胶后缠裹在人身上,这样整个麻布就死死地粘在了人身上,当使劲撕下这块布的时候,人的皮肉都会被撕扯下来,岳飞的身体被折磨得血肉模糊。即便如此，岳飞也绝不认罪，在他看来，身体上的痛苦远不及他心中的痛苦，他恨奸人秦桧误国，恨高宗昏庸软弱，更恨从此再不能尽忠报国。

行刑当天，岳飞吃过人生最后一顿饭后，狱卒为他准备了一桶水，让其沐浴后穿好衣服，又进来几个狱卒，对岳飞实施了极为残忍的"拉肋之刑"，岳飞在惨无人道的迫害之下结束了辉煌的一生。万俟卨听到狱卒的报告，到牢房内验尸，确认岳飞已死，这才满意地去向秦桧汇报。岳飞的铮铮铁骨、南宋的脊梁，断送于一群小人之手。

岳飞死后，心怀正义的狱卒隗顺因为敬佩岳飞的功绩和为人，不忍心看到一代忠良死后连棺材也没有，就这么寒酸地被匆匆埋葬，便冒着被杀头的危险，趁夜间背起岳飞的尸体，从最近的临安城西北钱塘门走出，来到九曲从祠附近北山山麓，找到一块平地，将其埋葬。为了便于日后寻找，他还特意在坟前栽了两棵橘树，对外宣称是贾宜人坟。宜人为北宋时期官员"外命妇"的一种名号。当时，岳飞身上还佩戴着一块玉，也随同他的尸身埋葬。这一年，岳飞三十九岁。隗顺死前，将此事告诉儿子，并说："岳帅尽忠报国，今后必有给他昭雪冤案的一天！"

同一天，张宪与岳云被绑赴临安城闹市进行处决，监斩的不光有杨沂中，还有张俊。为了防止有人劫法场，朝廷特意派重兵把守，临安城各城门防守森严。

午时三刻，岳云、张宪被斩首。当年，岳云二十三岁，张宪具体年龄不详。就这样,三个曾经为南宋王朝和万千百姓的安危出生入死、血染沙场的风云人物,最终死在宋高宗与秦桧的屠刀之下,成为宋金议和的牺牲品。

第八节 沉冤昭雪万世流芳

一代抗金名将岳飞,十多年戎马倥偬,披肝沥胆,凭借自己强大的战斗力和对国家、对民族的一腔忠诚,最终成为南宋一方军事统帅,跻身于"中兴四将"之首。然而,令人万分痛心的是,他没有死在抗金的战场上,而是死在了奸臣秦桧和昏庸无能的宋高宗的屠刀之下。面对死亡,他表现得非常平静,唯一的遗憾就是没有完成自己驱除外辱、收复中原的壮志,这不光是岳飞的悲剧,更是整个南宋王朝的悲剧。

尽管朝廷严密封锁,但岳飞被害的消息还是不胫而走,很快便传遍了大江南北,举国上下顿时陷入一片悲痛之中,大街小巷无不充斥着对秦桧的咒骂。尤其是北方中原人民,当时正处于金朝的统治之下,饱受金人的蹂躏,日夜盼望岳飞光复中原,也好重新回到大宋王朝的怀抱。然而,岳飞的死,让他们的这种美好愿望破灭了。他们不敢公开祭奠岳飞的忠魂,家家户户都将其画像挂在屋子里偷偷地为他上香祭祀。

秦桧和高宗也知道杀害岳飞已经激起了全国公愤,为了混淆视听,秦桧命人将岳飞的罪状写成告示,在全国范围内张贴,也好为自己洗刷罪名，开脱责任。但群众的眼睛是雪亮的，秦桧这种欲盖弥彰的行为，不但对挽回他的声名于事无补，反而留下了他陷害忠良的罪证。

岳飞被杀后，高宗又执政了二十多年。在这期间，朝中再也没有人敢发出收复中原、统一山河的声音，再也没有人敢公开甚至私下议论政策的得失，主战派彻底被封口。当初坚定抗金的名将吴玠去世、韩世忠被解除职务，刘锜调任，岳飞被杀，这些曾经风云一时的爱国将领除吴玠之外，全都以悲剧收场。相反，妥协投降派完全掌控朝政，秦桧独掌朝纲，为所欲为。杀害了岳飞父子之后，他并不罢休，又对朝中来了一次大清洗，将当初曾经支持岳飞抗战，已经被罢免的张浚、王庶等人一贬再贬；将反对绍兴和议的将领解潜、辛永宗等贬谪到边远地区；沿江安抚大使刘子羽对宋金议和表示反对，也被罢免；商州知州邵隆坚决不同意将商州割让给金国，同金军作战，被秦桧派人毒死；前宰相赵鼎同样反对议和，也被多次罢免，最终遭迫害致死。到绍兴十二年（1142年）冬，距离岳飞被杀害不到一年的时间，所有反对议和的官员全部被清算，无一幸免。

为了斩草除根，彻底消灭杀害岳飞所带来的影响，秦桧又大兴冤狱，对凡是与岳飞有牵连的都进行追杀。王贵因为在岳飞案件中扮演了不光彩的角色，明白自己的处境，为了保命，他主动请辞，被授予闲职。张俊有意吞并岳家军，派心腹田师中接替王贵。田师中知道岳家军的将领都不服气自己，特别调"蜀兵数千人自随，以为弹压"。到任后，他又利用卑鄙的手段，对岳家军的将领威逼利诱，对于不服从自己的人极力排斥，将诸多反对者以各种借口清除出去。

岳飞最得意的部将之一牛皋，因为反对宋金议和，多次发牢骚，最后被降为左军统制，后又被田师中毒死。岳飞另一爱将徐庆受到岳飞之死的打击，从此一蹶不振，沉默不语，最后郁郁而终。董先被派带着岳家军的背嵬军前往临安护卫，因为在大理寺拒绝诬陷岳飞，所以也从原来的提举一行事务降为统制。

在秦桧看来，岳家军中的武将们全都是粗人，那些识文断字的幕僚才是真正的危险分子，必须接受更加严重的处罚。除了前面提到的于鹏、孙革、王处仁、智浃之外，还有蒋世雄、朱芾、李若虚、王良存、夏珙、党向友、张节夫等十几位与岳飞相关的文人，都被贬谪流放。

秦桧在对主战派进行残酷镇压的同时，又大力培植自己的党羽，拉帮结派，对于附和自己推进议和的，纷纷加官晋爵，奸臣充塞了整个朝廷。而高宗对于秦桧十分满意，封其为魏国公，加太师衔。张俊因为议和与陷害岳飞有功，也被高宗赞许为"有和敌功，与世忠相去万万"，封益国公，死后还特封他为"循王"，为南宋破例进封的第一个异姓王。另外，高宗又加封杨沂中为少保，赐名"存中"，位列三公，死后也追封为"和王"。对于直接迫害岳飞致死的万俟卨，高宗更不能亏待，提升其为参知政事（副相），其爪牙罗汝楫被升为御史中丞。自此，以高宗、秦桧为核心的投降派，牢牢地掌控住了南宋朝廷。

岳飞被杀的消息传到金营，完颜宗弼非常高兴，当即便派人到临安，依照原先达成的协议签署条约：

一、宋向金称臣，金册宋高宗赵构为皇帝。每逢金主生日及元旦，宋均须遣使称贺。

二、划定疆界，东以淮河中流为界，西以大散关（陕西宝鸡西南）为界，以南属宋，以北属金。宋割唐、邓二州及商、秦二州之大半予金。

三、宋每年向金纳贡银、绢各二十万两、匹，自绍兴十二年开始，每年春季搬送至泗州交纳。

条约的签署，确定了宋金之间在政治上不平等的关系，也结束了长达10余年的战争状态，从此形成南北对峙的新局面。

绍兴二十五年（1155年），秦桧病死，秦桧的党羽万俟卨、汤思退掌管朝中大权。这一时期，对于因岳飞而遭到贬谪的官员，朝廷进行了重新审理，大多都得到平反，唯独岳飞之事始终不能昭雪。

然而，正义永远不会缺席，该来的终究会来。秦桧死后，南宋著名词人、承事郎、签书镇东军节度判官张孝祥上书说："岳飞忠勇，天下共闻，一朝被谤，不旬日而亡，则敌国庆甚，而将士解体，非国家之福也。"建议朝廷要为岳飞平反。高宗虽然没有同意，却也没有怪罪于他。

绍兴三十一年（1161年），金海陵王再次大举进犯，朝臣杜莘老奏请为岳飞平反昭雪，并加封其子孙，以激励天下抗金的勇士。

另外，太学生程宏图、宋芑、倪朴等也纷纷上书，请求为岳飞平反昭雪，加封岳飞的子孙，以提振军民的抗金热情和志气。

但是，岳飞的惨案就是高宗一手炮制的，如果为他平反，岂不是在向全天下言明，自己是个昏君吗？所以高宗仍然不愿意放下面子为岳飞平反，只下令将"蔡京、童贯、岳飞、张宪子孙家属，令见拘管州军并放令逐便"，等于解除了对岳飞与张宪家属的拘禁，让他们可以回到家乡。但是，又将岳飞这样的忠义功臣与蔡京、童贯两个大奸臣相提并论，足见高宗用心险恶。

绍兴三十二年（1162年），高宗退位，由赵昚，即高宗继子赵瑗继位，是为宋孝宗。他与高宗的思想截然不同，是一个坚定的抗金派。他上任的第一件事便是昭告天下，为岳飞平反，官复原职，以礼将其改葬于栖霞岭下。为了不让高宗觉得尴尬，他在诏书中还特意使用了"仰承""圣意"的字眼。周必大奉命拟写追悼词，孝宗嘱咐他在制词中特别强调岳飞"事上以忠，至无嫌于辰告"。"辰告"指的是岳飞当年"尝上疏请建储"。其实，孝宗只在很小的时候见过岳飞一面，但对于其建议立储之事却念念不忘，心存感激。

此时，岳飞的次子岳雷及其妻温氏因为遭到排挤，饱经忧患，已双双辞世，留下四子两女，跟随岳云的妻子巩氏生活。另外，岳霖、岳震、岳霭（后被孝宗改名为岳霆）、岳甫、岳申等岳飞的子孙都幸运地活了下来，他们连同岳安娘（岳飞长女）的丈夫高祚等，都被朝廷录用，授予不同的官职，不过并没有太大的建树。岳飞的妻子李娃饱经流离之苦，于淳熙二年

（1175年）去世，葬于江州。

岳霖来到临安后，受到孝宗的召见，孝宗当着岳霖的面夸赞岳飞说："卿家纪律，用兵之法，张、韩远不及。卿家冤枉，朕悉知之，天下共知其冤。"

孝宗之所以积极为岳飞平反昭雪，也是为了顺应当时的形势，以激起全国仁人志士的抗金热情，向天下人表示，自己与高宗不同。而他在任时对于岳飞的追赠也是有限度的。按照当时的礼制，岳飞为朝中重臣，死后当定谥号。有人建议当定为"忠愍"，但孝宗认为"使民悲伤"为"愍"，是暗讽太上皇的"失政"，遂改为"武穆"。高宗死后，吏部侍郎章森请求岳飞配享庙庭，遭到孝宗的拒绝，却同意了张俊的配享资格。

孝宗去世后，宋光宗赵敦继位，他沿袭孝宗对待岳飞的态度。光宗之后是宁宗，开始逐渐提高岳飞的地位。

嘉泰四年（1204年），宋宁宗追封岳飞为鄂王，食邑六千一百户、食实封二千六百户。

宝庆元年（1225年），宋理宗改岳飞谥号为"忠武"。

回想岳飞悲壮的一生，可以借用他的千古名作《满江红》中的一句话来形容："三十功名尘与土，八千里路云和月。"

时间回到绍兴十一年（1141年）岁末，岳飞被害的消息传遍了临安，整个临安城陷入一种巨大的悲痛之中，上至爱国的文臣武将，下到平民百姓，无不义愤填膺，对秦桧骂不绝口，甚至有很多人为岳飞的死泣不成声。广大群众悼念岳飞的热情，天下闻者无不垂泪。其中一个名叫李安期的士人，奋笔疾书，"作表忠诗二十首

吊之"。岳飞被害一年后,鄂州的许多将领纷纷来到武昌县纪念岳飞,其中有一个军士吟诗道:

自古忠臣帝王疑,全忠全义不全尸。武昌门外千株柳,不见杨花扑面飞。

诗写得并不隐晦,意思非常明确,开头第一句便指明了岳飞的死为帝王迫害,最后一句又表达了万物同悲的沉痛气氛。

金海陵王再次南侵时,御史中丞汪澈奉命"宣谕荆、襄",当他来到鄂州时,将士们纷纷联名上书,请求为岳飞沉冤昭雪,场面哭声如雷,更有人大声叫喊说:"为我岳公争气,效一死!"汪澈急忙劝慰,并答应一定禀报朝廷,人们仍然哭泣不止。

岳飞是中华民族可歌可泣的英雄人物之一,他的壮举深深地震撼着南宋及金国所有的军民,他的英雄事迹广泛流传于大江南北。直到他去世几十年后,江、湖两地的百姓家中全都挂有他的遗像,日日焚香祭拜。鄂州城内的旌忠坊还特意为岳飞建了一座忠烈庙。岳飞的儿子经过虔州时,有"父老率其子弟来迎",全都热泪涌流,哽咽道:"不图今日复见公子。"后来,岳霖前往湖北任职,鄂州的军民得知消息,纷纷"设香案,具酒牢,哭而迎",表达对岳飞的怀念之情。其中有一个老妇人,儿子、女婿都因为触犯律例被岳飞正法,而她依然对岳飞充满了深深的敬意。

后人为了纪念岳飞坚贞不屈和忠心爱国的精神,在全国各地修建庙宇祠堂，里面立有岳飞塑像，供世人凭吊缅怀。

岳飞这个曾经叱咤风云的人物，戎马一生，为国家的统一和民族的尊严作出了巨大的贡献，成为人们心中的伟大的英雄，却由于种种原因，最终为当朝统治者所不容。然而，历史是公允的，若干年后，当初一手制造岳家惨案的刽子手秦桧也终于受到正义的审判。人们为了表达对秦桧夫妇的仇恨和愤怒，在西湖栖霞岭南麓岳王庙岳飞的坟旁，特意用铁铸成秦桧夫妇的跪像，任凭后人唾骂，至今已有千余年。

庙内岳飞身着紫色蟒袍、臂露金甲，一股不怒而威的凛然气派。塑像前香火旺盛，各种祭品不断，与庙外秦桧、王氏、万俟高、张俊等人的跪像形成鲜明的对比，彰显出人们爱憎分明的英雄情结。

对于岳飞来说，他的冤屈虽然得以昭雪，但收复中原的壮志没有实现，是他一生最大的遗憾！

第十三章 历史留待后人评

岳飞贵为一军统帅，身上有着太多的优点，勇猛坚毅、和善大度，但他并不是一个十全十美的人。和普通人一样，他也有自己的缺点，比如说太过冲动，缺少人情味，以及不懂人心，等等。关于对他的评价，最有话语权的当然还是历史。

第一节 岳飞在抗金战争中不可取代的地位

每一个文明、每一个民族、每一个国家的发展都不可能是一帆风顺的，大宋王朝当然也不例外。整个宋朝的历史，曾经遭受两次严重的冲击，从根本上动摇了王朝的根基。第一次是迅速发展的女真人南下入侵，灭亡北宋，即宋金之战；第二次是蒙古人的南下入侵，使大宋王朝彻底消亡，即宋蒙之战。

宋金之战发生于12世纪，在中国历史上算是一场持续时间长、涉及范围广的民族战争，战争起于岳飞出生之前，战火蔓延至大半个中国，给中原王朝宋朝的经济、政治、人口以及文化都带来非常沉重的打击，严重迟滞了社会的发展。岳飞去世一百多年后，自长江以北到黄河以南的广大地区，依然经济凋敝，人口稀少，大片田地荒芜，再也看不到北宋时期繁荣昌盛的景象。

在入侵中原以后，女真人得以学习到汉族人先进的科学技术，很好地推动了本民族的发展，但却严重摧残了先进的汉族文明，使中原地区遭遇史无前例的大破坏，数以千万的百姓流离失所，背井离乡。金朝的执政者们虽然占据了大片土地，强盛一时，却没有从北宋的败亡中汲取教训，而是变得贪污腐化起来，逐渐背离人心，走向没落。

女真人的入侵简直就是汉人的噩梦，他们除了对汉人大肆屠杀之外，还强令汉人剃发，推行奴隶制，又将大量的"猛安谋克"迁移到中原地带，对汉族人民进行掠夺，挤压汉族人民的生存空间。宋朝时期的贵族也大量使用奴婢，但他们与主人之间除了身份有差别之外，其实已经形成原始的雇佣关系，即奴婢出力、贵族付钱。然而，女真入侵中原以后，强推奴隶制度，奴隶非但得不到任何报酬，连生命也没有保障，不得不说是严重的社会倒退。曾经出现过这样一件事情，岳飞去世三十年后，南宋大臣范成大出使北国，看到一个婢女的脸颊上竟刺着"逃走"二字，他十分看不惯这种野蛮残忍的行径，义愤填膺，遂写诗道：

"屠婢杀奴官不问,大书黥面罚犹轻。"

当然,对于女真民族的入侵、掠夺和残杀,以汉族为主的广大人民群众也进行了风起云涌的抗争,其范围之广、规模之大,是之前任何朝代都无法相比的。鲁迅曾经说过这样的话:"真的猛士,敢于直面惨淡的人生,敢于正视淋漓的鲜血。"在旷日持久的抗金战争中,曾经出现数以万计这样的猛士,他们驰骋疆场,血染战袍,有的青史留名,有的无名无姓。正是他们无畏的牺牲精神,才使先进的汉族文明得以延续并继续发展,同时也促进了女真人的进化,使他们以最快的速度融入汉族文明中。

南宋初期,曾经出现四个英勇抗金的伟大人物,即李纲、宗泽、吴玠和岳飞。李纲曾经为相,不过仅仅担任了七十五天,时间虽短,但他指挥了一场规模宏大的东京保卫战,有效地延迟了女真人入侵的脚步。宗泽也曾担任东京留守,虽然没有李纲的权力大,但却用一年的时间直接指挥前沿作战,对金造成了一定的打击。吴玠没有在京城,却率领大军在川、陕一带与敌人作战,长达四年之久。岳飞的身份与吴玠相同,为战区统帅,从绍兴四年收复襄汉,到绍兴十一年惨遭杀害,整整八年的时间他都在与女真人进行战斗,是抗金的中坚力量,对保卫南宋起到了不可替代的作用。因此,历史对于岳飞的评价,无论是在声望还是对历史的影响方面,都远远超过了前面的三位人物。

四人同朝为官,当然也有着非常多的相似之处,其最大的共同点便是都受制于投降派宋高宗。吴玠远离朝廷,与高宗的冲突较少,而李纲、宗泽、岳飞三人却无一例外地遭受以高宗为首的投降派的迫害和打击，其中受打击和迫害最为严重的当然还是岳飞。宋代大诗人陆游曾经作诗：

> 公卿有党排宗泽，帷幄无人用岳飞。
> 遗老不应知此恨，亦逢汉节解沾衣。

岳飞出身于普通的农民家庭，刚从军时只是一个小头目，凭借其卓越的军事能力和一腔报国的热情，逐渐成为一方军事统帅，并跻身于"中兴四将"之列，又被迫害致死，其间共十六年的时间，前八年主要是打基础的时间，后八年才是他人生最辉煌的时刻。虽然同为"中兴四将"，岳飞无论是军事能力还是对南宋的贡献，都远远超过了其他三位军事统帅，而官位却一度在三人之下，但这丝毫不影响后世对他的评价，这是任何人都不能否认的事实。

为了祖国统一和民族复兴大业，岳飞凭借其坚强的毅力与敌人进行英勇不屈的殊死搏斗，直到生命终止，依然践行着自己"尽忠报国"的誓言，体现出了崇高的民族气节和伟大的爱国主义精神。中华民族当以出现这样的英雄而骄傲，世世代代都应铭记在心。

第二节　岳飞在中国古代军事史上不可取代的地位

之所以说岳飞在中国古代军事史上的地位不可取代,是因为他在抗金战争中所作出的贡献是宋朝时期任何人都不能相比的。

陆游的《感事》诗中这样写道:"堂堂韩岳两骁将,驾驭可使复中原。"意思是凭借韩世忠、岳飞两人的力量便可以完成光复中原的大业。后世每次提到抗金名将,也往往将二人并称。若从抗金的志向和决心方面来讲,韩世忠完全可以与岳飞相提并论,但若从军事能力以及对抗金的贡献方面评论,韩世忠甚至连吴玠和刘锜都比不上,更不用说与岳飞相比。

女真人入侵中原遇到的第一个劲敌是吴玠,而且遭遇重大损失,因此,吴玠在抗金战争中是功不可没的。但吴玠注重防守,不注重主动出击,这使他对敌人的打击效果也大大降低。他一生最为辉煌的战绩当属和尚原大捷和仙人关大捷,全都是防守战。金人将主攻方向东移后,川陕一带就很少出现重大战役,吴玠安于现状,失去了斗志,竟沉湎女色,最后因服用丹药而身亡。

刘锜起初不过是个普通的军事将领,在战争方面没有多大的建树,因此知道他的人很少。但是,顺昌一战使他声名大振,得到高宗赵构极高的评价:"顺昌之胜,所谓置之死地而后生,未为善战也。锜之所长,在于循分守节,危疑之交,能自立不变,此为可取。"刘锜一生亲自指挥了三场重大战役,即顺昌之战、柘皋之战和濠州之战，但只有顺昌之战取得了重大胜利，其余两场战役均以失败而告终。许多年后，金海陵王再次大举入侵南宋，刘锜于淮东被打败，声名扫地。

韩世忠一生中最经典的战役要数黄天荡和大仪镇之战。黄天荡一役，他亲率八千将士对阵十万敌军，将完颜宗弼逼进死胡同，差点令金人全军覆没，对提振宋军的士气、扭转战局起到了非常积极的作用，可惜最后还是让完颜宗弼逃走了，并反守为攻，将宋军打得大败，但这并不影响人们对韩世忠的评价。大仪镇之战是一场伏击战，取得的效果并不显著，战绩不是太大。后来，他在镇守淮东期间又攻取了海州，除此以外便再也没有值得大书特书的战绩。

和吴玠、刘锜相反，岳飞属于典型的善于进攻的将帅。宋朝的统治者因为沿袭宋太祖所制定的"扬文抑武"的政策，导致宋朝的军事力量日渐衰落，从最初的积极进取到后来的消极防御，只用了短短二十五年的时间。而北方的金人并不老实，消极防御的结果便是被动挨打，北宋也因此亡国。反观金国，在军事上一直保持着进攻的态势，他们上下一心，集中兵力，统一指挥，凭借骑兵强大的优势对中原发起一次又一次的进攻。到后来的绍兴年间，因为岳飞的积极进攻，使宋军在作战水平上有了显著的提高，但从总体来说，和金军相比还存在着很大的差距。

相比于吴玠和刘锜，岳飞的目光要明亮得多，看得也长远得多。他对宋朝传统的消极防御政策，及其给国家带来的不良后果都看得十分清楚，并且进行了毫不客气的批判，他曾上奏高宗说："仅令自守以待敌，不敢远攻而求胜"，力图扭转这种被动挨打的局面。为此，他主张合并诸军，集中优势力量，努力做到对军队的统一指挥。他这一先进而又务实的战略思想却屡屡遭到高宗的阻挠，因此无法完成复国的壮志。尽管如此，他还是接连组织了几次规模庞大的反攻战役。为了对抗以骑兵见长的金军，他也组建了一支强大的骑兵队伍，并发挥了很好的作用，对敌人形成很大的杀伤力。在南宋一朝，具备光复中原决心和能力的将帅，唯有岳飞一人，这是当时乃至后世都不可争辩的事实。

今人对岳飞的评价更高，说他可以与战国时期的白起、汉初的韩信、唐初的李靖并称为中国古代"四大军神"。岳飞被陷害时，大臣范澄曾上书高宗说："况胡虏未灭，飞之力尚能勘定。"甚至金国大臣刘裪也称赞他说："江南忠臣善用兵者，止有岳飞。"以至于岳飞被害二十年后，金国还流传着"岳飞不死，大金灭矣"的说法。

岳飞凭借一腔报国之志，亲手组建了一支军纪严明、战斗力超强的岳家军，能够做到"冻死不拆屋，饿死不掳掠"，这在封建社会里是极其罕见的，他也因此成为南北两宋时期最得民心和军心的统帅。而且他继承宗泽的策略，大力团结北方金军占据区的民间抗金武装力量，双方遥相呼应，紧密配合，对金军发起一次次迅猛的攻击，并取得非常不错的效果，成就远远超过了宗泽。

战争是残酷的，无论是什么性质的战争，都免不了无数生命的死亡。岳飞虽然极力主张以战止战，却不嗜杀，他深受儒家思想的影响，虽身经百战，总以天下苍生为念，力求做到兵不血刃。黄元振在《金佗续编》中说他："凡出兵，必以广上德为先，歼其渠魁，而释其余党，不妄戮一人。"他的这种思想不但体现在平定吉州、虔州，以及洞庭湖杨幺起义等内部战争中，同样体现在对金人的战争中。在《金佗稡编》第九卷《遗事》中这样写道："是以信义著敌人不疑，恩结于人心，虽虏人、签军，皆有亲爱愿附之意。"他的以人为本、珍爱生命的思想观点，在古代军事史上是十分难能可贵的。

岳飞是南宋时期独一无二的杰出将领，在中国古代军事史上也占据着举足轻重的地位，只不过在封建时代，由于种种原因，他的军事能力无法发挥到极致，但他对南宋初期地位的稳固及抗击金军所作出的贡献是不可否认的。

第三节　伟大爱国主义精神与封建忠君思想的碰撞

所谓爱国主义，就是对祖国的热爱、忠诚，以及不计报酬的奉献精神。时代不同，所赋予爱国主义的内容也不尽相同。现代的爱国主义体现在热爱祖国、党和人民等方面，这里的人民指的是全体中华民族。而岳飞那个时代，祖国并没有完全统一，又处于封建社会，也就决定了他的爱国主义必须与保卫大宋江山结合，并绝对效忠赵宋王朝。

事实上，岳飞虽然有着浓厚的忠君思想，但并非人们想象中的愚忠。后人之所以认为岳飞的忠君思想存在愚忠的成分，是因为受到多年来错误言论的影响。岳飞的孙子岳珂曾经编写了一部《金佗稡编》，为了获得时人的支持，在其中的一篇《行实编年》中，尽量淡化和隐瞒了岳飞与高宗赵构之间的矛盾。但是，后来的统治者为了自身的利益，大肆宣扬愚忠思想，虚构出许多关于岳飞的故事。尤其是清朝乾隆皇帝，为了让大臣们绝对效忠自己，他特别将岳飞说成是对皇帝绝对忠诚的典范，称赞其为："知有君而不知有身，知有君命而不知惜己命。"

其实，乾隆帝对于岳飞的这一评价失之偏颇。当时，岳飞为了收复中原，驱赶金兵，从来不回避掌管重兵之嫌。他奉命班师时，也没有想到自己会被秦桧陷害而死。当然，后人对于岳飞的错误认知更多来源于民间传说以及关于岳飞的文学作品，这两者中虚构了太多岳飞的故事。最为典型的是清朝人钱彩在他的《说岳全传》中所讲述的一个故事，说岳飞因为遭遇秦桧的陷害，死到临头，依然对朝廷百依百顺，而且还亲自将儿子岳云与部将张宪捆绑住，致使二人被朝廷杀害。

仔细研究历史史籍不难发现，宋朝时期的史学家虽然都赞扬岳飞忠于朝廷，但并没有将其视为忠君道德的典范，更没有人将他宣扬为"愚忠"的典型。理学大家朱熹就认为岳飞虽然忠勇，但身上也存在着一些缺点，其中一个缺点就是骄横："若论数将之才，则岳飞为胜，然飞亦横"，"岳飞较疏，高宗又忌之，遂为秦所诛"。言下之意是高宗忌惮岳飞，已经感到难以节制，所以才纵容秦桧杀了他。另外，岳飞还有一个毛病就是

"恃才不自晦",意思是岳飞不知道韬光养晦,过于刚直。

时间过了一千年,从现在的视角分析岳飞的这两个缺点,其实也正是他的美名流传千年的根本。他曾不经高宗同意便愤怒地辞职,也曾不顾高宗的命令出师北伐,从这两件事不难看出,岳飞并不是绝对服从皇帝的命令,为了收复中原,他也有"任性"的时候。

岳飞之所以成为悲剧人物,是因为在他所处的那个年代,"爱国"与"忠君"是不可能兼容的。他所渴望的收复中原与当时的最高统治者的想法是背道而驰的。实话实说,岳飞无论是在才能、品格,抑或是风骨方面,都无愧于古代军事将领典范的称号,只可惜他无法超脱时代,成为封建统治下君权不可侵犯的牺牲品。元朝时期负责编写历史的大臣脱脱在《宋史·岳飞传》中曾这样说:"高宗忍自弃其中原,故忍杀飞。"可谓一针见血的评论。

中国封建社会制度下君臣关系是脆弱、残酷的,无论文武大臣,只要功高震主,都难逃被诛杀的命运。岳飞的悲剧比韩信更甚,也多了一丝壮志未酬的遗憾。而高宗赵构能忍下杀父之仇而向仇人下跪称臣,心甘情愿放弃半壁江山而偏安一隅,能眉头都不皱一下杀死抗金功劳最大的岳飞,这种无耻懦弱的君主在整个封建社会都是不多见的,只能说岳飞是不幸的。

中华文明历史悠久,英雄辈出,而在诸多英雄人物中,对后世子孙在精神上产生巨大影响的,岳飞必然是其中的佼佼者。岳飞以他坚强的毅力和实际行动践行了"尽忠报国"的精神,不但是宋朝人的表率，更是后世子孙的楷模。

时光飞逝，千年已过，昔日残酷的宋金之战早已成为历史，而岳飞崇高的爱国主义精神却永远不会过时，千百年来一直被后人传颂，值得我们后辈学习并发扬光大。

中华民族是一个经历过多灾多难历史的伟大的民族，中华文明之所以能一次次从灾难中延续下来，并且不断地发扬光大，一个非常重要的因素便是中华儿女不断地传承爱国主义思想，使之成为我们民族的精神支柱。每当我们的国家、我们的民族处于生死存亡之际，总会有一大批英勇人士，甘愿抛头颅，洒热血，奉献自己的生命，去拯救我们的国家和民族。而那些为了国家统一和民族复兴而奋斗的英雄，无论是已经逝去的还是活着的，我们都必须铭记。